PINOT GRIS

Martina Meuth
Bernd Neuner-Duttenhofer

ELSASS

Küche, Land und Leute

Photos von Martina Meuth

Kulinarische Landschaften
Droemer Knaur

Die Deutsche Bibliothek – CIP-Einheitsaufnahme

Elsaß: Küche, Land und Leute/
Martina Meuth; Bernd Neuner-Duttenhofer.
Photos von Martina Meuth. – München:
Droemer Knaur, 1994
(Kulinarische Landschaften)
ISBN 3-426-26690-3
NE: Meuth, Martina; Neuner-Duttenhofer, Bernd

Papier: Galerie Art Gloss, 150 g/qm,
holzfrei glänzend mit Classic-Strich
chlorfrei gebleicht – TCF
Ausgezeichnet mit dem Nordischen
Umweltzeichen ›Swan‹
Hersteller: Papierfabrik Äänekoski
Metsä-Serla Paper & Board Ltd., Finnland
Exklusiv-Vertrieb: Schneidersöhne Papier

Droemersche Verlagsanstalt
Th. Knaur Nachf., München 1994

Gestaltung und Herstellung: Horst Schöck, Schramberg
Reproduktion: Fotolito Longo, Bozen
Umschlaggestaltung:
Atelier Höpfner-Thoma, München
Umschlagphotos: Martina Meuth
Karte: H + N-Repro, Stuttgart
Druck: Appl, Wemding
Aufbindung: Großbuchbinderei Sigloch,
Künzelsau
Printed in Germany
ISBN 3-426-26690-3
2 4 5 3 1

Inhalt

Vorwort 6–11

Frühling: 12–71
Frühlings Erwachen 14
Offene Weine und köstliche Kleinigkeiten: die »Wistub du Sommelier« 16
Kerniger Wein und Großmutter-Küche: bei Familie Halbeisen zu Gast 22
Die Haeberlins: Gastgeber mit dem ganzen Herzen 28
Symbol weltlicher Macht: Haut-Koenigsbourg 36
Der heilige Berg des Elsaß: Mont Sainte-Odile 37
Von Dörfern und hübschen Städtchen 38
Das Blütenmeer bei Gérardmer 40
Tafel- und Ferienfreuden 42
Hoch und Tief des Elsässer Weins 46
Riquewihr: Perle im Elsaß 48
Die Hugels – mehr als 350 Jahre Winzer 50
Colmar: Zentrum des Weinhandels, der Künste und der guten Küche 54
Zwiebeltürme und Fische aus dem Ill 60
Spargel: König der Gemüse! 66

Sommer: 72–135
Auf der Weinstraße 74
Ausgeprägte Säure und frische Frucht 76
Die Festung und ein junger Koch 78
»Brand«-Wein: Lage mit Klasse 82
Der Sundgau: sanft, weit und lieblich 86
Alles Käse – aber mit Leib und Seele! 88
Spezialität: gebackener Karpfen 90
Die Vogesen: unendliche Wälder, liebliche Täler und karge Höhen 94
Herzbube: Hieb und Stich im alten Bahnhof 100
Josmeyer: Schöngeist und Winzer 106
Straßburg: Münster und Märkte 112
Königin der Weinstuben: Yvonne vom Burjerstuewel 116
Ab elf Uhr: gebackener Schinken! 118
Feinste Konfitüren, große Buffets und der berühmte Elsässer Guglhupf 120
Caveau Morakopf 130
Tabak: harte Arbeit für blauen Dunst 134

Herbst: 136–193
Weinlese und Winzerglück 138
Kaysersberg und die Damen Faller 140
Markt in Mülhausen 144
Familie Dangel und ihr Holzofenbrot 148
Ziegenkäse: jung, frisch und mit den unterschiedlichsten Gewürzen 154
Renaissancefassaden, starke Frauen und ein unternehmungsfroher Koch 158
Klein, aber fein: die Choucrouterie Dietrich in Wickerschwihr 162
Philippe Schadt: König des Sauerkrauts 164
Trimbach: Wein mit Kraft und Rasse 170
Essen in der Weinlese: alltägliches Fest 174
Idylle im Bergwald: St. Alexis 178
Bäuerliche Herbstfreuden 182
In Lembach: klassische Gourmandise 184
Adrien Vonarb – der Fischer vom Oberrhein 188

Winter: 194–245
Jean-Claude Beck: starke Weine mit Vision 196
Adler, Affen, eine Burgruine. Und Spezialitäten aus dem Holzofen 200
Eaux-de-vie d'Alsace: Jean-Paul Metté oder die Kunst des Destillierens 204
Windholtz: Brenner der neuen Generation 208
Ribeauvillé: ein kleines Hotel und eine Weinstube zum Verlieben 212
Ökologie für gute Produkte 218
Münsterkäse vom Bauernhof 220
Einkehren im »Bouton d'Or« 224
Erholung für Leib und Seele: »Les Alisiers« 226
Klöster und Kirchen 230
Gastlichkeit, wie man sie sich wünscht! 232
Gänseleber: Krönung der Tafelfreuden 236
Drei-Sterne-Küche – beschwingt und leicht 240

Rezeptregister 246
Adressen der Restaurants und Betriebe – Landkarte 248
Stichwortverzeichnis 250
Bibliographie 251

Das Schwarzwälder Autorenpaar und das Elsaß: Martina Meuth hat sozusagen verwandtschaftliche Beziehungen zu dem Land auf der anderen Seite des Rheins – eine Großmutter stammt aus Schlettstadt. Und Bernd Neuner-Duttenhofer fuhr schon als Kind regelmäßig mit den Eltern in dieses Paradies für Feinschmecker – um dort einzukaufen, was es in Deutschland noch lange nicht gab! Mit diesem Buch haben die beiden also alte Beziehungen wieder aufgefrischt …

Vorwort

Wie oft waren wir im Elsaß! Ein volles Jahr lang immer wieder für dieses Buch. Aber auch früher schon, zum Einkaufen – Wein, Lebensmittel, Flohmarkt –, zum Essen, zum Wandern oder einfach zum Spazierenfahren. Und jedesmal hatten wir dasselbe, eigentlich ja wohlbekannte, aber trotzdem immer von neuem überraschende Erlebnis, mit dem Überqueren des Rheins in eine andere Welt zu kommen: Es ist nicht mehr Deutschland, aber auch noch nicht ganz Frankreich. Alles ist leichter, weniger eng, nicht so genau, eben menschlicher.
In Straßburg entstand der Brauch, zum Christfest einen Weihnachtsbaum aufzustellen, hier wurde aber auch die Marseillaise komponiert. Hier wurde die Gänseleberterrine erfunden, aber auch die Buchdruckerkunst – behaupten die Franzosen, die Deutschen meinen, in Mainz; um die Person Gutenberg wird nicht gestritten, er lebte hier wie dort. Straßburg ist Tagungsort des Europäischen Parlaments und Sitz des Europarats, aber auch der Fremdenlegion. Hier wurde die Baukunst, die kirchlich-gotische mit dem Straßburger Münster, die bürgerlich-einfache mit den Fachwerkhäusern, zur Vollendung entwickelt, aber es entstanden auch die Bunker der Maginot-Linie.
Symbolischer Ausdruck des Elsaß erscheint uns sein Himmel: nur selten ruhig und tiefblau, nur manchmal sanft verschleiert, oft dramatisch aufgerissen! Durch dräuende Wolken bricht gleißend die Sonne und taucht das Land in überirdisches Licht. Wenn der Sturm die Wolken über die Vogesen treibt, zerfetzt er sie, Lichtkaskaden stürzen in die Täler und die Ebene. Der Kampf der Elemente am Himmel über dem Elsaß mag Sinnbild sein für die Zerrissenheit seiner Seele, die Misere der Elsässer, ihrer Geschichte und ihres Schicksals – zu oft wurde ihre Hoffnung auf ein Recht, in Frieden zwischen Frankreich und Deutschland zu leben, gewalttätig zerstört ... Der Elsässer Schriftsteller André Weckmann beschreibt in seinen kraftvollen, auch formal großartigen Büchern die Krise der elsässischen Identität in allen Bereichen auf das genaueste – es würde zu weit führen, hier auf alles einzugehen. Aber unter der fachwerkgeordneten, geranienfreundlichen Oberfläche schwelen un-

gelöschte Feuer. Man kann sich nicht unmittelbar hintereinander von den einen »Franzosenkopp« und von den anderen »sale boche« schimpfen lassen, ohne daß dies Folgen hat. Dahinter steckt obendrein die Verketzerung der jeweils bisherigen Staatsloyalität – 1871 gegen ihren Willen annektiert, fanden die Elsässer weder bei Deutschland noch später in Frankreich die Freiheit und Geborgenheit, die die Entwicklung eines eigenständigen Selbstbewußtseins ermöglicht hätte.

Im Elsaß treffen aufeinander zwei Sprachen, zwei politische Systeme, zwei Nationalgedanken, zwei Religionen, zwei Kulturen, zwei Lebensweisen. Goethe gefiel 1770/71 genau diese Ambivalenz in diesem »elsässischen Halbfrankreich«.

Als 842 mit den Straßburger Eiden von Karl dem Kahlen und Ludwig dem Deutschen der Grundstein für die Aufteilung des Erbes Karls des Großen in ein westfränkisches und ein ostfränkisches Reich gelegt wurde, geschah dies bereits in zwei Sprachen, in Althochdeutsch und Altfranzösisch. Diese Toleranz ist in der jüngeren Geschichte des Elsaß nicht mehr da: In der Schule gab es Tatzen, wenn man nach 1940 seinen Freund Pierre nicht Peter nannte. Fünf Jahre später mußte man wieder Pierre sagen. Und aus dem Fischerbräu wurde Bière du Pêcheur.

Inzwischen heißt das Bier wieder Fischer. Heute ist das Elsaß praktisch dreisprachig: Natürlich spricht jeder die Schul- und Amtssprache Französisch. Der Touristen wegen muß man Deutsch können. Und unter sich reden in den alten Vierteln der Städte und auf dem Land die meisten Elsässisch – die Alten noch und die Jungen wieder. Oder eine Mischung: »Geh emol in de Jardin un hol die Légumes!«

Wie sollen wir eigentlich in unserem Buch schreiben? haben wir uns gefragt, Strasbourg oder Straßburg? Wir haben uns entschlossen, das nicht so eng zu sehen und abzuwechseln.

Das alte Deutsche Reich mit seiner unübersichtlichen Machtstruktur förderte die kriegerischen Auseinandersetzungen zwischen den jeweiligen Herren über Burg, Stadt und Land. Lehnsherren, Bischöfe oder Äbte, Städte und Landesherren kämpften um ihren Einfluß und ihre Eigenständigkeit. Als in der Blütezeit des späten Mittelalters alles einigermaßen geregelt schien, kam der Glaubenskrieg. Danach Frankreich: Ludwig XIV. jedoch war klug: »Laßt den Elsässern ihre Eigenständigkeit, die Macht über sie genügt uns.« Vauban befestigte Straßburg, aber es konnte seine reichsstädtische Ordnung beibehalten. Mit der Revolution wurde das freilich anders, das Elsaß bekam nun französischen Zentralismus zu spüren. Im Deutschen Reich hatte es einen Sonderstatus – genannt »Reichsland«, war es

fast so etwas wie eine preußische Kronkolonie. Erst ab 1911 wurde politische Eigenständigkeit mit einem eigenen Landtag möglich. Aber dann kam der Krieg, und die Elsässer hatten im deutschen Heer zu dienen. Und wieder zurück ... Das Kriegsdenkmal auf der Place de la République in Straßburg: Eine elsässische Mutter mit ihren beiden Söhnen – der eine unter deutscher, der andere unter französischer Flagge gefallen.

Bilder von Landschaften entstehen immer und überall aus einfachen, weil einprägsamen und charakteristischen Elementen – das Kernland des Elsaß lebt vom reizvollen Gegensatz zwischen der Ebene und den Vogesen, zwischen denen das Weinland mit seinen Dörfern und Städtchen liegt. Mehr als in Deutschland haben die Städte und städtisches Bewußtsein hier das Land geprägt: Die Rat- und Zunfthäuser – allen voran die Metzig, das Schlachthaus, die zeigt, wie wichtig den Elsässern das gute Essen schon immer war – sind prächtig, selbst in den kleinsten Städten. Da andererseits die meisten von ihnen mit dem Weinbau oder dem Weinhandel zu tun hatten, war die Bindung zum Land eng, stets Verständnis für die Probleme der Bauern und Winzer vorhanden. Dies ist auch heute noch so, und auch die Kunst und die Literatur nehmen im Leben der Elsässer einen viel größeren Raum ein als in Deutschland. Das Elsaß ist in dieser Hinsicht alles andere als provinziell und hat bedeutende Künstler und Intellektuelle hervorgebracht – kritische und querdenkende, wie Hans (oder Jean!) Arp, Albert Schweitzer, René Schickele und Otto Flake. Der bekannteste ist heute der aufmüpfige Weltbürger und Elsässer Tomi Ungerer, aber es gibt viele andere, wie Roger Muhl, Raymond Waydelich, André Weckmann und Roger Siffer in seiner Straßburger Choucrouterie.

Im Süden und Norden des Elsaß, wo es diese Verbindung zwischen Stadt und Land nicht gab, herrscht dagegen die übliche ländlich-bäuerliche Struktur.

Daß das Elsaß eine wahrhaft kulinarische Landschaft ist, braucht man niemandem zu sagen – nirgendwo, so haben die Elsässer ausgerechnet, spendiert der Michelin so viele Sterne pro Einwohner wie hier! Das heißt, es gibt eine Menge sehr guter Spitzenrestaurants. Aber das macht noch nicht die Küche eines ganzen Landes aus: Es kommt darauf an, was die Menschen zu Hause essen! Und noch wichtiger als das Kochen selbst sind die Produkte. In dieser Beziehung ist das Elsaß das Paradies auf Erden! Was gibt es hier nicht alles ganz alltäglich! Dinge, von denen wir auf der anderen Seite des Rheins nur träumen können! In den Läden ein breites, nach verschiedenen Qualitätsstufen gefächertes Angebot. Spezialgeschäfte, wo die Patronne oder der Patron wirklich wis-

sen, was sie verkaufen – Leute, die ihren Beruf und ihre Waren lieben, Qualität erkennen und beschreiben können. Und dann die Produzenten: Winzer, Bäcker, Konditoren, Pastetenmacher, Gänsemäster, Fischer, Metzger und Wurstmacher, Käser und Käsereifer, Kräutersammler, Schnapsbrenner, ... Menschen, die von dem, was sie erzeugen, auch überzeugt sind. Menschen mit einer leidenschaftlichen, oft fast schon erotischen Beziehung zu ihrem Schaffen, die nicht kleinlich rechnen, sondern großzügig an die Dinge herangehen.

Kenntnisse über Produkte, deren Möglichkeiten und Qualitäten sind für einen Elsässer selbstverständliches Wissen. In Deutschland interessiert der Preis. Deshalb ist auch das Niveau der Produkte im Elsaß unvergleichlich höher. Elsässisches und deutsches Sauerkraut – Welten liegen dazwischen; das eine fast ausschließlich roh und naturbelassen, das andere fast ausschließlich konserviert. Ein Fischgeschäft diesseits und jenseits des Rheins – hier ein paar matte, gelblich geränderte Abschnitte oder Filets, ohnehin fast alles aus der Tiefkühltruhe, dort silbrig glänzende Berge von ganzen Fischen, an deren klaren Augen man die Frische ermessen kann. Oder die köstlichen Früchte, die hier reif und duftend ihre Kunden locken, während sie bei uns zwar schön, aber meist steinhart sind, weil sie so besser halten – man könnte mit ihnen Murmeln spielen, sie zu berühren ist trotzdem polizeilich verboten. Reden wir nicht über die winzigen, butterzarten Radieschen, die wir gerne anstelle der Bierrettich-Monstren oder der prallen, roten Wasserkugeln hätten, die sich noch immer ein *-chen* ans Radies hängen. Große, breite, derbe Bohnen hier (die weniger Arbeit beim Putzen machen!), kleine, schlanke, feine Haricots verts dort: Der Anteil Frankreichs an der Kultur des Elsaß läßt sich Gott sei Dank nicht leugnen.

Elsässer Küche, das sind auch Schnecken, die umstrittenen Froschschenkel, die bei Tierfreunden verpönte Gänsestopfleber: Die Elsässer essen, was gut ist, sind in dieser Hinsicht gewiß ebenso pragmatisch wie die Binnenfranzosen, lassen sich kaum ideologisch vereinnahmen. Auch auf kulinarischem Gebiet ist die Freiheit oberstes Gebot! Die Baguette wurde nie zum Feind des Vollkornbrotes: In der Zunftordnung der Straßburger Bäcker gab es den französischen und den deutschen Weißbäcker – letzterer durfte auch das dunkle Brot nach deutscher Art backen.

Überhaupt kann man im Elsaß mit Gegensätzen glänzend leben. Wir haben immer wieder versucht, das in unserem Buch deutlich zu machen. Zum Beispiel mit den berühmten Elsässer Bränden. Da hat sich der eine der klassischen Brennblase verschrieben, der andere destilliert nur mit Kolonne – beide machen exzellente Brände. Und, was für uns am schönsten war, beide sind sich nicht feind, sondern sprechen mit Hochachtung vom anderen.

Genauso ist es bei den Winzern – die guten kommen bestens miteinander aus, zu unser aller Wohl und Freude. Im Herbst sind die Weinorte berstend voll von Fremden, jeder sucht »seinen« Winzer – und findet ihn, weil jeder Winzer auf anderes schwört, jeder seinen eigenen Stil hat. Welche Vielfalt, welche Qualität! Freilich endeckt man die nicht in jedem Wein, aber man kann immer angenehme Überraschungen erleben. Dazu gehört allerdings, daß man sich eher den klassischen, sortenrein ausgebauten Rebsorten zuwendet und den Edelzwicker beiseite läßt. *Zwicker* bedeutet nicht, daß der Wein im Magen zwickt, sondern leitet sich vom elsässischen Wort *zwicken* für *mischen* ab. Er ist also immer ein Verschnitt, und zwar aus *Chasselas* (Gutedel) und den *edlen* Weißweinsorten des Elsaß, nämlich *Pinot blanc, Sylvaner, Gewürztraminer, Tokay-Pinot gris, Riesling und Muscat.*

»Unsere« Winzer sind eine ganz persönliche Auswahl – es wären noch viele andere in Frage gekommen. Und genauso ist es mit den Restaurants und Weinstuben: Das Elsaß ist so reich, daß wir jeden Tag die Qual der Wahl hatten. Schließlich wollten wir keinen Reise- oder Restaurantführer machen, sondern haben nur versucht, mit kleinen, charakteristischen Reportagen über Menschen und Produkte ein kulinarisch-kulturelles Bild des Elsaß zu skizzieren und Lust auf dieses Land zu machen. Es war eine schöne Arbeit – wir danken allen, die uns dabei geholfen haben!

Schenken wir uns ein Glas Elsässer Wein ein – auf daß dies Land im Herzen Europas nach leidvoller Geschichte wirklich zum Herzen, zum Motor für Europa wird. Zum Wohle, Elsaß, prost und Dank an Küche, Land und Leute!

FRÜHLING

Erwachen der Natur, Blütenträume und Wanderglück

Kräuter und Spargel – die ersten zarten Schlemmerfreuden

Frühlingsfrisch: zarte Salate

Heilige Odilia

Marc Haeberlin

Beschauliche Idylle: Boote auf dem Ill

Pittoresk: Fachwerk in Riquewihr

Aperitif in der sanften Abendsonne

Spargel, Schinken und drei Saucen

Elegant: das »Fer Rouge« in Colmar

Frühlings Erwachen

Schon Ende März, Anfang April hört hier der Winter auf, und die Natur beginnt sich zu beleben. Das kann über Nacht passieren, wenn warme Mittelmeerluft durch die burgundische Pforte in die Rheinebene hineinströmt, die Temperaturen sprunghaft ansteigen läßt und die klamm-kalten, trüben Tage des Winters machtvoll verscheucht. Jetzt wird der ganze Reichtum der elsässischen Landschaften offenbar: Allenthalben beginnen rund um die in die Hügel geschmiegten Weindörfer und Städtchen die Obstbäume zu blühen – weiß, rot und rosa, dazwischen die gelben Fackeln der Forsythien. Tausenderlei von Grüntönen überziehen die Wälder der tieferen Regionen. In der Ebene entzücken die Kontraste zwischen dem satten Braun der frisch umgepflügten Erde und den zarten Färbungen der ersten Blätter, gemildert durch ein weiches, silbriges Licht, das die Berge der Vogesen im Dunst verblassen läßt. Lyrisch ist die Stimmung: die Lerchen trällern, die Finken jubilieren. Und angesichts des Bauern, der seinen Weinberg noch mit Pferd und Pflug beackert, kommt einem das Volkslied in den Sinn . . .
Auch unter den Reben grünt es, und die ersten Blüten kommen heraus: rosafarbene Büschel von Taubnesseln hier, die ersten keck-gelben Löwenzähne, lustig blaue Traubenhyacinthen dort. Zitronenfalter flattern scheinbar ziellos vorbei, Hummeln besuchen systematisch jede Blüte.
Dazwischen allerdings immer wieder das häßliche, verbrannt-welke Beige der mit Herbiziden abgespritzten Parzellen – zwar macht sich auch hier ein wachsendes Bewußtsein für eine gesunde Umwelt bemerkbar, aber viele Winzer spritzen weiterhin unverdrossen Gift. Die Spitzenbetriebe dagegen bauen auf die Begrünung und den damit verbundenen Bodenschutz. Sie nehmen den höheren Arbeitsaufwand in Kauf und erzielen so ein ständig rivalisierendes Gleichgewicht zwischen Schäd- und Nützlingen.
Ganz ohne Behandlung kommen die Kirschen aus – jeder Baum ein einziges Blütenmeer, in dem es nur so summt – die Bienen verrichten ihr Werk. Oben bei Thannenkirch (kleines Bild) blühen sie in so reicher Zahl, daß man den Ort auch liebevoll »Thannenkirsch« nennt! Die Kirschen aus den Höhenlagen sind im übrigen von den Brennereien heiß begehrt: Zwar haben sie größere Steine, aber ihr Fruchtfleisch ist aromatischer als das der Kirschen aus den Weinbergen – dort, in den wärmsten Lagen, gedeihen neben Pfirsichen, Aprikosen und Mandeln jedoch die prachtvoll prallen Kirschen, die »nur« zum Essen taugen.

Offene Weine und köstliche Kleinigkeiten

Mitten im hübschen, noch ein wenig verschlafenen Bergheim steht an der Hauptstraße ein eher unscheinbares, geschmackvoll renoviertes Haus, flankiert von Restaurants mit marktschreierischen Reklameschildern, dort ist die »Wistub du Sommelier« – eine der schönsten und besten Weinstuben des Elsaß.

Wie eigentlich eine ideale Weinstube auszusehen hat, darüber können die Elsässer untereinander diskutieren und mit den Touristen streiten: Zwar wollen alle eine gemütliche Wirtschaft, aber während die einen eine klare, simple Ausstattung vorziehen, wünschen sich die anderen eine bunte Schänke mit allem möglichen Nippes.

Die »Wistub« von Jean-Marie und Geneviève Stoeckel verzichtet, dem hiesigen Dialekt gemäß, nicht nur auf das weinige »n«, sondern auch auf jeglichen touristischen wie modischen Schnickschnack. Wenige schöne Stücke, niemals tümelnd, schaffen eine unaufdringliche Gemütlichkeit.

Stoeckel stammt aus dem nahen Thannenkirch (siehe Seite 14), wo seine Großeltern ein Gasthaus hatten. Er kann sich noch gut entsinnen, wie er als Kind dort beim Heuen half. Viele der Einrichtungsgegenstände hat er von dort mitgenommen, als das Haus modernisiert wurde – auch den Bierstern, ein dem Judenstern ähnliches Zeichen, der die Schankerlaubnis anzeigte. Die alten Kachelöfen, die gewaltige Theke, die doppelseitige Sitzbank mit gemeinsamer Rückenlehne in der Mitte, einfache Holzstühle und die karierten Stoffdecken auf den Tischen, die für jeden Gast mit einem sauberen Papier belegt werden, schaffen eine warme, angenehme Atmosphäre, die bäuerliche Tradition mit gediegener Kleinstadt-Bürgerlichkeit verbindet. Eine Weinstube, in die jeder gerne zurückkehrt.

Auch der Weine wegen! Stoeckel kennt sein Geschäft: Ehe er sich 1984 selbständig machte, war er 20 Jahre lang Sommelier, also Weinkellner oder Restaurantkellermeister – je nachdem, wie man das eigentlich unübersetzbare Wort eindeutschen will. Der Sommelier kümmert sich ja einerseits um den passenden Wein zum Essen, berät also den Gast am Tisch. Aber er ist andererseits auch für die Kontakte zu den Winzern, den Einkauf der Weine, ihre Lagerung und die Kellerführung zuständig. Angefangen hatte Stoeckel bei den Haeberlins im nahen Illhaeusern, war dann bei Chapel in Mionnay und schließlich zehn Jahre lang im »Crocodile« in Straßburg. Dadurch kennt er nicht nur die Elsässer, sondern überhaupt die besten Winzer Frankreichs. Ständig bietet er etwa 25 verschiedene Weine offen an – vom einfachen, aber ehrlichen Schankwein bis zur absoluten Spitze. Das Angebot wechselt fast täglich.

Stoeckel vertritt dabei eine eigene Philosophie: »Ich habe keinen großen Keller,

Geneviève und Jean-Marie Stoeckel – Liebe zur Tradition und zum Detail

Au Sommelier

nur etwa 200 Weine – aber die kenne ich alle genau, weil ich sie immer wieder öffne. Ist einer ausverkauft, gibt's eben den nächsten . . . Als Sommelier in den großen Restaurants dagegen, wo über 1000 Weine auf der Karte stehen, weiß ich oft gar nicht, wie ein Wein schmeckt, denn unter Umständen habe ich ihn seit zwei Jahren nicht mehr serviert. Wie soll ich da wissen, ob er zu dem bestellten Gericht überhaupt paßt?«

Man serviert hier klassische Elsässer Hausmannskost. Fast alles wird selbst gemacht – von seiner Frau, von ihm oder seinen drei Küchenhilfen. Spezialitäten sind Preßkopf, Pasteten und natürlich Sauerkraut (von Dietrich, siehe Seite 162), das schneeweiß auf den Tisch kommt. Es wird das ganze Jahr über verwendet, gründlich gewaschen, um das Salz herauszulösen. »Früher haben die

Bierstern – Zeichen der Schankkonzession

Bauern am Gründonnerstag das übriggebliebene Kraut auf den Misthaufen geworfen – sie konnten es nicht mehr sehen. Sie wollten jetzt endlich wieder Frisches essen.«

Die Gäste sind Geschäftsleute aus der Gegend, Einheimische, Touristen. Alle kommen der Elsässer Küche wegen – auch die Elsässer selbst. Denn: »Die jungen Frauen können ja nicht mehr kochen, bringen keine Quiche oder Leberknödel zustande!« Der sonst nicht allzu gesprächige Stoeckel kann stundenlang über dieses Thema räsonnieren, stellt einen allgemeinen Niedergang der gastronomischen Alltags-Kultur fest. Aber er erblickt darin auch seine Chance: »Wir, die kleinen Weinstuben, müssen die echte Regionalküche pflegen, auf der die großen Restaurants dann aufbauen können. Wir sind die Basis!« unterstreicht er mit berechtigtem Stolz.

Das ganze Haus, von den Menschen über die Einrichtung bis zur Weinauswahl und der Speisekarte, macht klar: Es gehört neben Engament viel Intelligenz, Überblick und vor allem Wissen dazu, um das Alte richtig und sinnvoll bewahren zu können.

1

PRESSKOPF

SCHWEINSKOPF-SÜLZE

Im Elsaß kann man eine solche deftige Sülze bei jedem guten Metzger oder Traiteur kaufen. Hier wird man sie selber machen müssen. Mit Schweins- oder Kalbskopf – je nachdem, was Ihnen der Metzger abgibt; er tut das nicht gern, weil er beides zum Wurstmachen benötigt.

Für acht bis zehn Personen:
ca. 1 kg ausgelöster Schweins- oder Kalbskopf (möglichst am Stück und die fleischigen Partien!), 1–2 Bund Suppengrün (je nach Größe), 1 TL Pfefferkörner, $^1/_2$ TL Wacholderbeeren, 2 Lorbeerblätter, 2 Thymianzweige, 2 Knoblauchzehen, 1 Zwiebel, $^1/_2$ l Weißwein, Salz, 2–3 Cornichons, 1–2 EL Kapern, Pfeffer, Weißweinessig, eventuell 3–4 Blatt Gelatine

Den Schweins- oder Kalbskopf mit dem geputzten und grob zerkleinerten Suppengrün sowie den Gewürzen, den Knoblauchzehen und der gehackten Zwiebel in einen Topf füllen, den Wein und soviel Wasser angießen, daß alles gerade eben bedeckt ist. Salzen und ohne Deckel zum Kochen bringen. Erst, wenn sich der Schaum, der sich zunächst an der Oberfläche bildet, wieder gelegt hat, den Deckel aufsetzen, auf kleinem Feuer etwa zwei bis drei Stunden sanft ziehen lassen, bis das Fleisch butterweich ist. Das Fleisch abkühlen lassen, den Fond etwa um die Hälfte einkochen, durch ein Sieb filtern und über Nacht ebenfalls abkühlen lassen. Wenn diese Brühe anderntags schnittfest geworden ist, kann man sie ohne Hinzufügen von Gelatine verwenden, ist sie zu weich oder gar flüssig, fügt man 3–4 Blatt eingeweichte Gelatine auf einen halben Liter zu.

Das Fleisch in zweizentimetergroße Würfel schneiden, mit den winzig gewürfelten Cornichons, den (wenn nötig gehackten) Kapern mischen und in eine Terrinen- (Kasten-)form füllen.

Die Brühe noch einmal erhitzen, kräftig mit Salz, Pfeffer und reichlich Essig abschmecken und über das Fleisch in die Form gießen.

Mit Klarsichtfolie abdecken und im Kühlschrank fest werden lassen. Zum Servieren stürzen, in Scheiben schneiden und auf Tellern anrichten. Dazu schmecken eingelegte Gürkchen, Radieschen und frisches Bauernbrot.

Tip: Die Sülze löst sich leichter aus der Form, wenn man diese zuvor mit Klarsichtfolie ausgelegt hat.

2

QUENELLES DE FOIE À L'ALSACIENNE

ELSÄSSER LEBERKNÖDEL

Für vier bis sechs Personen:
2 Zwiebeln, 2 Knoblauchzehen, 2 EL Butter, je 250 g Schweine- und Rinderleber, 1 Bund Petersilie, Salz, Pfeffer, 1–2 Eier, ca. 100 g Grieß zum Binden, Muskat, 2–3 EL Sahne
Sauce:
2–3 Schalotten, 75 g Butter, 1 TL Mehl, $^1/_8$ l Kalbsfond, ca. $^1/_4$ l Weißwein, Salz, Pfeffer, Zitronensaft

Zwiebeln und Knoblauch fein hacken und in der Butter weich dünsten. Die Leber von Häuten und Sehnen befreien, in große Würfel schneiden und nur so lange in der heißen Butter wenden, bis diese außen grau und steif, aber innen noch nicht gar geworden sind – braten die Leberwürfel zu lange, so verliert das Eiweiß seine Bindefähigkeit und die Klößchen werden hart beziehungsweise bröselig.

Zum Schluß die fein gehackte Petersilie zufügen, mit den Leberwürfeln mischen, salzen und pfeffern.

Alles durch den Fleischwolf drehen, ein Ei und soviel Grieß untermischen, bis ein formbarer Fleischteig entstanden ist. Mit Salz, Pfeffer und Muskat würzen. Eine halbe Stunde quellen lassen; schließlich mit einem Schuß Sahne geschmeidig machen. Mit einem Eßlöffel Klößchen formen und in leise siedendem Salzwasser sanft pochieren. (Falls ein Probeklößchen auseinanderfällt, ein weiteres Eigelb unterrühren und soviel Grieß, wie man braucht, damit der Fleischteig sich gut formen läßt.)

Für die Sauce die fein gewürfelten Schalotten in etwas Butter weich dünsten, das Mehl darüberstäuben und solange mitdünsten, bis es eine goldene Farbe angenommen hat, dann erst den Kalbsfond und den Wein angießen und auf mittlerem Feuer um die Hälfte einkochen. Mit einem Schneebesen die restliche Butter unterschlagen, die jetzt cremige Sauce mit Salz, Pfeffer und mit reichlich Zitronensaft schön säuerlich abschmecken.

Die Leberknödel in dieser Sauce erwärmen. Dazu schmecken Salzkartoffeln und ein grüner Salat.

1

2

1

PÂTÉ EN CROÛTE MAISON

HAUSMACHERPASTETE

Eine wohlgeratene Pastete ist der Stolz jeder ehrgeizigen Elsässer Hausfrau. Aber auch eines jeden Charcutiers (Wurstmachers) oder – und daran kann man sehen, daß das Elsaß eben französisch ist – des Konditors, bei dem man ebenso Fleischpasteten kaufen kann wie erstaunlicherweise beim Metzger den dazu nötigen Blätterteig. Blätterteig, wie man ihn bei uns tiefgekühlt kaufen kann, ist nicht so gut geeignet, weil er sich zu stark aufplustert. Es empfiehlt sich also, ihn selbst zu machen.

Das Pastetenbacken ist keine übermäßig komplizierte Sache, aber eine langwierige. Man beginnt damit mindestens drei, besser vier Tage vor dem Fest, zu dem man die Pastete servieren möchte: Ein bis zwei Tage muß das Fleisch marinieren, auch dem Teig tut es gut, wenn er einen Tag mindestens ruhen kann, bevor man ihn verwendet. Und dann sollte die fertige Pastete einen, besser sogar zwei Tage kalt stehen und sich festigen, bevor man sie anschneidet.

Eine schöne rosa Farbe bekommt das Fleisch für die Füllung, wenn man es mit Pökelsalz würzt, das man beim Metzger erbitten muß – es ist kein handelsüblicher Artikel. Fast genauso gut wirkt statt dessen auch eine gute Prise Rohrzucker.

Für acht bis zehn Personen:
Teig:
250 g Mehl, 1 Ei, 1/2 TL Salz,
ca. 4–5 EL Wasser, 75 g Butter
Füllung:
je 500 g Schweine- und Kalbsschulter,
je 50 g durchwachsener, geräucherter
Bauchspeck und
grüner, ungeräucherter,
fetter Rückenspeck
in 3 mm dicken Scheiben,
je 1 TL getrockneter Thymian,
Majoran und Pastetengewürz,
1/2 TL Rohrzucker oder Pökelsalz,
Salz, Pfeffer, Muskat,
Macis (Muskatblüte), Cayennepfeffer,
0,1 l trockener, kräftiger Weißwein,
2 Zwiebeln, 2 EL Butter,
2 Knoblauchzehen, 1 Strauß Petersilie,
200 g Kalbsbrät
Außerdem:
1 Ei und 3 EL Milch
zum Bestreichen der Teighülle
Gelee:
1/8 l Kalbsfond, 1/8 l Weißwein,
Salz, Pfeffer, 3–4 Blatt Gelatine

Für den Pastetenteig das Mehl auf die Arbeitsfläche häufen, in eine Vertiefung in der Mitte das Ei hineingleiten lassen, salzen und mit einer Gabel verrühren. Eßlöffelweise das Wasser zufügen, alles nunmehr mit den Händen rasch zu einem festen, aber geschmeidigen Teig kneten. Zu einer Kugel geformt, in Klarsichtfolie gehüllt eine halbe Stunde kalt stellen.

Den Teig zu einem länglichen Viereck ausrollen, die Butter in Stückchen schneiden und gleichmäßig darauf verteilen. Den Teig dritteln und so zusammenklappen, daß die Drittel genau übereinander zu liegen kommen. Ausrollen, erneut zusammenklappen und wieder ausrollen. Den Teig wieder zusammenklappen, in Folie packen und nunmehr kalt stellen, bis er benötigt wird.

Für die Füllung das Fleisch in zweizentimetergroße Würfel schneiden, dabei Sehnen und Flachsen entfernen. Den Speck winzig klein würfeln. Alles in einen Gefrierbeutel füllen, mit den Gewürzen gut mischen und mit dem Wein beträufeln. Den Beutel gut verschließen, alle Luft herauspressen und das Fleisch so einen, besser sogar zwei Tage marinieren.

Die Zwiebeln schälen, sehr fein würfeln und in heißer Butter andünsten, die Knoblauchzehen schälen, durch die Presse hinzudrücken. Schließlich die fein gehackte Petersilie unterrühren und die Mischung ebenfalls kalt stellen.

Den Teig messerrückendünn ausrollen. Auf ein mit Backpapier belegtes Blech breiten. Die gut gekühlte Zwiebelmischung mit dem Brät innig vermengen, die gründlich abgetropften Fleischwürfel untermischen. In der Mitte der Teigplatte aufhäufen, dabei zu einem länglichen Laib formen. Den Teig darüber zusammenschlagen, die Rolle drehen, damit die Nahtstelle nach unten zu liegen kommt. Den Teig an den Seiten gut zusammendrücken, überschüssigen Teig abschneiden. Zwei Löcher in die Oberfläche schneiden – damit hier Dampf, der in der Teighülle entsteht, entweichen kann.

Die Teigoberfläche mit Eigelb einpinseln, das mit Milch glattgerührt wurde. Aus Teigresten Blätter oder Ornamente schneiden und damit die Teigoberfläche dekorieren. Sie haften am besten, wenn man sie mit Eiweiß festklebt.

Die Pastete im auf 180 Grad vorgeheizten Backofen (mittlere Schiene, nur Ober- und Unterhitze; auf keinen Fall Umluft!) etwa 55 bis 60 Minuten backen. Ein Fleischthermometer, das man hineinsteckt, muß 65 Grad zeigen, dann ist die Pastete gar.

Solange die Pastete noch warm ist, sie mit Gelee ausgießen, damit sich alles gut verbindet: Dafür den Kalbsfond mit dem Wein und den Gewürzen aufkochen, die eingeweichten Gelatineblätter darin auflösen und vorsichtig in die beiden Löcher in der Teigoberfläche gießen – soviel, wie sie aufnehmen können. Das restliche Gelee in eine flache Schale füllen und im Kühlschrank erstarren lassen. Es schmeckt fein gewürfelt wunderbar zur Pastete. Die Pastete endgültig auskühlen, im Kühlschrank fest werden und durchziehen lassen.

TIP: Zur Hausmacherpastete passen kleine Gürkchen oder Cornichons, Oliven, Silberzwiebeln oder Radieschen. Besonders köstlich schmecken dazu süß-sauer eingelegte Früchte, wie zum Beispiel Zwetschgen, Feigen, Mirabellen, Kirschen, süß-saure Zwiebelchen oder Pilze – selbstgemacht oder auch einfach fertig im Delikatessengeschäft gekauft.

2

CUISSES DE CANARD SUR CHOUCROUTE

ENTENKEULEN AUF SAUERKRAUT

Für vier Personen:
4 Entenkeulen, Salz, Pfeffer,
700 g Kartoffeln,
500 g Sauerkraut,
2 EL Enten- oder Gänseschmalz,
2 Knoblauchzehen,
2 Wacholderbeeren,
1/2 TL Pfefferkörner,
1 Lorbeerblatt,
ca. 1/4 l Weißwein,
1 Prise Zucker

Die Entenkeulen mit Salz und Pfeffer einreiben, Hautseite nach oben auf ein Blech legen. Die Kartoffeln schälen, vierteln und um die Keulen auf das Blech verteilen. Mit Salz und Pfeffer bestreuen. In den 220 Grad heißen Ofen schieben und etwa 60 Minuten braten. Dabei ab und zu die Kartoffeln wenden, damit sie rundum bräunen. Die Entenhaut mit einer Gabel anstechen, damit das Fett herausbraten kann und sie knusprig wird.

Das Kraut in einer Schüssel mit kaltem Wasser waschen und gut abtropfen lassen – nicht darin liegen lassen, sonst wird es fad. In wenig Schmalz den grob gehackten Knoblauch andünsten, das Kraut sowie die Gewürze zufügen. Den Wein angießen, salzen und zugedeckt sanft etwa 45 Minuten leise köcheln.

Das Kraut mit einer Prise Zucker abschmecken, die kroß gebratenen Entenkeulen darauf anrichten und mit den knusprigen Bratkartoffeln servieren. Dazu paßt ein kerniger Riesling!

3

SALADE DE MUSEAU DE BŒUF

OCHSENMAULSALAT

Dafür muß man den Metzger bitten, das gekochte, gepökelte Ochsenmaul in dünne Scheiben aufzuschneiden, aber nicht wie gewohnt als Salat anzumachen, sondern ganz natur zu verkaufen.

Für vier Personen:
300 g gekochtes Ochsenmaul,
2 Schalotten,
2 Cornichons,
1 Bund Petersilie,
2–3 EL Weißweinessig,
4 EL kaltgepreßtes Öl
(Sonnenblumen- oder Olivenöl,
ganz nach Geschmack),
Salz, Pfeffer

Die Ochsenmaulscheiben in Streifen oder Quadrate schneiden. Mit den sehr fein gewürfelten Schalotten und Cornichons und der gehackten Petersilie mischen. Mit Essig, Öl, Salz und Pfeffer anmachen. Auf Salatblättern hübsch anrichten und mit knuspriger Baguette servieren.

4

TARTE DE RHUBARBE

RHABARBERKUCHEN

Dieses Grundrezept ist für alle möglichen Obstsorten geeignet. Wichtig ist immer das Vorbacken des Teigbodens, damit er durch die Früchte nicht aufgeweicht wird. Festfleischiges Obst wird zunächst ohne den Eierguß gebacken. Bei zarten Beeren, wie zum Beispiel Himbeeren, kann man darauf verzichten (siehe auch das Rezept auf Seite 92).

Für eine Form von 26 cm Durchmesser:
Mürbeteig:
250 g Mehl, 1/2 Ei, 1 EL Zucker,
1 Prise Salz, 150 g Butter, 2 EL Wasser
Belag:
1,2 kg Rhabarber, 150 g Zucker,
0,2 l Sahne, 3 Eier, 1 EL Vanillezucker,
1 Prise Salz

Wie auf Seite 110/111 gezeigt, einen Mürbeteig kneten und kaltstellen. Ausrollen, eine Spring- oder Quicheform damit ausschlagen und im 200 Grad heißen Ofen zehn Minuten vorbacken.
Rhabarber putzen, in Stücke schneiden und mit 50 Gramm Zucker vermischen. Gleichmäßig auf dem Teigboden verteilen und für 20 Minuten in den 200 Grad heißen Ofen schieben.
Sahne, die Eigelb, 50 Gramm Zucker und den Vanillezucker verquirlen, über den vorgebackenen Rhabarber gießen, den Kuchen für weitere 20 bis 30 Minuten in den Ofen schieben, so lange, bis die Eiersahne gestockt ist.
Inzwischen die Eiweiß mit dem restlichen Zucker steif schlagen, die Salzprise nicht vergessen. Die Baisermasse in einen Spritzbeutel füllen, als dicke Haube in hübschem Muster auf dem Rhabarberkuchen verteilen. Im heißen Ofen etwa fünf Minuten sanft bräunen.

1

2

3

4

Kerniger Wein und Großmutter-Küche: Bei Familie Halbeisen zu Gast

Was wäre das Leben ohne glückliche Zufälle: Wir hatten in der »Wistub du Sommelier« wunderbar gegessen und kommen auf dem Weg zum Auto, zwei Häuser weiter in der Grand' Rue von Bergheim, an einem kleinen Schaukasten vorbei. Die vier Weinflaschen darin tragen so auffällig gut gestaltete, schlichtschöne Etiketten, daß wir kurzerhand dem kleinen Schild folgen, das auffordert: sonnez s' il vous plaît. Hinter dem großen Tor öffnet sich ein stiller, mit Blumen geschmückter Hof. Der Hausherr tritt uns entgegen: ein Mann wie ein Faß! Selbstverständlich können wir seine Weine probieren! Schnell ist eine Reihe von Flaschen vor uns aufgebaut, und es präsentieren sich Weine der Sonderklasse: burgunder und, natürlich, Gewürztraminer. Ein rotes Etikett schließlich tragen die Grands Crus, die Auslesen und die Beerenauslesen, jene Weine, die er stolz *sehr groß* nennt und denen er fünfzehn bis zwanzig Jahre Zukunft verheißt. Seine Rebgärten liegen vorwiegend am Ringberg (die Lagen Grünspiel, Burlenberg, Brandhurst), wo Weine gedeihen, die sehr lange brauchen, um sich voll zu entwickeln. Für manche mag das wegen der Kapitalbindung ein Problem sein – für André Halbeisen ist es Basis seiner Philosophie.

Seit Vater Jean sich aus dem Tagesgeschäft zurückgezogen hat, führt André zusammen mit seiner Frau Michèle das acht Hektar große Gut weiterhin unter Michèle, schmal und zierlich, stammt aus dem Vallée de la Bruche, dem Hauptal in den Vogesen, wo man einen dem Schweizerischen ähnlichen Dialekt spricht, wegen der vielen Kirschbäume, die dort wachsen, Vôte de cerises genannt: Nach dem verheerenden Dreißigjährigen Krieg, dem hier fast alle Einwohner zum Opfer gefallen waren, ließen sich Mennoniten und Calvinisten aus dem Basler Gebiet dort nieder.

Michèles Vater war Militär, ständig überall in der Welt unterwegs und nie sehr lange fest stationiert, deshalb ist sie hauptsächlich bei ihrer Großmutter aufgewachsen. Und dort hat sie kochen gelernt! Das Wichtigste beim Kochen, das ist die Quintessenz, die sie von der Oma

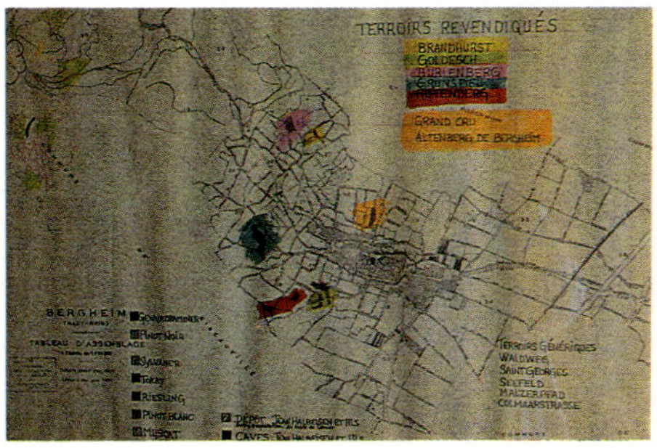

Die Katasterkarte mit den jeweiligen Lagen

Stilleben im Hof: mundgeblasene Flaschen

Etikettenfarben markieren die Qualitäten

kernige, kraftvolle, dabei keineswegs üppige oder runde, sondern vielmehr verblüffend schlanke, elegante Gewächse.

Wie ist es nur möglich, daß wir noch nie etwas von ihm und seinen Weinen gehört haben? André Halbeisen lächelt fein: »Es hat viele gute Winzer hier.« Die Probe steigert sich: Zuerst kommen Flaschen mit hellen Etiketten auf den Tisch, es folgen solche mit grünen und schließlich mit roten – goldene Schreibschrift, ebenso schlicht wie edel. Dieses System soll dem Konsumenten den Überblick erleichtern, erläutert der Patron: Mit hellen Etiketten kennzeichnet er die einfacheren, unkomplizierten Weine, die innerhalb eines Jahres ihren Höhepunkt erreichen und sich dann etwa fünf bis sechs Jahre halten. Grüne Etiketten bekommen die komplexeren, volleren Qualitäten, die nach etwa zwei bis drei Jahren ihren Gipfel erreichen, denen aber zehn bis fünfzehn Jahre Reifezeit im Keller gut tun. Rieslinge, Grau-

des Vaters Namen: Jean Halbeisen et fils. Sein Sohn allerdings ist erst acht. Und dessen sechzehnjährige Schwester Marie hat überhaupt keine Lust, es den Eltern nachzutun; daß die beiden so viel arbeiten, auch noch am Wochenende, das kann und will Marie absolut nicht begreifen.

Am Wochenende herrscht bei Halbeisens Hochbetrieb. Denn zu 95 Prozent verkaufen sie ihre Weine direkt an französische Privatkunden, die die Adresse durch Mundpropaganda weitergeben und sich natürlich samstags und sonntags zur Degustation ansagen. Da wundert es nicht mehr, daß man Halbeisen-Weine nie in einem Restaurant oder Ladengeschäft findet.

Ein Mann mit solch einer barocken Figur muß eine Frau haben, die gut kocht, fragen wir schließlich unverschämt direkt. »Oh ja«, strahlt André, und sein Gesicht leuchtet wie die Sonne, »phantastisch!« – und lädt uns zum Essen ein.

mitbekommen hat, ist Sorgfalt und Akkuratesse. Deshalb macht Michèle es kaum mehr Vergnügen, zum Essen auszugehen. Denn immer wieder muß sie enttäuscht feststellen, daß außer in den großen Restaurants in den Küchen ziemlich schlampig gearbeitet wird.

An den Wochenenden stand Großmama den ganzen Tag lang in der Küche. Stets kamen mehr Gäste, als sich angesagt hatten. Samstags gab es Kaninchen, Kalbs- oder Schweinebraten, am Sonntag Pot-au-feu, also gekochtes Rindfleisch mit Gemüse, oder auch einmal ein Huhn. Und montags wurden aus den Resten Flaischkiächlä hergestellt.

Mit wenig Mitteln etwas Gutes auf den Tisch zu bringen, das hat Michèle tatsächlich perfekt von der Großmama gelernt. Wie schön, daß so die alten Familienrezepte, oft als Arme-Leute-Küche geschmäht, nicht nur erhalten bleiben, sondern mit neuem Leben erfüllt und weitergegeben werden.

1

SOUPE AU LAIT

MILCHSUPPE

Klingt wenig verlockend, schmeckt aber wirklich herrlich. Eines jener sogenannten Arme-Leute-Essen, das man unbedingt vor dem Vergessen bewahren sollte.

<u>Für vier Personen:</u>
ca. 10–12 sehr dünne Scheiben altbackene Baguette,
3 EL Butter,
$^1/_2$ l Milch, $^1/_2$ l Hühnerbrühe,
3 Frühlingszwiebeln,
1 Sträußchen Kerbel,
Salz, Pfeffer

Die Brotscheiben in der heißen Butter in einer Pfanne auf beiden Seiten goldbraun und knusprig braten. Milch und Brühe miteinander aufkochen, die Brotscheiben hineingeben. In der Pfanne die feingeschnittenen Frühlingszwiebeln andünsten, den gehackten Kerbel zufügen und beides in die Suppe rühren. Mit Salz und Pfeffer abschmecken und heiß servieren.

2

BEIGNETS DE CERISES

KIRSCHKRAPFEN

Im Sommer bereitet Michèle Halbeisen sie natürlich mit frischen Kirschen aus dem Garten zu; jetzt, im Frühjahr, nimmt sie Kirschen aus dem Glas, die sie selber eingemacht hat.

<u>Für vier Personen:</u>
<u>Teig:</u>
100 g Mehl, 50 g Speisestärke,
1 TL Backpulver,
1 Tütchen Vanillezucker,
1 EL neutrales Öl,
1 großes Ei, $^1/_4$ l Milch
<u>Außerdem:</u>
1 Glas eingemachte Kirschen,
1 Messerspitze Zimt, 1–2 EL Zucker,
Öl zum Braten,
Zimtzucker zum Bestreuen

Alle Zutaten für den Teig miteinander in einer Schüssel glatt quirlen. Die abgetropften Kirschen unterrühren. Mit Zucker und Zimt würzen.
In einer Pfanne knapp zentimeterhoch Öl erhitzen. Mit einem Löffel kleine Portionen hineingeben, etwas glatt streichen und auf beiden Seiten backen. Auf Küchenpapier gründlich abtropfen lassen. Auf einer Platte anrichten, mit Zimtzucker bestreuen und warm servieren.

Das Weißbrot für die Milchsuppe sollte vom Vortag sein und dünn geschnitten

Für die Flaischkiächlä mischt man Hackfleisch und Kalbsbrät mit Ei

Gewürzt wird mit reichlich Kräutern. Mit zwei Löffeln formt man Küchlein

FLAISCHKIÄCHLÄ

BOULETTEN

Sie gab es immer montags, wenn vom Sonntagsbraten oder vom Pot au feu etwas übriggeblieben war. Und Großmama, so erzählt Michèle Halbeisen, hat immer soviel gekocht, daß etwas übrig blieb... Michèle allerdings nimmt heute frisches, rohes Fleisch dafür.

Für vier bis sechs Personen:
500 g Hackfleisch,
300 g feines Kalbsbrät,
4 Knoblauchzehen, 3 Schalotten,
3 EL Mehl, 3 Eier,
1 kleines Glas Wein,
reichlich frische, fein gehackte Kräuter (Petersilie, Schnittlauch, Kerbel),
Salz, Pfeffer,
1 EL Butter,
1 EL Öl

Fleisch und Brät mit dem durch die Presse gedrückten Knoblauch und den sehr fein gehackten Schalotten, Mehl, Eiern, Weißwein und gehackten Kräutern zu einem geschmeidigen Teig verarbeiten – am besten mit der Hand. Mit Salz und Pfeffer abschmecken.
Mit einem Eßlöffel Nocken formen, sie sofort in eine Pfanne gleiten lassen, in der bereits Butter und Öl aufschäumen. Die Fleischkiächlä auf mittlerem Feuer rundum schön braun braten. Auf Küchenpapier abtropfen.
Dazu schmeckt ein grüner Salat mit hartgekochten Eiern – früher aß man dazu noch Salzkartoffeln, die im Elsaß, jedenfalls zu Großmutters Zeiten, einfach zu jeder Mahlzeit gehörten.

Sie werden in heißem Öl und Butter langsam rundum schön kroß gebraten

Wichtig für die Milchsuppe sind die in Butter braun gerösteten Brotscheiben

Sie machen sie nämlich nicht nur sämig, sondern geben ihr auch Aroma

Die Haeberlins: Gastgeber mit dem ganzen Herzen

Eine Oase zum sich Wohlfühlen: der lichte, helle Raum mit den fröhlichen Bildern, die prachtvollen Blumenbuketts, die festlich gedeckten Tische. Vor dem Fenster unter dem flirrenden, hellgrünen Dach der Trauerweiden der Ill: Er strömt kaum, er liegt nur da und lächelt leise. Die Schwalben fliegen heute so tief, daß ihre Flügel das Wasser aufschlagen; trotzdem schnappen ihnen die Fische die Insekten weg. Ab und zu blinzelt die Sonne hinter dicken Wolkenkissen hervor und läßt die Weiden sich im Wasser spiegeln. Ein Fischer stakt mit seinem Boot das Ufer entlang .... Die Ruhe hier ist Balsam für die Seele; und ein Essen wird zum Fest! Der Gast fühlt sich herzlich empfangen, die Atmosphäre ist von keiner falschen Vornehmheit getrübt, vielmehr fröhlich, zum Genießen angetan. Am Nebentisch, zum Beispiel, ein Vater mit seinem vierzehnjährigen Sohn, der die Weinkarte auswendig und die Lage Montrachet deklinieren lernt: Bienvenues-Montrachet, Bâtard-Montrachet, Montrachet ... Gegenüber sitzen Eltern mit zwei Kindern; soeben wird ihnen die zweite Portion Pommes frites serviert, von Hand geschnitten und so mustergültig goldbraun ausgebacken, daß man am liebsten davon stibitzen möchte. Für die Eltern zieht Sommelier Serge Dubs eine alte Flasche Grands Echezeaux auf – sie haben offenbar Grund zum Feiern!

Die »Auberge de l'Ill« ist längst Legende, Institution sprichwörtlicher Gastlichkeit, Wallfahrtsort der Feinschmecker aus aller Welt, in deren Ohren *Illhaeusern* fast schon wie ein Synonym für *Elsaß* klingt. Ein Luxusrestaurant, aber einzigartig unter den noblen Restaurants Frankreichs. Denn hier ißt man nicht einfach in einem berühmten Gourmettempel, hier ist man bei der Familie Haeberlin zu Gast.

Die Brüder Paul und Jean-Pierre, der eine als Küchen-, der andere als Restaurantchef, haben den beispiellosen Erfolg ihrer Auberge begründet. Zwei starke Persönlichkeiten, den dörflichen Traditionen ihres Heimatorts verhaftet, von bodenständiger Bescheidenheit ebenso geprägt wie von weltläufigem Wissen um den Jahrmarkt der Eitelkeiten. Heute ist die gesamte, beneidenswert intakte Großfamilie in die Arbeit eingespannt, ein jeder an seinem Platz: Marie, die Frau von Paul, die Seele des Hauses und mit ihrer freundlichen Gelassenheit der ruhende Pol, kümmert sich um die Tischwäsche und vor allem um die Blumen. An der Kasse sitzt sie nur noch selten, seit diesen Part ihre Schwiegertochter Martine übernommen hat, die Frau von Marc. Der indes entlastet als Junior-Chef zunehmend den Vater in der Küche, vor allem, seit diesem gesundheitliche Probleme immer öfter zu schaffen machen. Tochter Danielle wechselt sich mit ihrem Onkel Jean-Pierre bei den Honneurs am Empfang und im Saal ab; ihr Mann Marco Baumann ist verantwortlich für das neugebaute »Hotel des Berges«.

Angefangen hat alles schon 1881 mit den Großeltern der beiden Brüder: Sie eröffneten damals an dieser Stelle, am Ufer des Ill, das Gasthaus »Zum grünen Baum«. Es war eine einfache Bauernwirtschaft. Die Männer der Familie gingen aufs Feld, die Frauen bestellten das Wirtshaus. Es gab Wurst und Brot zum Schoppen Wein, Käse aus dem Münster-

Das Restaurant hinter den Weiden am Ill

Am Ende des Gartens das neu erbaute Hotel

tal, Sauerkraut und natürlich aus dem Fluß vor dem Haus Frösche, Krebse und Fische. Tante Henriettes *Matelote*, ein sahniges Ragout mit Fischen aus dem Ill, war im weiten Umkreis berühmt. Noch heute steht das Gericht übrigens auf der Speisekarte, und Paul bereitet es nicht anders zu, als es Tante Henriette auch getan hatte.

Nach dem Krieg, aus dem »Grünen Baum« war die »Auberge de l'Ill« geworden, der Wiederaufbau: Das Gasthaus war 1940 von den Franzosen vor den anrückenden Deutschen zusammen mit der Brücke in die Luft gesprengt worden. Im neuerbauten Restaurant stand neben Tante Henriette Mutter Marthe am Herd, und Paul ging beiden zur Hand. Vater Haeberlin jedoch war klar, daß man nur mit einer soliden Ausbildung in der Gastronomie Zukunft haben konnte: Und so schickte er Paul nach Paris. Jean-Pierre, der Kunstsinnige, studierte jedoch in Straßburg an der Kunstakademie; mit seinen Kommilitonen Roger Muhl und Tomi Ungerer verbindet ihn seither eine enge Freundschaft. Und Muhls sonnig-heitere Bilder prägen die Atmosphäre des heutigen Restaurants (siehe das Bild unten).

Die Haeberlins sind für jeden Spaß zu haben. Hier haben sie sich zum Gruppenbild mit Dame aufgestellt: Danielle, ihren Vater Paul umarmend, was der mit seinem typisch scheuen Lächeln genießt. Jean-Pierre mit Hund – und Marc in fast imperialer Positur. Unten: Paul am Herd. Roger Muhls Bild spiegelt genau die Ruhe wieder, wie sie tatsächlich in der Küche herrscht

Aber der Vater kannte seine Söhne: Er wußte, daß Paul, der Sanfte, der Träumer, einen praktischen Partner mit Geschäftssinn brauchte, der den Bodenkontakt halten konnte. Jean-Pierre lächelt noch heute wehmütig, wenn er gesteht, wie schwer ihm damals der Entschluß gefallen ist, der Kunst und seiner Arbeit im Architekturbüro seines Onkels in Mülhausen den Rücken zu kehren, weil der Vater ihn bat, zusammen mit dem Bruder das Gasthaus in Zukunft zu führen. So zog auch er nach Paris, um dort zu lernen, was ein Restaurantdirektor alles können muß.

Die heutige Auberge hat äußerlich mit dem nach dem Krieg wiedererrichteten Gebäude nicht mehr viel zu tun. Immer wieder wurde an-, um- und ausgebaut, verändert, verschönert, erweitert – ein weites und geliebtes Betätigungsfeld für den leidenschaftlichen Architekten Jean-Pierre, der im ganzen Elsaß aus Abrißhäusern alte Balken, Türstöcke, Fenster und Simse, Holzgeländer, Treppen und Täfelungen zusammentrug und

in der Auberge zu einem harmonischen Ensemble vereinigte.
Die geglückte Mischung zwischen Neu und Alt hat erst kürzlich eine besonders schöne Ergänzung erfahren: Weil immer wieder Gäste sich wünschten, auch übernachten zu können, wurde ein kleines Hotel dazugebaut. Den Architekten Yves Boncharlat hatte Marc einfach angerufen, weil ihm Bilder von dessen Hotel »Cour des Loges« in Lyon gefielen, die er in einer Zeitschrift gesehen hatte. Und er kann sich immer noch darüber freuen wie ein Kind, daß der prominente Architekt ohne Zögern sich dazu bereit erklärte. Daß es für den seinerseits eine Ehre war, für die berühmten Haeberlins ein Hotel bauen zu dürfen, kommt ihm gar nicht in den Sinn. Das Gebäude ist ein Glücksfall – es gleicht nach vorn einem alten Bauernhaus, im eigentlichen Hoteltrakt aber den für die Gegend typischen Tabakspeichern und wirkt am Ende des Gartens, als ob es immer hier gestanden hätte. Die neun Zimmer sind von elegantem, unaufdringlichem, selbstverständlichem Luxus – man fühlt sich nicht wie in einem Hotel, eher bei guten Freunden zu Gast.
Zurück zu den Anfängen: Jean-Pierres Opfer wurde durch raschen Erfolg belohnt. Die Gäste kamen von immer weiter her. 1952 gab es den ersten Michelinstern, fünf Jahre später den zweiten. Und seit 1967 sind es drei Sterne, die über dem Haus funkeln. Welch eine Kontinuität!
Dabei blieb Paul Haeberlin sich und seiner Linie mit der familiären und regional ausgerichteten Küche seiner Mutter geprägten Linie stets treu; er bedurfte nicht wie die meisten seiner Kollegen der Läuterung durch die Wende der Nouvelle cuisine. Als anderswo die komplizierten, klassischen Zubereitungen und standardisierten Zusammenstellungen der großen französischen Küche unter der pompösen Begleitung einer ei-

Immer wieder sind Weinproben nötig

Oberkellner Michel Scher beim Tranchieren

Strahlend hell: die Auberge am Abend

gens dafür begründeten Gastro-Journaille von ihren Überladungen befreit wurden, da war Paul Haeberlin längst am Ziel: Er wußte, was und wie er kochen wollte. Nämlich mit erstklassigen Zutaten, so, daß es schmeckt. Manche seiner Gerichte sind zu Klassikern geworden, die berühmte Mousseline de Grenouilles etwa, der Lachs in Sauerampfer, die Trüffel in der Asche und, last but not least, die Pêche Haeberlin. Wieviele Pfirsiche wurden wohl schon in Vanillesirup pochiert und mit Vanilleeis und Champagnersabayon serviert? »Ich weiß es nicht«, lächelt Paul, »aber es sind wohl bald eine Million . . .«

Immer mehr spürt man in den Gerichten die Hand von Marc. Keine Schwierigkeiten bei der Zusammenarbeit der beiden in der Küche? »Bis jetzt noch nicht«, lacht Paul. »Natürlich muß im entscheidenden Moment einer der Chef sein. Und das bin im Augenblick immer noch ich.« Aber nur noch mittags. Abends zieht er sich zurück, und dann hat Marc das Sagen. Was er an Ideen von Reisen vor allem aus Asien mitbringt, wo er ab und zu in großen Hotels kulinarische Festivals zelebriert, probiert Paul mit neugierigem Interesse. Was ihm gefällt – »längst nicht alles«, lacht er – kann Einzug auf der Karte halten.

Besprochen werden diese und andere Dinge am großen Familientisch, im Zimmer hinter der Küche. Hier sitzt die ganze Familie regelmäßig gemeinsam beim Essen. Dabei herrscht ein quirliges Durcheinander. Laetitia, die kleine Tochter von Marc und Martine, weiß ihren Charme vor allem beim Großpapa Paul einzusetzen, den sie mühelos um den Finger wickelt. Der Fernseher läuft, öfter das deutsche als das französische Programm – »die haben den besseren Wetterbericht!«

Gesprochen wird in der Familie – übrigens auch in der Küche! – ohnehin mehr elsässisch als französisch. »In der Schule war es verboten«, erzählt Marc, »elsässisch zu sprechen. Und heute gilt es als schick!« Er grinst: »Damit ärgern wir die Pariser«, und fährt fort: »Zuallererst fühlen wir uns als Elsässer, und zwar sind wir stolz darauf, empfinden uns durchaus nicht als provinziell; erst danach sind wir Franzosen! Wenn man es genau betrachtet, sind wir hier in der Region doch die Wiege Europas. Mit unserem Freund Franz Keller vom Kaiserstuhl und Hans Stucki in Basel praktizieren wir Europa längst!«

TERRINE DE FOIE GRAS

GÄNSELEBERTERRINE

Im Prinzip ist es nicht weiter schwierig, eine solche Terrine selber herzustellen: Eine Gänsestopfleber wird gewürzt, mariniert und mit einer gehörig großen Trüffel in eine Form gebettet und schließlich im Wasserbad behutsam pochiert. Aber: Trotzdem wird die Eigenproduktion noch lange nicht an Haeberlins Foie Gras heranreichen. Konsistenz und Geschmack hängen schon von der Qualität der verwendeten Leber ab – und wo will man die finden, die bei Haeberlins selbstverständlich ist? Deren Erfahrung läßt sich eben durch nichts ersetzen!
Deshalb sollte man lieber gleich nach Illhäusern reisen, wenn man Foie Gras in absoluter Perfektion genießen will.

ESTURGEON À LA CHOUCROUTE

STÖR AUF SAUERKRAUT

Das frische Störfilet wurde hier im Ganzen nur kurz gebraten, dann in Scheiben geschnitten und auf einer cremigen Schnittlauchsauce angerichtet.
Das Sauerkraut dazu ist leicht und delikat, die Kartoffelscheiben schön knusprig gebraten – das ist regionale Küche in Drei-Sterne-Qualität.

RAGOUT DE GRENOUILLES AUX MORILLES

FROSCHSCHENKEL-RAGOUT MIT FRISCHEN MORCHELN

Ein richtiges Frühlingsgericht: saftige, zarte Froschschenkel, rasch in der Pfanne gebraten, zusammen mit würzigen Morcheln und Spargelspitzen. Ganz einfach, im eigenen Saft mit Schnittlauch und Kerbel kurz gedünstet. Dazu zarte Kartoffelnudeln, auch Bubespitzle genannt. Frühling, wie ihn Lukull sich wünscht!

1

1

L'ANGUILLE AU FOIN

AAL IM HEU

Dieses Gericht lohnt nicht nur des Spektakels wegen: Die nicht gehäuteten Aalstücke werden auf einem Bett aus Heu im Ofen gebraten – das gibt ihnen einen besonderen, überaus verführerischen Duft. Dazu serviert man bei Haeberlins eine leuchtend grüne, erfrischend säuerliche Sauerampfersauce, die den fetten Aal bekömmlicher macht und fingerdicke knusprig braun gebackene Kartoffelstäbchen.

2

3

2

TRUFFE AUX POMMES DE TERRES

TRÜFFEL IM KARTOFFELKLEID

Eine Variante zur berühmten Trüffel in der Asche: in diesem Fall mit einer Schicht Kartoffelpüree umhüllt und schließlich mit streichholzfeinen Kartoffelstäbchen »paniert«. Golden ausgebacken und mit einer getrüffelten Madeirasauce serviert, sieht dies nicht nur umwerfend aus – es schmeckt auch so!

3

ROGNON DE VEAU DANS SA GRAISSE

KALBSNIERE IM EIGENEN FETT

Eine besondere, eine rare Delikatesse – vor allem in Deutschland, denn hier ist es leider verboten, der Niere ihren Fettmantel zu belassen. Dabei ist es wirklich die allerbeste Art, sie zu garen: In ihrer Fetthülle bleibt sie durch und durch saftig und zart. In gleichmäßig dicke Scheiben geschnitten. Ein großartiges Vergnügen!

4

ASSIETTE DE RHUBARBE

RHABARBER-TELLER

Rhabarbertörtchen, Rhabarbercreme, Rhabarber-Sorbet, dazu ein Salat aus frischen Erdbeeren und eine leichte Vanillesauce – ein Dessertteller wie im Bilderbuch, wie man ihn jedoch nur in der Gastronomie servieren kann, wo die einzelnen Desserts ohnehin bereits vorbereitet bereitstehen. Im privaten Haushalt wird man sich sicherlich auf einen dieser Bestandteile beschränken.

Symbol weltlicher Macht: Haut-Koenigsbourg

Alles begann ebenso illegal wie typisch für die Zeit: Im Jahre 1114 nahm Friedrich von Hohenstaufen, Herzog von Württemberg, den 755 Meter hohen Bergkegel (stophan, altdeutsch für Kelch, Kegel = Staufen) westlich von Schlettstadt kurzerhand in Besitz. Daß dieser dem Kloster St. Denis bei Paris gehörte, kümmerte ihn nicht. Und als die Burg stand, wagte niemand mehr aufzubegehren. 1147 gehört der Westteil, die Oedenburg, Kaiser Konrad III., das Castrum estufin oder Kunegesberc dem späteren Kaiser Barbarossa.

Dann übernahmen die Herzöge von Lothringen die Burg, später die Bischöfe von Straßburg. Schließlich wurde sie 1454/62 zerstört und geriet dabei in den Besitz der Habsburger. Unter der von ihnen belehnten Familie Thierstein wurde sie um 1500 hochmodern ausgebaut, was ihr aber 130 Jahre später nichts mehr half: Die schwedische Artillerie schoß sie sturmreif, plünderte und brandschatzte gründlich. Zurück blieb eine Ruine, die mehrmals die Besitzer wechselte.

Ein ähnliches Schicksal erlitten in vielerlei Kriegen fast alle Burgen des Elsaß: Von den damals strategisch günstigen Höhen, von denen aus man Täler und Ebene kontrollieren konnte, grüßen heute die Ruinen, die teilweise auch als Steinbruch dienten.

1865 gelangte die Hohkönigsburg an die Stadt Schlettstadt, von der sich – das Elsaß war ja 1871 zum Reich gekommen, wie einst der Stophan an die Staufer – Kaiser Wilhelm II. die Ruine schenken ließ, um sie wiederaufzubauen. Heraus kam eine Art preußisches Disney-Schneewittchen-Schloß, aber weniger idyllisch und verwunschen als wehrhaft und säbelrasselnd – und damit die Macht des Kaisers über das Elsaß dokumentierend. 1917 ließ Wilhelm II. ein Kamingitter im neu hinzugefügten Festsaal installieren, mit der Inschrift: »Ich habe es nicht gewollt!«, womit er den Ersten Weltkrieg meinte.

1937 drehte Jean Renoir hier mit Erich von Stroheim, Pierre Fresnay und Jean Gabin den Film »Die große Illusion«, Handlung im Ersten Weltkrieg, Thema der grenzübergreifende Untergang der bisherigen Gesellschaftsordnung.

Heute ist die Burg eines der beliebtesten und gewinnträchtigsten Ausflugsziele des Elsaß, Franzosen wie Deutsche bewundern – an schönen Wochenenden in furchterregenden Scharen, aber in friedlichem Miteinander – die ursprünglichen wie die pseudomittelalterlichen baulichen Leistungen.

Ein geharnischter Ritter wacht über . . .

. . . das wertvolle Wasser des Brunnens

Alter Efeu, als Bild eines Baumes gezogen

Der heilige Berg des Elsaß: Mont Sainte-Odile

Mächtig, dunkel und volltönend, stolz und voller Frömmigkeit schallen die Glocken vom Odilienberg über die weinbestockten Hügel von Ottrott bis hinunter in die Ebene, nach Obernai. Christliche Legende rankt sich um die Gründung dieses wichtigsten Wallfahrtsortes des Elsaß: Im 7. Jahrhundert wollte Herzog Eticho seine blind geborene Tochter Odilia umbringen lassen. Seine Gattin und sein Sohn versteckten sie jedoch in Frankreich. Weil sie bei der Taufe sehend wurde, verzieh er ihr und tötete seinen verräterischen Sohn. Sie verschmähte später den Gatten, den er ihr wählte, und floh über den Rhein. Als bei Freiburg im Breisgau (St. Ottilien) die Häscher nahten, tat sich eine Felswand auf und verbarg sie. Auf dieses erneute Wunder hin schenkte ihr der reumütige Vater die Hohenburg, wo sie ein Kloster gründete, das rasch zur Blüte gedieh. Sie wurde zur Schutzheiligen des Elsaß; ihre Gebeine werden, verschlossen in einem Sarkophag aus dem 8. Jahrhundert, noch heute hier verehrt.
Nach wechselhafter Geschichte machte Äbtissin Relindis, eine Cousine Friedrich Barbarossas, das Kloster zur Pflegestätte staufisch-höfischer Kultur. Unter ihrer Nachfolgerin, Herrade von Landsberg, entstand der berühmte Hortus deliciarum, der miniaturenreiche »Wonnegarten« – eine Enzyklopädie in lateinischer Sprache zur Unterrichtung der adligen Nonnen, das Werk wurde jedoch beim Brand der Straßburger Bibliothek während der Beschießung der Stadt durch deutsche Truppen 1870 vernichtet.
Nach Plünderungen und Bränden während der Bauernaufstände und im Dreißigjährigen Krieg mußten die Nonnen fliehen. Erst 1696 errichteten Prämonstratensermönche wieder einen Neubau, der bis heute ohne wesentliche Veränderungen besteht.
Während der Revolution wurde das Kloster aufgelöst, 1853 kaufte die Diözese Straßburg das Kloster und gab es seiner Bestimmung zurück.
Inzwischen kommen hierher jährlich Zehntausende von Pilgern und Besuchern; Rummel und der übliche Kitsch sind nicht ausgeblieben. Aber an ruhigen Tagen kann es hier sogar beschaulich sein: Man findet dann einen der knappen Parkplätze, kann im Klosterrestaurant durchaus ordentlich essen, im wunderschönen Klosterhof mit uralten Linden der Stille lauschen und – auf den Spuren Goethes, Scheffels, Uhlands und Victor Hugos – den herrlichen Blick über Straßburg und den Rhein bis zum Schwarzwald genießen.

Fast höfisch mutet der stille Garten an

Gitter-Phantasie im nahen St. Nabor

Die heilige Odilia bewacht das Land

Auch im kleinsten Ort ist einmal in der Woche Markt. Da kann man dann auch die Geranien kaufen, die zum Wahrzeichen des Elsaß geworden sind und die Fenster schön, alles mögliche Gerät eher kitschig schmücken. Aber das Gesamtbild von roten Sandstein, weißem Putz, grünen Läden, dunklem Fachwerk, Schmiedeeisen und dem fröhlichen Bunt der Geranien stimmt

Reich gestaltete Brunnen (ganz links) zeugen von Zeiten, in denen die Mägde das Wasser holten – sie waren, neben der Linde vor dem Tore, der Treffpunkt der Jugend! Die kleinen Läden sind auch hier vom Aussterben bedroht, die Gassen werden still; mancherorts verkauft man noch Kartoffeln und frische Eier

Von Dörfern und hübschen Städtchen

Unterhalb des Odilienberges, südwestlich von Straßburg, kuscheln sich die niedlichsten Winzernester in die sanften Täler. Es ist eine seltsam berührende, romantische Märchenwelten heraufbeschwörende Trautheit, die in ihnen lebendig geblieben ist: Das Kapital des Elsaß, das wird hier besonders deutlich, gründet sich einerseits auf die alte Bausubstanz in ihren heimeligen Proportionen, andererseits auf die Tatsache, daß lange Zeit einfach das Geld fehlte, um Fehler beim Renovieren zu machen. Der Einbruch des Kleinbürgerlichen in die Welt der Winzer und Bauern, wie auf der anderen Seite des Rheins, ist hier ausgeblieben. Zwar werden immer noch

Fachwerk – bis ins Detail liebevoll gestaltet

die Straßen mit schrillen Streifen bemalt oder mit bunten, leblosen Kunststeinen zu spießigen Fußgängerzonen umgerüstet, aber vielerorts besinnt man sich doch mittlerweile darauf, daß zu dem lebendigen, handwerklichen Buntsandstein und dem in so menschlichem Maß gliedernden Fachwerk diese industriellen Materialien und Dimensionen nicht so recht passen wollen. Man hat inzwischen jeweils die ganzen Ortskerne unter Denkmalschutz gestellt, so daß die Erscheinungsbilder in ihrer Struktur gesichert sind. Die Ausgestaltung im einzelnen läßt jedoch viel Freiheit und einen schon französischen Sinn für starke, kräftige Farben erkennen.
Die Städtchen Boersch, Rosheim, Heiligenstein, Andlau, Mittelbergheim und Reichsfeld sind Beispiele für die maßvoll ruhige Variante, in Ottrott, Obernai, Barr und Itterswiller dagegen ist es eher touristisch laut.

Das Blütenmeer bei Gérardmer

Von Ferne glaubt man noch an Löwenzahn. Was sollte es jetzt im Frühjahr auch anderes sein? Unzählige, leuchtendgelbe Tupfen stehen so dicht an dicht in den Wiesen dieser herrlichen Berglandschaft, daß deren Grün kaum mehr zu sehen ist. Bis man schließlich beim Näherkommen seinen Augen nicht trauen mag: wilde Narzissen, so weit man schauen kann, millionen- und abermillionenfach, mit selbstbewußt aufrechtem Stiel, aber scheu im Wind nickenden Köpfen.

Das Gebiet um Gérardmer, an der westwärts geneigten Seite der Vogesen, ist heute beliebtes Ferienziel. Wir sind hier schon in Lothringen, der Übergang ist fließend. Seen, Wasserfälle, idyllische Täler, herrliche Ausblicke von den Gipfeln – eine reizvolle Landschaft, die durch Gletscher und Moränenbewegungen während der letzten Eiszeiten entstanden ist – locken Wanderfreunde an, ermöglichen weniger mondäne als aktive, zünftige Urlaubsfreuden. Auch im Winter für die mehr geruhsameren Skiläufer.

Seit den dreißiger Jahren feiert man alle zwei Jahre im Frühling (Ende April, Anfang Mai) das Narzissenfest, die *Fête des Jonquilles*. Die Idee dazu war ursprünglich als Jux geboren, als Mitglieder des örtlichen Automobilsportvereins vom Frühlingsausflug mit Narzissen über und über geschmückt in das Städtchen eingefahren waren. Bereits im Jahr drauf wurde der Spaß zum Wettkampf: Man versuchte, einander zu übertreffen und die phantastischsten Gebilde aus den gelben Blüten zu konstruieren. Dieser *Corso fleuri* mit seiner endlosen Folge der unglaublichsten blumengeschmückten Motivwagen ist der Höhepunkt des Festes. Eine Jury ermittelt die schönste, größte, originellste Konstruktion. Die ganze Gegend ist zu diesem Volksfest auf den Beinen, an zahllosen Ständen in den Straßen wird schnabuliert, dazu Wein probiert, daß es nur so eine Freude ist. Und trotz des immensen Blütenverbrauchs für den Blumenschmuck (3,5 Millionen Stück werden von den Schulkindern gepflückt, die dafür zwei Tage schulfrei bekommen) sind die Wiesen weiterhin ein leuchtendgelbes Blütenmeer, so weit das Auge reicht.

Wirtschaftliche Grundlage der Region ist neben dem Fremdenverkehr die Textilindustrie – wenn auch heute nicht mehr mit der Bedeutung, die sie im 19. Jahrhundert hatte. Leinen aus den Vogesen war einst berühmt!

In den Tälern mit sanfteren Hängen wird auch Milchwirtschaft betrieben. Der Käse, den man produziert, dem Elsässer Münsterkäse ähnlich, wird hier Munster Géromé genannt. Bei vielen Bauern können hungrige Wandersleute einfach anklopfen und sich damit für den Heimweg stärken.

Wilde Narzissen blühen an den Bächen . . .

. . . auf den Weiden – mögen Kühe Blüten?

Ganze Berghänge sind gelb gesprenkelt

Tafel- und Ferienfreuden

Wer die Ruhe schätzt, die Bergwelt der Vogesen lieber am Busen der Natur genießt als im quirligen Touristenbetrieb von Gérardmer mit seinen Campingplätzen am See, dem Spielcasino, den Ferienhotels, der hat es nicht weit: Er braucht nur eben mal drei Kilometer weit hinauszufahren, und schon ist aller Trubel fern. Die kleine Straße Richtung Col de Grosse Pierre führt sanft ansteigend durch idyllische Wälder, Wiesen, hügeliges Land. Auf achthundert Metern Höhe dann liegt linker Hand eine kleine

Michel Philippe, Patron und Küchenchef, neben seinem prachtvollen, aus Granit gehauenen Hund, einer großen Dogge, die stumm, aber unerschütterlich das »Chalet fleuri« bewacht

Häusergruppe: die »Hostellerie de Bas Rupts«, ein hübscher Landgasthof.
Ganz klein hat man hier zu Beginn der fünfziger Jahre angefangen und sich langsam, nach und nach, Stück für Stück vergrößert. Erst in zweiter Linie sind für die Gäste, die hierher kommen, die sportiven Möglichkeiten wichtig. Man kann im Sommer Tennis spielen, Wandern, Fischen, Fahrrad fahren, im Winter stehen kilometerlange Langlaufloipen zur Verfügung, und die alpinen Skigebiete der Vogesen sind nicht weit. Aber das Hauptaugenmerk gehört, und zwar immer schon, der guten Küche! Die genußfreudigen Gäste lockt vor allem der Michelinstern von Patron Michel Philippe hierher. Und seit man vor zwei Jahren das Nebenhaus hat erwerben können und dort einige großzügigere Zimmer eingerichtet hat, als das bisher im Haupthaus mit den beschränkten Räumlichkeiten möglich war, seither sind auch diejenigen unter ihnen zufrieden, die auf ein wenig Komfort nicht gern verzichten wollen. Dieser Annex, genannt »Chalet fleuri«, mit Schwimmbad und einem hübschen Garten, wird von Tochter Sylvie geführt, die das Hotelfach von der Pike auf gelernt hat, sogar zwei Jahre lang im berühmten »Adler« im badischen Hinterzarten.
Weil rund ums Jahr ohne Ruhetag und Ferienpause geöffnet ist, gehören noch zwei weitere ausgebildete Köche zur Küchenbrigade sowie ein Patissier. Die Küche ist auf Feinschmecker abgestellt, die Spaß an Experimenten, selbst an Ausgefallenem haben. So mischt man gerne internationale Standards mit Ideen aus der regionalen Küche, schätzt mediterrane Düfte ebenso wie hiesige Gewürze und verwendet simple Zutaten seelenruhig zusammen mit den allerfeinsten. Wer würde, zum Beispiel, ausgerechnet in einem abgelegenen Berggasthof irgendwo in den Vogesen einen Kartoffelauflauf mit Taschenkrebsen auf der Speisekarte erwarten oder etwa eine Sauce aus Meeresspinnen? Aber warum nicht? Der Fischhändler kommt dreimal die Woche in diese abgeschiedene Region – frischere Meeresfrüchte bekommt man in einer zentral beliefer-ten Großstadt auch nicht. . . .

1

ÉPAULE DE LAPIN CONFITE

EINGEMACHTE KANINCHENKEULE

Eine ebenso hübsche wie – vor allem für die Gastronomie – praktische Idee: ein Kaninchen besteht nun mal nicht nur aus dem feinen Rücken. Und wenn, zum Beispiel für eine Festgesellschaft, nun die Kaninchenrücken gebraucht werden und eine Vielzahl von Kaninchenkeulen anfällt, kann man sie so zu einer eleganten Vorspeise verarbeiten, die sich obendrein auch noch gut aufbewahren läßt. Denn unter der Fettschicht bleibt das Fleisch von Luft abgeschlossen und hält sich im Kühlschrank wochenlang frisch. Man braucht dafür die Oberschenkel der Hinterläufe, an den Vorderläufen und den Unterschenkeln ist ohnehin nichts dran, sie wandern in den Saucenfond.

Für vier Personen:
die hinteren Oberschenkel von 2 Kaninchen,
Salz, Pfeffer,
ca. 400 g Gänseschmalz,
2 Knoblauchzehen, 2 Thymianzweige

Die Kaninchenkeulen von den Knochen befreien, mit Salz und Pfeffer einreiben. Im heißen Gänseschmalz sanft garziehen lassen – den Topf so bemessen, daß das Fleisch im Fett untertauchen kann. Dabei Knoblauch und Thymian zufügen.
Vom Fett vollständig bedeckt, in einem verschlossenen Topf, hält sich das eingemachte Fleisch an einem kühlen Ort lange frisch. Zum Servieren die Stücke im Fett wieder behutsam erwärmen und mit einer bunten Mischung von Blattsalaten und Kräutern, gekochten, marinierten Gemüsen (z. B. Blumenkohl oder Ratatouille) wie auf dem Photo anrichten.

2

CASSOLETTE D'ESCARGOTS À L'OSEILLE

SCHNECKENPFÄNNCHEN IN SAUERAMPFER-SAHNE

Schnecken kann man im Elsaß bereits küchenfertig, aber frisch kaufen. Das heißt, sie sind völlig gesäubert, aber noch roh. Man kann sie dann in einem Sud nach eigenem Geschmack garkochen.
Bei uns muß man hingegen auf die Schnecken in der Dose zurückgreifen – sie sind bereits gar und gewürzt. Deshalb ist es wichtig, auf gute Qualität zu achten. Den Sauerampfer pflücken Sie auf der Wiese, wo er jetzt im Frühjahr wild wächst – oder in Ihrem Garten. Wem er allerdings zu stark schmeckt, kann ihn zur Hälfte durch Spinatblätter oder andere Kräuter ersetzen.

Für vier Personen:
2 Dosen Schnecken (24 Stück),
1 Schalotte, 4 Knoblauchzehen,
1 dickes Bund Petersilie,
2–3 EL Butter,
0,2 l Sahne,
eine gute Handvoll Sauerampfer,
Salz, Pfeffer

Die Schnecken im Sud vorsichtig erwärmen. In einem zweiten Topf die fein gewürfelte Schalotte und den durch die Presse gedrückten Knoblauch und die sehr fein gehackte Petersilie in der heißen Butter andünsten, auf keinen Fall bräunen. Sahne und Schneckensud angießen und cremig einkochen. Diesen Saucenfond im Mixer pürieren, dabei den frischen Sauerampfer zufügen – jetzt wird die Sauce leuchtend grün. Mit Salz und Pfeffer abschmecken, die Schnecken zufügen und sofort servieren, damit die schöne Farbe erhalten bleibt.

1

2

3

CIVET DE JOUES DE PORCELET EN CHEVREUIL

GESCHMORTE SCHWEINE-BÄCKCHEN NACH JÄGERART

Von allen Metzgern der Umgebung bekommt Michel Philippe die Schweinebacken ausgelöst – noch, bis die Kollegen diese Idee ebenfalls hübsch finden. Das ausgelöste Fleisch hat eine geschlossene Form und bleibt daher besonders saftig und zart. Außerdem macht es auf dem Teller mehr her als eine Scheibe vom normalen Schmorbraten. Man könnte statt der Bäckchen auch das Fleisch einer Haxe auslösen, müßte dann aber die einzelnen Muskeln voneinander trennen.

Für sechs Personen:
ca. 2 kg Schweinefleisch (Bäckchen oder Haxe),
1 Flasche Rotwein, 2 Nelken,
1 TL Wacholderbeeren,
2 TL Pfefferkörner, 2 Lorbeerblätter,
1 Möhre, 1 Zwiebel, 2 Schalotten,
2 Thymianzweige, 2–3 EL Butter, Salz

Das Fleisch wie beschrieben vorbereiten. Wein, Gewürze und kleingeschnittenes Gemüse aufkochen. Abgekühlt über das Fleisch gießen und zwei Tage marinieren. Schließlich die Fleischstücke gut abtrocknen und in der heißen Butter rundum anbraten. Die Marinade angießen, salzen, aufkochen. Zugedeckt auf kleinstem Feuer sanft zwei Stunden schmoren. Das Fleisch herausheben. Den Sud so lange einkochen, bis er dicklich geworden ist und glänzt. Durch ein Sieb passieren und das Fleisch darin wieder erwärmen.
Dazu serviert Michel Philippe ein cremiges Selleriepüree (zwei Drittel Sellerie, ein Drittel Kartoffeln) und ein würziges Apfelragout mit Safran.

3

Hoch und Tief des Elsässer Weins

Die Erzeugung eines guten Weines ist ein steter Kampf des Winzers mit der Wuchsfreudigkeit der Weinstöcke: Jeden Winter (und im Sommer noch einmal!) wird weitaus mehr weggeschnitten, als stehenbleibt. Nur die Bändigung des Höhenstrebens – eine Rebe kann 12 bis 15 Meter hoch ranken – und die Beschränkung auf einen vernünftigen Behang garantieren einen gehaltvollen Wein. Der richtige – weder zu hohe, noch zu niedrige – Ertrag, hängt freilich von den örtlichen Gegebenheiten, der Rebsorte und dem Qualitätsniveau ab, das man erreichen will. Traminer bringt weniger als Sylvaner, in trockenen, steinigen Lagen gibt es geringere Ernten, aber besseres Lesegut als auf gut bewässerten, lehmigen Böden, und wer zu viele Trauben am Stock läßt, bekommt weder genügend Zucker noch den erwünschten Extrakt.

Nach Jahrzehnten der Massenproduktion billiger Weine hat man im Elsaß rechtzeitig auf Qualität gesetzt und damit an alte Traditionen angeknüpft: Vom 11. bis ins 16. Jahrhundert hinein war das Elsaß das bedeutendste Weißweingebiet der Welt. Hier wuchsen die Weine, die man in Nord- und Osteuropa trank. Über den Rhein, den wichtigsten Handelsweg der damaligen Zeit, wurden beispielsweise im Jahre 1481 über 600 000 Hektoliter verschifft. Damals waren die Weinorte reich, denn natürlich exportierte man für gutes Geld nur den besten Wein, der die notwendige Struktur besaß, um den langen Transport in Holzfässern zu überstehen. Die einfachen Weine waren Alltagsgetränk am Ort, kein teures Luxusgut.

Dann kam der Dreißigjährige Krieg, der nirgendwo so gnadenlos wütete wie hier: Hatte Riquewihr 1610 noch 2245 Einwohner, so waren es 1632 noch 74, in Bergheim überlebten von 2600 Einwohnern ganze 20. Das entfesselte Morden – irrwitzigerweise im Namen des richtigen Glaubens . . .

Doch die Häuser standen noch zum Teil, die Weinberge warteten auf Pflege: Das Elsaß wurde zum Einwanderungsland armer, aber verschont gebliebener und übervölkerter Regionen der Schweiz, Badens und Schwabens. Es kamen

Mitte April gewinnt die Sonne Kraft, und es ist die Wärmesumme erreicht, die die Rebe zum Antreiben bringt. Mit Macht schießt der Saft hoch und findet rasch ein Ende: Der Rebstock wurde ja im Winter beschnitten! Der Saft tritt am Ende der Ruten aus, die Reben weinen!

Die harmonische Einheit von Stadt und Land: Dächer und Türme der Ortschaften neben Weinbergen und Obstgärten

hauptsächlich Bauern und Handwerker, die zwar einen guten Willen, aber vom Weinbau keine Ahnung hatten. So wurde kaum mehr Wein erzeugt, der die Strapazen des Exports überstehen konnte. Auch war der Rhein von einer verbindenden Wasserstraße zu einer Grenze zwischen verfeindeten Ländern geworden. Der Export brach zusammen.

Erst in diesem Jahrhundert gelang ein neuer Durchbruch: Die uns heute selbstverständlich anmutenden Rebsorten des Elsaß – Riesling, Gewürztraminer, Sylvaner, Muscat, Weiß-, Grau- und Spätburgunder – wurden bevorzugt gepflanzt; 1918 war nur 10 Prozent der Fläche mit ihnen besetzt, heute sind es über 80 Prozent!

Das Elsaß erhielt 1962 die *Appellation d'Origine Contrôlée* (AOC), 1975 wurden die Grand-Cru-Lagen, 1984 die Bestimmungen von *Vendanges Tardives* (Spätlese) und *Sélection de Grains Nobles* (Beerenauslese) festgelegt, damit einhergehend eine Reduktion der Erträge erreicht. Heute gehört der überwiegende Teil der Weine wieder zur Spitze in Europa – das Elsaß erhofft für das 21. Jahrhundert eine ähnliche Stellung wie vor 500 Jahren . . .

Die Weinstöcke verlangen das ganze Jahr Aufmerksamkeit – im Frühjahr werden die Bogreben an die Rüstdrähte gebunden

Bodenpflege: entweder pflügen, mit Herbiziden spritzen (einfach, aber umweltschädigend) oder begrünen. Das erfordert am meisten Arbeit: Man muß regelmäßig mulchen, also mähen, alles kleinschneiden und verrotten lassen und den Stock selbst freiräumen

Au Petit Gourmet
PREISS-ZIMMER
GOURMET VITICULTEUR

Riquewihr: Perle im Elsaß

Am Anfang war ein reicher Mann mit einer großen Villa – auf *Richovilla* führt man den Ortsnamen Reichenweier oder Riquewihr zurück. Nachdem die Grafen von Horburg ihr Juwel 1291 befestigt und 1320 die Stadtrechte erlangt hatten, verkauften sie es 1324 an den Herzog von Württemberg, der linksrheinisch ja auch Montbéliard besaß: Die gleichnamigen Würste erfreuen sich noch heute im Elsaß größter Beliebtheit.

Reichtum, den sie ihrem Wein verdankt, begleitete die Stadt: Auf den Lagen *Sporen* und *Schoenenbourg* wachsen köstliche Kreszenzen. Man verkaufte sie teuer, und wer sehr reich wurde, baute sein Haus ganz aus Stein, er war eben »steinreich«. Wer nur wohlhabend war, begnügte sich mit steinernem Sockel und üppig ausgeschmücktem Fachwerk, die kleinen Winzer mit einfachen Fachwerkhäusern.

Fast 80 Prozent der Stadt wurden vor 1600 gebaut. Es fällt auf, daß die älteren Buntsandsteine besser erhalten sind als etwa die aus dem 18. Jahrhundert: Da waren die Winzer nicht mehr so wohlhabend, mußten sich mit weicherem Stein begnügen – erstklassiger, witterungsbeständiger Sandstein war fünfmal so teuer, weil er seltener und schwieriger zu bearbeiten ist.

Der Reichtum Riquewihrs hatte freilich auch mit den Einwohnern zu tun: Mit dem Herzog von Württemberg waren sie protestantisch geworden, mehrten also zum Ruhme Gottes fleißig ihren Wohlstand. Dem weniger soliden Herzog allerdings mußte später Voltaire, gegen Weinberge, Geld leihen.

Für die Stadt war es ein Glück, daß sie, eingebettet in ein kleines Tal (siehe Innentitel), abseits aller Straßen lag und niemals zerstört wurde. So kann sie heute ihr Geld nicht nur aus dem Wein schöpfen, sondern holt es sich von den Touristen – ein einmaliges, sich geschickt vermarktendes Ensemble, vollkommen umgeben von seiner Stadtmauer; bewacht vom oberen Turm, dem prächtigen Dolder, und dem Diebsturm mit Verliesen und Folterkammern. Man mochte keine Diebe – heute empfiehlt es sich, keine Wertsachen im Auto zu lassen.

Die Hugels – mehr als 350 Jahre Winzer

1639, noch mitten in den Wirren des Dreißigjährigen Krieges, hat sich, so ist es überliefert, ein Bauer namens Hugel aus der Schweiz in Reichenweier angesiedelt. Seither betreibt die Familie Hugel hier Weinbau in ununterbrochener Kontinuität. Wer Tradition schon mit der Muttermilch aufgesogen, gleichsam von Kindesbeinen an (Familien-) Geschichte geatmet hat, der strahlt eine Selbstsicherheit aus, die sich auf keine andere Art erwerben läßt: Es ist die souveräne Gelassenheit dessen, der sich nichts mehr beweisen muß. Die Weine der Familie Hugel in den schlanken dunkelgrünen Flaschen mit dem fröhlich gelben Etikett sind längst so bekannt, daß es kaum mehr des Schriftzugs *Hugel et Fils* darauf bedarf, um ihre Herkunft festzumachen. Dank ihrer Tradition und einer klugen Marketingpolitik sind sie überall in der Welt ein Begriff. Vielerorts gilt der Name fast als Synonym für Elsässer Weine überhaupt.

Jean Hugel, der mittlere der drei Brüder, die heute in der zehnten Generation die Verantwortung für den Familienbetrieb innehaben, ist ein ebenso beredter wie überzeugender Botschafter seiner Weine. Und von der selbstbewußten Bescheidenheit desjenigen, der sich seines Erfolgs sicher ist. »Ein Wein verdankt 90 Prozent seiner Qualität der Natur«, behauptet er, »nur zehn Prozent dem Winzer.« Dann lächelt er verschmitzt: »Und zwar den Fehlern, die der Winzer *nicht* gemacht hat!« Schließlich fügt er noch hinzu: »Wein ist nichts weiter als Wasser mit ein paar Kleinigkeiten aus der Wurzel.« Aber diese Kleinigkeiten sind es, um die es geht.

Die Hugels produzieren Wein auf 28 Hektar rund um Riquewihr. Außerdem kaufen sie Trauben von Winzern dazu, mit denen feste Verträge die genauen Anbaubedingungen regeln. Wichtigstes Ziel dann bei der Ernte: So schnell wie nur möglich arbeiten, damit die Traube in den Keller gelangt, wie sie der liebe Gott gemeint hat. In acht Tagen wird 90 Prozent der Ernte eingefahren. Jede einzelne Bütte wird beim Ankommen nach Öchslegrad gemessen und exakt klassifiziert. Der Ertrag ist streng auf 80 Hektoliter pro Hektar begrenzt. »Denn«, so Jean Hugel sehr bestimmt, »je höher der Ertrag, desto geringer die Komplexität der Trauben.« Das wichtigste ist deshalb: stets rigoros den Behang am Rebstock reduzieren. Das steigert den Reifegrad gewaltig, um bis zu 15 Öchsle! Bei Riesling sind es sogar noch mehr. »Vielleicht«, überlegt Jean Hugel grinsend, »sollte man zum Ausschneiden im Sommer seine Feinde in den Weinberg bitten . . .«

Der Begriff Wein*macher* ist für ihn ein Schimpfwort. Der beste Kellermeister ist seiner Meinung nach derjenige, der so wenig wie möglich, gerade nur soviel wie nötig tut. Chaptalisieren zum Beispiel, das Aufzuckern des Mostes, in sonnenarmen Jahren und Gegenden ein Mittel, um mehr Alkohol zu erzielen, lehnt er als Vorspiegelung falscher Tatsachen ab: »Kosmetik, Make-up!« Auch von der Mode, Weißweine im Barrique, dem kleinen Faß aus neuer Eiche, auszubauen, hält er nichts: »Ich will kein Holz, ich will Wein im Glas!«

Im Keller des Hauses Hugel kann man übrigens das älteste noch benutzte Weinfaß der Welt bestaunen: Es stammt von 1715, trägt den Namen Caterine und faßt 8 800 Liter. Daß es immer noch in Betrieb sein kann, ist der Tatsache zu danken, daß immer einer in der Familie auch Küfer war und man den Fässern stets besondere Sorgfalt und Pflege angedeihen lassen konnte.

Winzerstolz: Fässer wie die Orgelpfeifen

Das Faß Caterine: noch in Gebrauch

Hier reifen die großen Spät- und Auslesen

Jean Hugel beim Einschenken, Ehefrau Simone (links) und eine Freundin des Hauses

Dies ist, erläutert Jean Hugel, die Qualitätskontrolle seines Hauses, ein kinderleichtes System: Was an Trauben hereinkommt, wird unverzüglich nach seinem Zuckergehalt bemessen, klassifiziert, und genau gekennzeichnet. Denn der Ursprung eines Weines, das ist die Philosophie des Hauses, steckt in der Traube. Bewertet man ihre Qualität jetzt richtig, läßt sich voraussagen, wie der Wein schmecken wird. »Vorausgesetzt, der Kellermeister macht keine gravierenden Fehler!« bemerkt Hugel in seiner trockenen Art. Unten: Alte Wendeltreppe im Truchseßhof von 1550, den Hugels gerade sehr aufwendig renovieren lassen

90 Prozent des Weines, behauptet Hugel, wird durch die Natur, lediglich der Rest durch die Arbeit des Kellermeisters bestimmt. Diese Schilder kennzeichnen die Trauben und begleiten sie bis zum Faß, damit nur sich entsprechende Moste zusammengelegt werden

1

FILET DE PORC EN CROÛTE

SCHWEINEFILET IM BLÄTTERTEIG

Für sechs bis acht Personen:
2 kleine Schweinefilets à 400 g,
Salz, Pfeffer, 100 g gekochter Schinken in dünnen Scheiben,
1 Paket tiefgekühlter Blätterteig,
1 Ei, 2 EL Milch

Die Filets sorgfältig von Häuten und Sehnen säubern. Die makellos parierten Stücke mit Salz und Pfeffer einreiben. Sie so zusammenlegen, daß jeweils die sich verjüngenden Schwanzenden in die Mitte zu liegen kommen.
Die Blätterteigplatten etwas antauen lassen, aufeinanderstapeln und knapp halbzentimeterdünn ausrollen. Mit den Schinkenscheiben belegen. Das Fleischpäckchen in die Mitte setzen und zuerst mit den Schinkenscheiben einwickeln, dann den Teig darüber zusammenklappen. Die Seiten nach unten umklappen. Auf der Oberfläche mit einem spitzen Messer zwei »Kaminlöcher« ausschneiden; dorthinein aus zusammengerollter Alufolie zwei »Schornsteine« stecken, durch die der Dampf, der im Innern entsteht, entweichen kann.
Das Ei mit Milch verquirlen, den Teig gleichmäßig damit einpinseln. Mit einem Pinsel kreuzweise Streifen markieren, die nach dem Backen heller erscheinen werden. Das Paket auf ein mit Backpapier belegtes Blech betten und im 200 Grad heißen Ofen etwa 45 Minuten backen.
Vor dem Anschneiden noch etwa zehn Minuten ruhen lassen, damit sich die Säfte im Fleisch verteilen können. Dazu schmeckt am besten ein großer, bunt gemischter Salat.

2

VACHERIN GLACÉ

EIS-BAISER-TORTE

Für acht Personen:
3–4 Baisers (vom Konditor),
3 Eier, 100 g Zucker,
1/2 l Sahne,
1 Tütchen Vanillezucker,
eventuell 1 Gläschen Rum oder Framboise (Himbeergeist),
kandierte Früchte (z. B. Kirschen und das leuchtend grüne Angelika) zum Garnieren

Die Baisers zerbröseln. Die Hälfte davon auf dem Boden einer Springform verteilen. Die Eigelb mit dem Zucker zur hellen Creme schlagen. Die mit dem Vanillezucker steif geschlagene Schlagsahne unterheben – nach Belieben mit etwas Rum oder Himbeergeist parfümieren.
Die Eiweiß ebenfalls steif schlagen und unter die Eiercreme ziehen. Die Hälfte dieser Masse auf den Baisers verteilen. Darauf die restlichen Baiserbrösel breiten und schließlich die restliche Schaummasse darüber verstreichen. Mit Klarsichtfolie abdecken und im Gefrierschrank mindestens drei Stunden fest werden lassen. Mit möglichst bunten, hübsch zugeschnittenen kandierten Früchten etwa wie auf dem Photo dekorieren.

1

2

Colmar: Zentrum des Weinhandels, der Künste und der guten Küche

Vor dem Eingang zum Münstertal am Flüßchen Lauch gelegen, zeigt Colmar drei Gesichter: Die wenig einnehmende Peripherie mit immensen Supermärkten, öden Industriegeländen und unwirtlichen, menschenverachtenden, modernen Trabantensiedlungen; dann folgt eine eher urban wirkende Zone mit Garnisonen, Verwaltungsgebäuden, Banken, Geschäften und Wohnhäusern aus dem letzten und der ersten Hälfte dieses Jahrhunderts; und schließlich der historische Kern: die gut erhaltene, mit großem Aufwand zu einer Art Freiluftmuseum restaurierte Altstadt. In dieser geht's mächtig touristisch zu, alles ist voller Souvenirläden und Weinlokale. Dennoch kann man auch – das ist eben hier doch ganz anders als in Deutschland! – gut essen, zum Beispiel im »Fer Rouge« gegenüber dem Koifhus (siehe Bilder rechts Mitte und unten sowie die folgenden Seiten; ansonsten empfiehlt sich in Colmar das »Schillinger«, nicht in der Altstadt, sondern in der Nähe des Unterlinden-Museums).
Man muß sich vielleicht erst einmal daran gewöhnen, in einer Stadt zu sein, die ihre Seele – die eigentlich funktionslos gewordene Altstadt – zu einem Abbild umgestaltet hat, das sie nun freimütig dem Tourismus feilbietet. Man muß ein wenig Phantasie entwickeln, um hinter dem Klischee auch die Schönheiten des ehemaligen Gerberviertels an der Lauch (»Kleinvenedig«), der herrlichen Fachwerkhäuser (Pfisterhaus), der riesigen Dächer mit ihren Gauben und Giebeln und der abwechslungsreichen Turmhelme zu entdecken. An einem warmen Frühlingstag, wenn noch kaum Touristen eingefallen sind und die später allgegenwärtigen Geranien die Linien des Fachwerks nicht allzu lieblich verbrämen, wird halt doch alles wieder heimelig und wahr und schön ...
Colmars Aufstieg begann im Mittelalter: Vom Stauferkaiser Friedrich II. zur Stadt erhoben, erlebte es seine größte Zeit als Umschlagplatz für den Elsässer Wein vom 13. bis ins 16. Jahrhundert. Handel und Handwerk blühten und auch die Kunst. Die Spitzenwerke: In der Dominikanerkirche die wunderschöne »Madonna im Rosenhag« des Martin Schongauer (1473), im Museum Unterlinden der große, unerhört bewegende »Isenheimer Altar« des Matthias Grünewald (1512–16 geschaffen für das Antoniterkloster im 20 Kilometer südlich gelegenen Isenheim).
Im Laufe seiner Geschichte kam Colmar stets glimpflich an den Katastrophen des Oberelsaß vorbei – weder im Dreißigjährigen Krieg noch bei der Einnahme durch die Franzosen wurde es zerstört, selbst die beiden Weltkriege verwüsteten zwar die Umgebung, nicht aber die Stadt selbst.
1679 war Colmar, das sich bereits im Dreißigjährigen Krieg unter den Schutz der Französischen Könige gestellt hatte, endgültig Frankreich zugefallen. 1698 wurde der wichtige »Conseil Souverain d'Alsace« von Ensisheim hierher verlegt, ein oberstes Gericht, das die barock zersplitterten Rechts- und Besitzverhältnisse für das zentralistische Frankreich zu ordnen hatte. 1791 wurde Colmar Präfektur des Departements Haut-Rhin. Die Stadt blieb auch nach der Annexion von 1871 durch das Deutsche Reich ein Zentrum des französischen Pa-

triotismus: Der gebürtige Colmarer Frédéric-Auguste Bartholdi hat nicht nur seiner Heimatstadt den napoleonischen General Rapp als patriotisches Standbild gestiftet, sondern die Freiheitsstatue für New York geschaffen, die Frankreich den Vereinigten Staaten zum hundertjährigen Jubiläum ihrer Unabhängigkeit schenkte (1886 aufgestellt). Und hier wurde aus Jean-Jacques Waltz der Karikaturist Hansi, dessen Zeichenstift alles Preußische (Deutsche) verhöhnte. Dessen Comic-Vorläufer einer gezeichneten »Geschichte des Elsaß, erzählt von Onkel Hansi« hatte einen riesigen Erfolg. Das hoheitliche Gebaren der Regierung schuf die Basis für einen einseitigen Chauvinismus, der die kulturellen Bindungen zu rechtsrheinischem Geist einfach unterschlug. Hansi ist heute nicht unumstritten: zu eng seine Sicht, zu rigoros. Aber die aus der Aktualität resultierende Bissigkeit verflog im Laufe der Zeit, steht nicht mehr im Vordergrund. Und so scheinen die Elsässer in den karikierten Figuren nicht nur den »Schwob«, wie sie die Deutschen nennen, zu erkennen, sondern auch einen Teil ihrer eigenen Natur.
Die von Hansi im Überschwang eines unreflektierten Nationalismus geschaffenen blau-weiß-roten Trachtenmädchen und -bübchen sind in ihrer Niedlichkeit allerdings allgegenwärtig, leider nicht nur auf Postkarten, sondern auch auf Deckchen, Tellern und Gläsern. Und die stehen zwischen den unvermeidlichen Störchen: Das Elsaß hat's schwer, sich ohne Kitsch zu präsentieren ...

Das »Fer rouge«, liegt genau da, wo man wegen der vielen Touristen ein erstklassiges Feinschmeckerrestaurant nun gerade nicht vermutet: Mitten im Herzen der malerischen Altstadt von Colmar. Die schmalen Gassen mit den pittoresken Fachwerkfassaden fügen sich hier am Rand des Gerberviertels vor dem Alten Kaufhaus zum besonders beliebten Photomotiv. Dabei besonders charakteristisch: das Wirtshausschild mit dem »roten Hufeisen«. Die Hoteliersfamilie Fulgraf hat das Haus vor fast 25 Jahren erwerben können. Seit dem Tod seines Vaters führt Juniorchef Patrick zusammen mit seiner Mutter Andrée das kleine, elegante Restaurant mit nur 45 Plätzen. Lehrjahre bei Bocuse und bei Pic in Valence haben ihm das Rüstzeug gegeben, heute zählt er zu den bekanntesten Köchen des Elsaß. Seine Küche ist weniger regional als vielmehr kreativ geprägt; die Gerichte zeigen Lust am Experimentieren mit mediterranen Düften und asiatischen Techniken; dazu kommt eine eher bodenständige Liebe zum Gärtnern. Auf einem kleinen Stück Land vor der Stadt zieht er Gemüse, Salate, Kräuter, Obst und vor allem Blumen; er genießt diese Arbeit draußen als Ausgleich.

In den Sommermonaten kann man auf dem kleinen Platz vor seinem Haus auf hübschen Rohrstühlen in der Sonne sitzen und einen Aperitif oder eine Kleinigkeit zu sich nehmen. Und dann sitzt man auf dem buckligen Kopfsteinpflaster inmitten der malerischen Idylle wie in einer Filmdekoration.

FOIE GRAS AU GROS SEL AVEC PETITE SALADE

GÄNSESTOPFLEBER MIT GROBEM SALZ AUF SALAT

Nur wenn die Gänseleber makellos und von bester Qualität ist, kann man sie roh servieren: in nicht zu dünnen Scheiben, gerade richtig gekühlt, damit sie noch fest, aber schon geschmeidig sind.
Gewürzt wird mit einigen Körnchen grobem Meersalz und mit Schnittlauch. Angerichtet auf Salatblättern, die mit einer zurückhaltenden Marinade aus mildem Obstessig und neutralem Öl angemacht wurden. Elegant tournierte, knackig gegarte weiße Rübchen mit einer cremigen Sauce aus Gänseleber machen die Vorspeise reich und üppig.

TOURNEDOS DE COQUILLES ST. JACQUES ET SON SAUCE AU LARD

TOURNEDOS VON JAKOBSMUSCHELN MIT SPECKSAUCE

Eine kunstvolle Kreation, deren Bestandteile erstaunlich gut zusammenpassen. Wie beim klassischen Tournedos Rossini umgibt ein Gürtel von Speck die Hauptsache, in diesem Fall zarte Jakobsmuscheln. In der duftigen, cremig-sanften und trotz ihres Namens ganz und gar nicht specklastigen Sauce verbinden sich die Aromen von Meer und Boden verblüffend harmonisch. Zitrone verleiht ihr Leichtigkeit. Morcheln und grüner Spargel geben dem Teller frühlingsfrohe Frische.

COCHON DE LAIT AVEC SON PIED EN PÂTE À BRICK

SPANFERKEL MIT SEINEM FUSS IM BRICKTEIG

Der längs halbierte Rücken eines höchstens acht Kilogramm schweren Spanferkels ergibt einen köstlich zarten Braten mit krachend knuspriger Kruste.
Das Fleisch der Füße wurde nach dem Kochen ausgelöst und wird in Brickteig gepackt (das ist die arabische Variante des Phyllo- oder Frühlingsrollenteigs) und kroß gebraten ein ebenso dekoratives wie wohlschmeckendes Beutelchen. Dazu serviert Fulgraf mit viel Piment und etwas Sternanis gewürztes Rotkraut, ein asienduftendes süßsaures Zwiebel-Confit und sanftcremiges Topinamburpüree.

CREME D'AMANDES, GLACE AU FROMAGE BLANC ET COMPOTE DE RHUBARBE

MANDELCREME, QUARKEIS UND RHABARBERKOMPOTT

Ein aufwendiger Dessert-Teller, wie man ihn im Restaurant gerne auftischt, um zu zeigen, was man alles kann. Zu Hause wird man sich auf allenfalls einen oder zwei der einzelnen Bestandteile beschränken. Zum Beispiel also Quarkeis mit Rhabarberkompott oder Mandelcreme mit Himbeersauce. Die kunstvoll geformte und gebackene Mandelhippe als Behälter für Creme oder Eis macht leider ziemlich viel Mühe.

Patrick Fulgraf in seinem Garten, zusammen mit »Béchamel«, einem wohlerzogenen Labrador. Der Garten ist jetzt im Frühling frisch bestellt. Üppig bereits der Liebstöckel (im Vordergrund) und der Schnittlauch. Mit allem anderen Gemüse muß sich Fulgraf um diese Jahreszeit noch vom Händler versorgen. In Colmar kein Problem, hier bekommt er alles in bester Qualität und mit makelloser Frische. Jeden Donnerstag wird auf dem Platz vor dem Alten Zoll ein wundervoller Markt abgehalten, also fast unmittelbar vor seinem Haus. Samstags ist Markt auf dem Josephsplatz – und da kann man alles finden, was das Feinschmeckerherz begehrt: Brot, Gemüse, Käse, Fisch und Fleisch

Zwiebeltürme und Fische aus dem Ill

Ganz gleich, aus welcher Richtung man sich nähert: Das Paar der Zwiebeltürme von Ebersmünster ist die auffällige, weithin sichtbare Markierung in der topfebenen Riedregion zwischen Schlettstadt und Rhein. Daß die geschweiften Turmhäubchen an Oberschwaben erinnern, ist kein Zufall: Die Kirche ist ein Werk des Barockbaumeisters Peter Thumb aus Vorarlberg. Nachdem das ursprünglich im 7. Jahrhundert von Herzog Eticho (dem Vater von Odilia, der Stifterin vom Odilienberg – siehe auch Seite 37) gegründete Benediktinerkloster im Dreißigjährigen Krieg zerstört, 1715 endlich wieder aufgebaut, aber nur zwei Jahre später nach einem Blitzschlag abermals völlig ausgebrannt war, hatte man es von 1725 an schließlich erneut aufgebaut. So wurde Ebersmünster zur bedeutendsten Barockkirche im Elsaß. Ein besonderer Genuß: ein Konzert auf der prachtvollen Orgel von Andreas Silbermann.
Direkt gegenüber der stattlichen Kirche das Gasthaus »Aux Deux Clefs«. Ursprünglich war in diesem schlichten, schönen Barockgebäude das Schlachthaus der Klosterherren untergebracht.

Der Kirchenraum von barocker Heiterkeit und festlicher Pracht

Das Portal mit den Säulen führt in ehemalige Klostergebäude

Im früheren Kloster-Schlachthaus das Restaurant »Aux Deux Clefs«

Spezialität sind hier Gerichte mit Fischen aus dem Ill

Es liegt unmittelbar am Ufer des Ill, und so ist es kein Wunder, daß die *Matelote*, das elsässische Fischragout, die Spezialität des Hauses ist. Die Portion ist derart üppig bemessen, daß man eigentlich keine Vorspeise braucht. Trotzdem sollte man die *Friture d'anguilles*, die kleinen, gebackenen Aale, probieren oder die *Friture de l'Ill.* »Natürlich stammen unsere Fische aus dem Ill, sie leben noch, wenn sie in die Küche kommen!« versichert Angèle Baur, die zusammen mit ihrer Schwiegertochter Hélène das Wirtshaus führt. Und weil nicht immer alle Fische, die strenggenommen in die Matelote gehören, auch verfügbar sind, schmeckt das Fischragout mit der cremig-sanften, weinsäuerlichen Sauce jedesmal ein wenig anders. Heute, zum Beispiel, hat die Köchin ein Stück Lachsforelle zugefügt, weil keine Schleie gefangen wurde.

Seit 45 Jahren steht Angèle hier in der Küche. So, wie es ihre Mutter, die Großmutter und auch deren Mutter schon getan hatten. Denn seit mehr als 100 Jahren befindet sich das Gasthaus »Zu den zwei Schlüsseln« in Familienbesitz. Längst ist dafür gesorgt, daß die Tradition auch in den nächsten Generationen fortgeführt werden kann: Sohn Jean-Jacques ist Patissier – er lehrt an der Konditorenschule in Colmar. Man spürt den Fachmann gleich, nicht nur an den herrlich knusprigen Blätterteigfleurons, die die Matelote garnieren und vor Butter nur so strotzen, sondern vor allem auch an der entzückenden Biene, aus Zucker kunstvoll angefertigt, die das vorzügliche Dessert dekoriert. Den Mandelberg indes, eine Spezialität des Hauses aus Mürbeteigkringeln (Photo auf Seite 61), die zu Festtagen nicht fehlen darf, den dürfen nur die Frauen selber backen. »Des isch Weibersach'!« sagt Hélène, will sich aber nicht damit photographieren lassen, denn »i bin net g'strahlt« (gekämmt); so präsentiert uns Angèle allein den stattlichen Berg von immer kleiner werdenden, aufeinandergestapelten Mandelkränzen. »Das Rezept dafür verrat' ich Ihnen aber nicht!« sagt sie bestimmt, fügt dann aber noch versönlich hinzu: »Man nimmt einfach nur das Beste!!«

Daß auch Enkel Alexandre in die Fußstapfen tritt, ist längst beschlossen: Vorläufig geht er bei Haeberlins im nahegelegenen Illhaeusern in die Lehre. »Vor 35 Jahren hat Paul bei mir einmal die Matelote probiert«, berichtet Angèle Baur stolz, »und sie hat ihm gut geschmeckt!«

1

2

3

1

MATELOTE

FLUSSFISCHRAGOUT

<u>Für sechs Personen:</u>
ca. 2,5 kg Flußfische, zum Beispiel:
1 kleiner Aal (ca. 800 g),
je 1 Stück Zander und Hecht
(je ca. 500 g), 1 Schleie (ca. 400 g),
1 Forelle (300 g),
Salz, Pfeffer

<u>Fischsud:</u>
je 1 Möhre, Lauch, Zwiebel,
Selleriestengel und Knoblauchzehe,
1 Lorbeerblatt, 2 Thymianzweige,
1 Estragonstengel, 1/2 l Riesling

<u>Sauce:</u>
2 Schalotten, 2 EL Butter,
1 gehäufter EL Mehl, 1/4 l Sahne,
Salz, Pfeffer, Muskatnuß,
Zitronensaft, 2 Eigelb

Die Fische vorbereiten: Aal häuten, die anderen Fische, wenn es der Händler nicht bereits erledigt hat, schuppen, mit einer Schere die Flossen abschneiden, alle Fische in Portionsstücke schneiden. Die Köpfe für den Sud verwenden: Kiemen und Augen entfernen, außerdem das Gemüse putzen und grob zerkleinern, mit Gewürzen und Wein in einen Topf füllen, soviel Wasser angießen, bis alles gut bedeckt ist. Ohne Deckel etwa 30 bis 45 Minuten kochen, schließlich durch ein Sieb filtern. Es sollte jetzt etwa noch ein halber Liter Sud übrig sein.

Für die Sauce in einem ausreichend großen Topf die fein gewürfelten Schalotten in der Butter andünsten, mit Mehl bestäuben und einige Minuten durchkochen, aber nicht bräunen. Den Fischsud angießen, aufkochen und nacheinander – je nach Garzeit – die mit Salz und Pfeffer gewürzten Fischstücke in den Sud legen; (die Aalstücke zuvor mit Salz abreiben, um die Schleimschicht zu entfernen). Als erstes kommen die Aalstücke in den Topf, dann Schleie, Zander, Hecht und zum Schluß die Forellenstücke. Auf sanftem Feuer insgesamt etwa 15 Minuten ziehen lassen. Die Fischstücke schließlich wieder herausheben und in einer großen Schüssel warm stellen.

Die Sahne in den Sud gießen und auf nunmehr heftigem Feuer rasch etwas einkochen. Die Sauce mit Salz, Pfeffer, Muskat und Zitronensaft kräftig würzen. Die Eigelb mit etwas Sauce verquirlen und einrühren, die Sauce heiß und dicklich werden lassen, aber auf keinen Fall kochen, damit sie nicht gerinnt. Noch einmal mit Salz, Pfeffer und vor allem mit Zitronensaft schön säuerlich abschmecken und über die Fischstücke gießen.

Zur Matelote schmecken am besten hausgemachte Nudeln (siehe auch das Teigrezept auf Seite 229) und natürlich ein kraftvoller Riesling!

2

FRITURE D'ANGUILLES

GEBACKENE AALE

<u>Für vier Personen:</u>
3–4 junge, also kleine Aale
(vom Händler bereits ausgenommen),
Salz, 100 g Mehl, 2–3 EL Grieß,
Pflanzenfett oder Öl zum Ausbacken

Die Aale mit Salz kräftig abreiben – das entfernt die Schleimschicht auf der Haut und vertreibt möglicherweise vorhandenen muffigen Duft. Abwaschen und sehr gründlich abtrocknen. Die Aale in Portionsstücke schneiden, in einer Mischung aus Mehl und Grieß wenden; gut abschütteln, was nicht anhaftet.

Die Aalstücke sofort ins heiße Fett geben und zunächst drei Minuten blaßbraun backen. Herausheben und kurz abtropfen lassen, nach zwei Minuten erneut ins aufrauschende Fett geben und jetzt goldbraun backen.

Auf Küchenpapier gut abtropfen und heiß servieren. Dazu gehören Zitronenschnitze zum Beträufeln und ein säuerlich angemachter Salat, der mit seiner Säure den fetten Aal verdauen hilft.

Übrigens: am einfachsten ißt man diese Aalstücke mit den Fingern!

3

GLACE AU MIEL

HONIGEIS

<u>Für sechs Personen:</u>
5 Eigelb, 150 g Honig,
0,2 l Sahne, 1/4 l Milch

Die Eigelb mit dem Handrührer zu einer dicken, hellen Creme rühren, dabei langsam den Honig hinzufließen lassen. (Falls er zu fest ist: in der Mikrowelle oder im Wasserbad erwärmen).

Sahne und Milch aufkochen, heiß zur Eiercreme gießen. Alles zurück in den Topf schütten und nunmehr unter ständigem Rühren mit dem Kochlöffel heiß und dicklich werden, aber auf keinen Fall ins Kochen geraten lassen. Die Eiermilch sollte den Kochlöffel dick überziehen. Die Masse abkühlen lassen und gefrieren.

Dazu eine Himbeersauce servieren: Einfach 300 Gramm Himbeeren mit 3 EL Zucker vermischt Saft ziehen lassen, im Mixer pürieren und durch ein Sieb passieren. Die Ausbeute wird übrigens größer, wenn man die Himbeeren erhitzt – dann allerdings verliert die Sauce den frischen Fruchtgeschmack.

Vom Honigeis Kugeln abstechen und auf der Himbeersauce anrichten.

SALADE D'AIL D'OURS

BÄRLAUCHSALAT

Für vier Personen:
3 Handvoll zarte, junge Bärlauchblätter
Vinaigrette:
2 EL milder Essig (zum Beispiel Obstessig), 1 EL Zitronensaft, 1 EL scharfer Senf, Salz, Pfeffer, 3–4 EL erstklassiges Öl (Olivenöl extra oder kaltgepreßtes Sonnenblumenöl)

Die Bärlauchblätter waschen und quer in Streifen schneiden. Die Zutaten für die Vinaigrette mit einer Gabel aufschlagen und die Blätter darin wenden. Auf keinen Fall mehr stehen lassen, sofort servieren, damit die Blätter nicht zusammenfallen. Nach Belieben mit Gänseblümchen dekorieren. Ergibt zusammen mit hauchdünnen Crêpes eine hübsche Vorspeise oder eine kleine Mahlzeit.

Des Frühlings erste Triebe entzücken den Feinschmecker; vor allem die intensiv nach Knoblauch duftenden Blätter des Bärlauchs sind auch bei uns inzwischen in Mode gekommen. Im Elsaß gehören sie zum alljährlichen Ritual des Frühlings: Man bereitet sie als Salat oder Gemüse, ähnlich wie Spinat. Oder man würzt und färbt mit püriertem Bärlauch alle möglichen Saucen – so könnte man etwa auch die Schneckensauce von Seite 44 statt mit Sauerampfer mit den zarten, lanzettförmigen Bärlauchblättern zubereiten. Doch auch der Wiesensauerampfer treibt jetzt die zartesten Blättchen – im späten Frühjahr werden sie ledrig, da greift man lieber auf den in Gärtnereien kultivierten zurück, der in unserem Nachbarland zu den beliebtesten Saucenkräutern gehört. Kaum weniger oft verwendet man Brunnenkresse; ebenfalls für Saucen, aber auch für eine würzige Suppe oder als Salat, als schmückende und wohlschmeckende Beigabe zu blutig gebratenem Fleisch. Nimmt man als vierte Frühlingspflanze noch den Löwenzahn hinzu, der im warmen Elsaß allerdings bereits im späten Winter seine Hochsaison hat (siehe Seite 215), verfügt man über ein gesundes Quartett: Alle diese jungen Pflanzen regen mit bitteren, appetitanregenden Bestandteilen den Stoffwechsel an, entschlaken, liefern reichlich Vitamine und Mineralien und wirken der Frühjahrsmüdigkeit entgegen. Kein Wunder also, daß man im bäuerlich-naturverbundenen Elsaß diesen kulinarischen Frühlingsboten einen breiten Raum im Küchenfahrplan einräumt – zumal sie nichts kosten, wenn man sie zu finden vermag. Vor allem die Alten wissen noch Bescheid, aber die grün orientierten Jungen ziehen nach, bieten das Ergebnis ihrer Feld-, Wald- und Wiesenstreifzüge sogar auf den Märkten an. In den Auwäldern des Rheins finden sie den Bärlauch, auf den Wiesen und Feldern der Ebene Sauerampfer, die dekorativen Gänseblümchenblüten, würzigen Wiesenkerbel und satten Löwenzahn, in den Weinbergen (natürlich nur in den biologisch begrünten, nicht den mit Herbiziden gelb gespritzten) ganz frühen Löwenzahn, auch Taubnesseln, Pimpinelle, Hirtentäschel, Weinraute und Rauke und in den klaren Bächen der Vogesen dunkelgrüne Brunnenkresse

Spargel: König der Gemüse!

Man muß wissen, daß in Frankreich vorwiegend grüner oder Spargel mit lila Köpfen gegessen wird, um zu begreifen,

Nur die vorderen zwanzig Zentimeter sind eßbar, auf diese Länge wird die Spargelstange gekürzt. Der Abfall wird dem Vieh verfüttert, das übrigens, wie man hört, Spargel liebt!

warum Elsässer Spargel als etwas ganz Besonderes gilt. Hier regiert nämlich der makellos weiße Spargel als unumstrittener König, während Grünspargel als eher ordinäres Gemüse gilt.
Wie in jeder Region, die für den Spargelanbau wie geschaffen ist, herrschte auch in der flachen Gegend nördlich von Straßburg bittere Armut, bevor man auf

Mitunter sieht man Spargelanlagen nach altem Muster: Die Bifänge – so nennt man die Erdwälle über der Pflanze – sind hier keine Reihen, sondern versetzte Haufen

den Spargel kam. Dem sandigen, leichten Boden war auch nicht unter Mühen genügend Nahrung für die Bevölkerung abzuringen. Ein Pfarrer mit Namen Heyler, den es 1873 von Algerien in die Gemeinde Hoerdt verschlagen hatte, soll es dann gewesen sein, der die idealen Bedingungen für den Spargelanbau erkannte. Heute ist die Senke um Bru-

math, südlich der Zorn, dem Fluß, der sich den Rhein-Marne-Kanal entlang nach Osten schlängelt, das wichtigste Spargelgebiet des Elsaß. Ein zweites, allerdings weit weniger groß, liegt ganz im Süden, zwischen Mulhouse und Basel.
In den Wochen zwischen Mitte April bis Ende Juni bricht in den Dörfern zwischen Hoerdt und Rohr das Spargelfieber aus. Vorausgesetzt, das Wetter spielt mit und sorgt nicht nur für gleichmäßig warme Tage, sondern ab und zu auch mal für einen wachstumsfördernden

Solange der Spargel von Erde bedeckt ist, bleibt er weiß. Um ihn zu stechen, muß man ihn zuerst orten: feine Risse an der Erdoberfläche zeigen die Spargelstange darunter an

Regenguß. Bei solch idealen Bedingungen kann man mindestens zwei Mal am Tag, morgens und abends, zum Spargelstechen aufs Feld hinaus.
In den Gasthäusern wird waschzuberweise Spargel geschält; geübte Schälerinnen wettstreiten, wer es am schnellsten kann. Der Rekord ist guinnessbuchverdächtig: 80 Kilogramm in einer Stunde!

Dann wird die Erde beiseite geschoben und bis an die Spargelwurzel tief gegraben. Behutsam mit der Hand, damit die emfindlichen Stangen nicht verletzt werden.

Auch noch der allerletzte Raum wird jetzt genutzt, Tische und Stühle für die Gäste aufzustellen. Es ist geradezu eine wundersame Vermehrung der Plätze zu verzeichnen! Trotzdem müssen viele, vor allem, wenn sie versäumt haben rechtzeitig zu reservieren, geduldig anstehen, bis endlich ein Sitzplatz frei wird. Wie gut, daß man hier nicht nach

dem Essen noch ewig auf ein Gläschen oder zwei sitzen zu bleiben pflegt ...
Wer Spargel für zu Hause kaufen will, ist hier natürlich ebenfalls richtig. Überall weisen Schilder auf Verkaufsstellen hin. Allerdings ist es ratsam, sich den Spargel gut anzuschauen, bevor man kauft. Manche Bauern versuchen an durchreisende Kunden die Qualitäten loszuwerden, die die Cooperative oder das Gasthaus nicht mehr nimmt: Unregelmäßig dicke oder geplatzte Stangen mit aufgeblüh-

Mit dem Spargelstechmesser wird dann die Spargelstange abgeschnitten. Jetzt muß natürlich alles wieder zugeschüttet werden, damit man morgen wieder stechen kann

ten Spitzen oder solchen, die sich schon dunkel färben. Letzteres ist ein Zeichen dafür, daß man den Spargel erst gestochen hat, als er bereits mit seinem Kopf ans Licht vorgedrungen ist. Was sonst in Frankreich nicht so sehr als Makel gilt, weil es den Spargel kräftiger schmecken läßt, zählt hier im Elsaß eben zur minderen Qualität.

Heute war die Ernte nicht sehr ergiebig: Krummer Spargel, solcher mit aufgeblühter Spitze ist allenfalls für den Eigengebrauch bestimmt und kommt nicht in den Handel

Nach dem 24. Juni, dem Johannistag, der traditionell das Ende der Spargelsaison bedeutet, ist dann auch schon alles wieder vorbei.
Die Spargelpflanzen brauchen jetzt Erholung, müssen sich für die nächste Saison regenerieren, bis es im nächsten Jahr wieder heißt: Nutzet die Spargelzeit – sie währt viel zu kurz!

1

ASPERGES AUX TROIS SAUCES

STANGENSPARGEL MIT DREI SAUCEN

Wenn es Spargel »satt« geben soll, muß man pro Person mindestens 500 Gramm rechnen. Aber es gibt Gäste, die schaffen auch weitaus mehr! Die drei Saucen lassen sich allesamt gut vorbereiten. Zwei davon werden ohnehin kalt serviert. Die dritte, die Mousseline, ist jedoch warm der größere Genuß. Es handelt sich ja um nichts anderes als eine Hollandaise, die mit Eischnee aufgelockert wurde. Damit dieser nicht zusammenfällt, sollte diese Sauce erst kurz vor dem Servieren aufgeschlagen werden.

Für vier bis sechs Personen:
4–5 kg Spargel, 1 TL Salz, 1 TL Zucker, 1 EL Butter

Sauce Mousseline:
1 EL Weißweinessig, Pfeffer aus der Mühle, Salz, 3 Eigelb, 200 g frische Süßrahmbutter, Muskat, Cayennepfeffer, 3 Eiweiß

Sauce Mayonnaise:
2 Eigelb, 1 TL scharfer Senf, 1–2 EL Zitronensaft, ca. 1/4 l Öl, Pfeffer, Salz

Sauce Vinaigrette:
4 EL Weißweinessig, 1 EL scharfer Senf, Salz, Pfeffer, 6 EL Öl, 3–4 EL gehackte Kräuter (eine Mischung aus Kerbel, Petersilie, Estragon und Schnittlauch)

Den Spargel großzügig schälen, zu Portionen bündeln und in einen Topf legen, besser noch stellen – die empfindlichen Spitzen nach oben. Die liegenden Spargel mit Wasser bedecken, die stehenden Spargel brauchen nur zur Hälfte im Wasser stehen. Salz, Zucker und Butter zufügen. Die Spargel je nach Frische und Dicke der Stangen zwischen zehn und fünfzehn Minuten kochen, bis sie gerade eben weich sind. Die Spargel dann gut abtropfen, zusätzlich sogar in einem Tuch abtrocknen – so nehmen sie besser die Saucen an – und sofort servieren.

Für die Sauce Mousseline den Essig mit reichlich Pfeffer und etwas Salz würzen, die Eigelb zufügen und mit dem Handrührer oder Schneebesen im Wasserbad oder einem schweren, gut leitenden Topf zur hellen, dicken Creme schlagen.

Stückchenweise die Butter zufügen. Die Sauce mit Muskat und Cayennepfeffer abschmecken. Zum Schluß die steifgeschlagenen Eiweiße unterziehen.
Für die Sauce Mayonnaise die Eigelb, Senf und Zitronensaft hell und dick schlagen, langsam das Öl hinzufließen lassen. Dies läßt sich übrigens auch gut in der Küchenmaschine erledigen. Die Sauce schließlich schön säuerlich abschmecken.
Für die Sauce Vinaigrette alle Zutaten mit dem Schneebesen oder, besser noch, im Mixer aufschlagen, zum Schluß die gehackten Kräuter zufügen.
Anmerkung: Wichtig für den Wohlgeschmack der letzten beiden Saucen ist natürlich die Beschaffenheit und Qualität des Öls – ob neutrales Sonnenblumen- oder aromatisches Olivenöl – in jedem Fall sollte es kaltgepreßt sein.

Materne Haegel ist nach einem Ausflug ins Traiteurgeschäft wieder an seine Arbeitsstätte zurückgekehrt. Er hatte früher lange hier in Hoerdt gearbeitet, bevor er sich mit einem Partyservice selbständig machte. Als das Gasthaus »A la Charrue« zu pachten war – im ganzen Land, sogar über die Grenze nach Deutschland hin geradezu als Wallfahrtsort für Spargelfans bekannt –, da griff er gerne zu. Seine Erfahrung als Traiteur spürt man spätestens bei den Beilagen, die er zum Spargel reicht: Beide Schinken, der gekochte wie der rohe, sind von großartiger Qualität. Auch die Foie gras, die manche gern zum Spargel essen – man gönnt sich ja sonst nichts – ist vorzüglich. Ansonsten ist die Karte knapp gehalten: Wer unbedingt will, kann auch ein Steak zum Spargel essen, eine halbe Languste oder etwas Lachs. Jedoch steht der König der Gemüse stolz im Mittelpunkt: Ein ganzes gargantuanisches Kilogramm rechnet man hier als Portion! Aber dafür fährt man schließlich auch weite Strecken bis hierher!

1

TARTE À LA RHUBARBE

RHABARBERKUCHEN

Für eine Form von 26 cm Durchmesser:
1 Paket tiefgekühlter Blätterteig,
50 g Butter,
1,3 kg Rhabarber,
200 g Zucker,
2 Eier, 150 g Crème fraîche

Die Teigplatten aus der Packung nehmen und nebeneinander etwas antauen lassen. Vier dieser Platten mit etwas Butter bestreichen, aufeinanderstapeln, die unbestrichene Platte zuoberst, und ausrollen. Eine Springform mit der restlichen Butter auspinseln und mit Teig auskleiden, und dabei den Teig bis zum Rand der Form hochziehen. Den Rhabarber putzen, in zentimeterkurze Stücke schneiden, mit 100 Gramm Zucker vermischen und auf dem Teigboden verteilen. Im 220 Grad heißen Ofen etwa 20 Minuten backen. Inzwischen Eigelb mit 50 Gramm Zucker und Crème fraîche glattquirlen und über den Rhabarber gießen. Erneut in den Ofen schieben und weitere 20 Minuten backen. Mittlerweile die Eiweiß mit dem restlichen Zucker steif schlagen, auf dem Rhabarber verteilen, dabei wolkig aufhäufen, damit die Oberfläche hübsch aussieht. Jetzt ein letztes Mal, diesmal für zehn Minuten, in den Ofen schieben, bis die Baiserhaube schön gebräunt ist.
Den Kuchen vollkommen auskühlen lassen, bevor er angeschnitten wird.

»À la Charrue« von außen: Fachwerk, weiß-rot-gewürfelte Vorhänge an den Sprossenfenstern, grün gestrichene Fensterläden

Und innen wartet bereits die gedeckte Tafel auf den Gästeandrang. Während der Spargelzeit gibt es keinen Ruhetag!

Fabienne Haegel, die Wirtin, lächelt noch, die Spargelzeit hat erst begonnen. Drei Monate lang ist hier jetzt täglich die Hölle los. Von April bis Juni wird Spargel serviert, mittags und abends ohne jeden Ruhetag. Im großen Speisesaal und einigen kleineren Räumen stehen 200 Plätze zur Verfügung. Und trotzdem findet niemand einen Platz, wenn er nicht reserviert hat. Das Gasthaus »Zum Pflug« ist eben eine Institution! »Früher«, erzählt Madame Haegel, »sind die Straßburger am Sonntag mit dem Fahrrad herausgekommen. Aber das macht heute keiner mehr«. Wenn die Spargelzeit vorüber ist, lassen Madame und Monsieur Haegel alles wieder etwas ruhiger angehen. Dann wird hier unter der Woche nur mittags serviert; abends ist geschlossen. Erst am Wochenende, wenn die Ausflügler einkehren, um Pilz- und Wildgerichte zu genießen, erinnert der Betrieb wieder ein bißchen an die verrückte, hektische Spargelzeit

SOMMER

Blumenpracht, Picknick, Sonnenfreuden.
Käse, Krebse, Fische, reifes Obst.
Und nicht zuletzt: der berühmte Guglhupf!

Elsaß: Heimat der Störche

Straßburg antik: Münster ... und Flohmarkt

Fachwerk-Idylle: in Ribeauvillé

Edler Tropfen: Riesling d'Alsace

Feine Speisen: Hummersalat

Typisch: Guglhupf Elsässer Art

Für Schnaps und Kuchen: Kirschen

Auf der Weinstraße

Von Marlenheim im Norden bis Thann im Süden schlängelt sich die Elsässische Weinstraße rund 180 Kilometer lang durch die rebenbestandenen Hügel, durch niedliche Weindörfer und stattliche Winzerstädtchen. Während die einen wohlbekannte, mit allen Mitteln folkloristischen Marketings ausgestattete Reiseziele sind, haben andere noch ihren wahren Charme bewahren können. Jeder muß seine Entdeckungen selbst machen, die freilich je nach Jahreszeit anders sein werden: Mehrere Busladungen von französischen Pilgern, deutschen Kegeldamen und holländischen Radsportlern können zu jeder Zeit des Jahres die bezauberndsten Flecken zum Fegefeuer machen ...
Die Weinstraße selbst ist freilich nur die große Route – viel interessanter ist es, mit dem Fahrrad auf Nebensträßchen zu fahren oder zu Fuß die Weinlandschaft zu durchmessen: Es gibt ein dichtes Netz von Wegen.
Man gewinnt so ein viel tieferes Verständnis vom Wesen des Rebstocks, von dieser eigenwilligen und dennoch anpassungsfähigen Pflanze, die hier auf einem schweren, lehmigen Boden, dort auf leichtem, kalkhaltigem Sand, ein paar Meter weiter auf verwitterndem Granit in gleichem Maße gedeiht – aber ganz unterschiedliche Weine hervorbringen wird. Auch kann man nur so einen Begriff von den verschiedenen Lagen und ihren kleinklimatischen Bedingungen bekommen: von der dem Wind ausgesetzten, kühlen Großlage zu einer geschützten Spitzenlage (Grand Cru), in der die Hitze steht, sind es oft nur ein paar Schritte! Doch die Unterschiede sind gewaltig!
Da wird selbst der Laie erkennen, warum so mancher ehrliche Winzer böse auf die Weinbaukommission ist, die vor einigen Jahren die Grand-Cru-Lagen vergrößerte: Man hat dabei auch solche Weinberge als hochwertig klassifiziert, die es nicht sind, um am berühmten Namen teilzuhaben und zu besserem Preis verkaufen zu können. Die Spitzenwinzer freilich machen von einem solchen Recht keinen Gebrauch. Sie schreiben auf ihre Etiketten weiterhin die alten Katasternamen!

Impressionen der Beschaulichkeit: Gueberschwihr wächst mit seiner Dachlandschaft unmittelbar aus den Reben; die hölzernen Bütten sind nur noch Dekoration. Herrin und Hund betrachten den Lauf der Welt; die Stille auf dem schattigen Friedhof ist zum Greifen; die Turmuhr schlägt nicht mehr, die Renovierung ist zu lange her. Und Menschen jeden Alters teilen die Freuden und Sorgen des Alltags ....

Ausgeprägte Säure und frische Frucht

Wein soll man nur dort kaufen, wo nicht mit marktschreierischen Mitteln Reklame gemacht wird. Nun, die Hinweise des Weinguts René Klein & Fils sind von angenehmer Zurückhaltung: *»Klein aux Vieux Remparts, Vigneron récoltant oenologue«*. An den alten Befestigungsmauern von St. Hippolyte entdeckt man einen Winzer, der nichts zukauft und zudem ausgebildeter Weinfachmann ist! Was Jean-Marie Klein aus seinen Reben gewinnt, gehört zur Extraklasse. Er ist ein kompromißloser Verfechter der absolut durchgegorenen Weine, haßt die neue Mode der abrundenden Süße, auf die die Pariser im Augenblick so scharf sind. Er findet es verständlich, wenn große Firmen ihre Weine so anbieten, wie es diese Kundschaft will. Aber ein kleiner, guter Winzer, der sollte keine »Marmelade zum Trinken« machen, sondern einen ordentlichen, reichen, komplexen und in allen Teilen sauber schmeckenden Wein.

Der kann nur aus gehaltvollen, reifen Trauben stammen – also mit geringem Ertrag. Dann muß man dem Wein Zeit lassen, sich zu entwickeln: Zwei oder drei Jahre im Faß, ganz langsam mit der natürlichen Hefe vergoren – das macht ihm Freude! Seine Weine behalten durch die tiefen Temperaturen im kalten Keller eine herrliche Fruchtigkeit. »Vorausgesetzt, man arbeitet sauber«, lächelt er tiefgründig, »damit die Weine keine malolaktische Gärung durchlaufen, die die Apfelsäure in Milchsäure umwandelt und den Wein müde macht.«

»Dann schmeckt er nach Sauerkraut!« fällt ihm seine Frau Françoise quirlig ins Wort, »und das esse ich lieber – mit einem fünf Jahre alten, aber frischen Riesling dazu!«

Recht hat sie – und viel Erfahrung auf diesem Gebiet: Auf Anmeldung komponiert sie mit Henri Gagneux (siehe Seite 78) Menüs mit mehreren Weinen zu jedem Gang, die sie klug, aber nur auf Französisch kommentiert. Spezialität sind Käse-Wein-Verkostungen, mit denen sie selbst erfahrene Käseliebhaber verblüfft: Sie findet zu jedem Käse den perfekt passenden Elsässer!

Françoise Klein stellt ihre Weine gerne vor und erklärt sie vorzüglich

Faßproben mit Jean-Marie Klein sind ein besonderes Erlebnis

Die Festung und ein junger Koch

Neuf Brisach: Als Stadtanlage eine phantastische Konstruktion. Die martialische Architektur von Vauban, Lieblingsbaumeister Ludwigs XIV. für Befestigungsanlagen, hat von ihrer Faszination bis heute nichts eingebüßt. Erbaut wurde das *neue* Breisach von 1699 bis 1708, also in erstaunlich kurzer Frist. Denn das alte, genau gegenüber, auf der anderen Seite des Rheins gelegen und 33 Jahre zuvor unter französischer Herrschaft ebenfalls von Vauban befestigt, mußte durch den Friedensschluß von Rijswijck (1697) wieder an das habsburgische Österreich zurückgegeben werden. Dadurch wurde es nötig, nunmehr die Frontlinie westlich des Rheins zum Bollwerk auszubauen. Und Vauban konnte sich einen Traum verwirklichen, nämlich auf einer völlig ebenen Fläche, ohne Rücksicht auf geologische Besonderheiten, die, wie er meinte, absolut perfekte Befestigungsanlage zu errichten.

Sie hat ihre Tauglichkeit nie unter Beweis gestellt, weil sich die Bevölkerung im Ernstfall widerstandslos ergab. Und Neuf Brisach ist innerhalb seiner gewaltigen Mauern, die ein sternförmiges Achteck bilden, bis heute völlig erhalten geblieben. Die geradlinige Fassadengestaltung der niedrigen Häuser hat nichts Kriegerisches mehr, der überdimensionale Aufmarschplatz im Zentrum ergibt, mit seinen Platanen, Bänken und Spielplätzen für Kinder sowie blumengeschmückten Brunnen in jeder Ecke des Karrees, ein eher friedfertiges Bild.

Genießer finden in dieser Stadt eine lohnende Adresse: Einen Steinwurf nur vom zentralen Platz entfernt hat sich in der Straße Richtung Basler Tor ein junger, ehrgeiziger Koch niedergelassen. »La Petite Palette« hat er sein kleines Restaurant genannt, ein Wortspiel, dem Hausbesitzer zuliebe. Der ist nämlich

der Metzger von nebenan, und seine Tochter malt: *Palette* bedeutet Schweineschulter und ist zugleich das Malerbrett für Farben.

Henri Gagneux stammt ursprünglich aus Savoyen, hat dort sein Kochhandwerk in verschiedenen Betrieben gelernt und griff kurzerhand zu, als sich zufällig die Gelegenheit bot, sich hier selbständig zu machen. Die Ausstattung zeigt, daß er noch am Anfang steht. Seine Weinkarte jedoch ist ganz schön professionell und reich bestückt. Und auf der Speisekarte locken spannende, hochinteressante und immer wieder ungewöhnliche Gerichte, mit einer verblüffenden Bandbreite: Das reicht von Klassikern wie der selbstverständlich hausgemachten, fabelhaften Gänseleber, die auf der Zunge zergeht, über Feines, wie dem Salat mit rohen Rougetfilets oder köstlichen Froschschenkeln, bis zum ebenso herzhaften wie wohlschmeckenden Nudelsalat, der mit honigduftendem Kräuteressig angemacht ist. Henri Gagneux, der mit seinem leisen Lächeln eigentlich eher schüchtern wirkt, legt beim Kochen eine Beherztheit an den Tag, die ziemlich ungewöhnlich ist. Und das Ergebnis ist eine unprätentiöse, immer wieder überraschende Küche, voller Intelligenz und Phantasie, die sich hervorragend mit den Elsässer Weinen vermählt und rundum Spaß macht!

1

CARPACCIO DE ROUGET ET SON SORBET À LA TOMATE

CARPACCIO VON DER ROTBARBE MIT TOMATENSORBET

Für vier Personen:
4 mittelgroße Rotbarben (à ca. 200 g), Salz, 3–4 EL provenzalisches Olivenöl, 1 große Zitrone, 3–4 Dillzweige
Tomatensorbet:
1 kg reife Tomaten, 1/2 TL gemahlener Kreuzkümmel, 1 TL Salz, Pfeffer aus der Mühle, 3 Thymianzweige, 1 Prise Zucker

Die Fische sorgfältig filieren, mit einer Pinzette die Gräten herauszupfen. Die Filets schräg in halbzentimeterschmale Streifen schneiden. Auf Vorspeisentellern dekorativ anrichten. Salzen und mit Olivenöl beträufeln.

Die Zitrone filieren: dafür die Schale bis auf das Fruchtfleisch abschneiden, dann die Schnitze mit einem kleinen Messer keilförmig aus ihren Kammern lösen. Dabei den Saft auffangen und die Fischstücke damit würzen. Zitronenfilets auf den Tellern arrangieren, Dillspitzen großzügig verteilen. Das Tomatensorbet als Kugel geformt in die Mitte plazieren. Für das Sorbet bereits zwei, drei Stunden zuvor die Tomaten im Entsafter mixen, dabei Kreuzkümmel, Salz, Pfeffer und Thymian zufügen. Den Saft schließlich durch ein Sieb passieren und mit Zucker abschmecken. In der Eismaschine gefrieren lassen.

2

SALADE DE FUSILLIS À L'ALSACIENNE

ELSÄSSER NUDELSALAT

Wenn das keine ungewöhnliche Vorspeise für ein engagiertes Restaurant ist! Statt der Fusillis, die Henri Gagneux verwendet, kann man natürlich jede andere Nudelsorte nehmen: Hauptsache, sie sind so gerippt oder gedreht, daß sie gut die Salatmarinade transportieren können.

Für vier Personen:
200 g gedrehte Nudeln, Salz, 1 dicker Bund Radieschen, 200 g Fleischwurst, 2 feste Fleischtomaten, je 1 Bund glattblättrige Petersilie und Schnittlauch
Marinade:
1 TL scharfer Senf, Salz, Pfeffer, 1 EL Balsamico-Essig, 3 EL Melfortessig (milder, mit Honig gesüßter elsässischer Kräuteressig), 4 EL Traubenkernöl

Die Nudeln in reichlich Salzwasser bißfest garen, abgießen und nur sekundenlang unter heißem Wasser abspülen. Etwas abtropfen lassen und dann noch warm mit den übrigen Zutaten mischen.

Dafür die Radieschen in Scheiben hobeln, die Fleischwurst in Streifen schneiden, die Tomaten häuten, entkernen und in schmale Streifen teilen. Die Hälfte der Petersilienblätter ganz lassen, den Rest fein hacken. Schnittlauch in Röllchen schneiden.

Die Zutaten für die Marinade mit dem Schneebesen oder im Schüttelbecher cremig rühren oder schütteln. Den Salat gut mischen und vor dem Servieren etwas durchziehen lassen und als Portion etwa so wie auf dem Photo anrichten.

1

2

1

PETITS LÉGUMES À LA VINAIGRETTE DE CIDRE

KLEINE GEMÜSE IN APFELESSIG-VINAIGRETTE

Eine elegante Vorspeise, zumal Henri Gagneux zum aufwendig zugeschnitzten und würzig marinierten Gemüse jeweils eine stattliche Scheibe Stopfleberterrine serviert – halb von Gänse-, halb Entenleber. Die Leber ist allerdings kein Muß. Die Gemüse sind jedoch auch ohne diese Beilage ein äußerst appetitliches Vergnügen.

Für vier Personen:
1 Zucchino,
1 dicke Möhre,
1 Sellerieknolle,
1 Handvoll Blumenkohlröschen,
200 g feinste grüne Böhnchen,
Salz
Vinaigrette:
1 TL scharfer Senf,
3 EL Apfelessig,
Salz, Pfeffer,
5 EL Traubenkernöl

Die Gemüse putzen und entweder wie auf dem Photo gezeigt hübsch tournieren oder einfach in gleich große Würfel schneiden. In Salzwasser knackig gar kochen – dabei auf die verschiedenen Garzeiten achten.

Blumenkohl und Bohnen unbedingt eiskalt abschrecken, damit sie ihre leuchtende Farbe behalten.

Die Zutaten für die Vinaigrette mit dem Schneebesen aufschlagen. Die Wurzelgemüse und den Blumenkohl darin etwa eine halbe Stunde marinieren. Die Böhnchen erst unmittelbar vor dem Servieren damit anmachen.

1

2

FRICASSÉE DE GRENOUILLES AUX LARDONS ET POMMES SAUTÉES AU SÉSAME

FROSCHSCHENKELRAGOUT MIT SPECK UND SESAM-KARTOFFELN

Für vier Personen:
100 g durchwachsener, luftgetrockneter Speck in dünnen Scheiben,
4 mittelgroße, gekochte Kartoffeln,
Salz, Pfeffer, 1 EL Sesamsamen,
500 g frische Froschschenkel,
4 EL Butter, 3 Knoblauchzehen,
2 Bund glattblättrige Petersilie

Den Speck in fingerbreite Streifen schneiden, in einer Pfanne langsam knusprig braten. Herausheben und auf Küchenpapier abtropfen lassen.

Im verbliebenen Fett die in Scheiben geschnittenen Kartoffeln auf beiden Seiten ebenfalls knusprig braten, dabei sparsam salzen und großzügig pfeffern. Schließlich mit Sesamsamen bestreuen und golden werden lassen.

Die Froschschenkel in einer zweiten Pfanne in der gerade bräunenden Butter (drei Eßlöffel) etwa fünf bis sechs Minuten braten, dabei immer wieder wenden, mit Salz und Pfeffer würzen. Den Knoblauch schließlich fein hacken, darüberstreuen und glasig werden lassen.

Die Kartoffelscheiben und Speckstreifen auf vier Tellern verteilen, die Froschschenkel darauf hübsch anrichten.

Die Petersilie im Entsafter mixen, nur eben mit der restlichen Butter erwärmen, salzen und pfeffern und über die Froschschenkel verteilen. Sofort mit frischem Weißbrot servieren.

2

3

PARMENTIER DE VOLAILLE ET PIED DE VEAU

KARTOFFELAUFLAUF MIT HÜHNERFLEISCH UND KALBSFUSS

Eigentlich handelt es sich auch bei diesem Gericht um Hausfrauenküche. In einem solchen Kartoffelauflauf kann man beispielsweise wunderbar Reste vom Sonntagshuhn oder vom Kalbsfond verstecken. Aber auch hier zeigt sich, daß gerade die angeblich so einfachen Gerichte, sorgfältig zubereitet, einfach eine umwerfende Delikatesse sind.

Für vier bis sechs Personen:
Kartoffelpüree:
1,5 kg Kartoffeln, ca. $^1/_4$ l Milch, Salz, Pfeffer, Muskatnuß
Füllung:
2 Hühnerschenkel, $^1/_2$ Kalbsfuß,
1–2 Bund Suppengrün (je nach Größe),
$^1/_4$ l Weißwein, Salz, $^1/_2$ TL Pfefferkörner, 1 Pimentbeere, 1 Lorbeerblatt,
2 Thymianzweige,
2 Zwiebeln, 1 EL Butter,
1 Bund Petersilie
Außerdem:
2–3 Kartoffeln für die Oberfläche,
Butter für die Form und für Flöckchen

Die Kartoffeln für das Püree als Pellkartoffeln garen, abgießen, sofort pellen und durch die Presse in einen ausreichend großen Topf drücken, in dem bereits die Milch aufkocht. Mit Salz, Pfeffer und Muskat würzen. Mit einer Gabel glatt rühren.

Für die Füllung die Hühnerschenkel und den Kalbsfuß mit dem klein gewürfelten Wurzelwerk, Weißwein, den Gewürzen in einem Topf mit Wasser knapp be-

decken und aufkochen. Schließlich zugedeckt etwa zwei Stunden leise köcheln. Die Hühnerschenkel bereits nach einer knappen Stunde herausnehmen, das Fleisch von den Knochen lösen und in kleine Würfel schneiden, Haut und Knochen zurück in den Topf geben und weiter auskochen. Sobald auch der Kalbsfuß weich ist, das Fleisch ablösen und würfeln. Den Sud nunmehr ohne Deckel um die Hälfte einkochen und durch ein Sieb filtern.
Die Zwiebeln fein hacken, in einem Eßlöffel Butter sanft weich dünsten, falls sie dabei zu bräunen drohen, mit etwas Fleischsud ablöschen. Erst wenn die Zwiebeln weich sind, das gewürfelte Fleisch und die fein gehackte Petersilie zufügen.
Eine Auflaufform mit Butter ausstreichen. Die Hälfte des Kartoffelpürees darin verteilen. Darauf die Fleischfüllung betten und mit dem restlichen Püree zudecken.
Die Kartoffeln schälen und in dünne Scheiben hobeln. Hübsch akkurat auf der Oberfläche anordnen. Mit Butterflöckchen dicht belegen. Den Auflauf im 180 Grad heißen Backofen eine gute halbe Stunde backen, bis die Kartoffelschicht schön braun und knusprig geworden ist.
TIP: Natürlich ist ein solcher Auflauf zusammen mit einem Salat ein wunderbares Essen. Henri Gagneux bereitet die Aufläufe in Portionsförmchen zu und richtet sie dann mit warmem, herrlich fruchtig-säuerlichem Zwiebelkompott an: Dafür werden Zwiebeln in $^2/_3$ Rotwein und $^1/_3$ Wasser auf leisester Flamme sieben bis acht Stunden lang gesimmert. Falls die Zwiebeln anzusetzen drohen, immer wieder mit Wasser ablöschen und loskochen. Mit Salz und Pfeffer, nach Belieben mit einer Prise Zucker und Cayennepfeffer würzen.

4

PARFAIT DE CERISES

KIRSCH-PARFAIT

Für sechs bis acht Personen:
250 g Zucker, knapp 0,1 l Wasser, 4 Eier, 3–4 EL Kirschwasser, 1 l Sahne, 100 g eingelegte Sauerkirschen

Zucker und Wasser aufkochen und eine Minute sprudelnd kochen lassen. Inzwischen die Eier im Mixer aufschlagen, den heißen Sirup hinzugießen und untermixen. Die abgekühlte Masse schließlich mit Kirschwasser parfümieren, die steifgeschlagene Sahne und die gehackten Sauerkirschen unterziehen. In eine mit Klarsichtfolie ausgekleidete Kastenform füllen und im Gefrierfach fest werden lassen.
Zum Servieren mit Hilfe der Folie aus der Form ziehen, Scheiben abschneiden und jeweils auf Tellern anrichten. Dazu eine Fruchtsauce reichen. Zum Beispiel aus 250 Gramm eingemachten Sauerkirschen, die in ihrem Saft mit 100 Gramm Zucker eine halbe Stunde geköchelt, schließlich fein gemixt und durch ein Sieb passiert werden.

3

4

»Brand«-Wein: Lage mit Klasse

»Früher«, sagt Armand Hurst bedächtig, »früher umfaßte der Grand Cru Brand 10 Hektar. Heute aber 52!« Verachtung schwingt in seiner Stimme mit: »Heute wollen alle einen weichen, fruchtigen Wein machen, wie ihn der Brand von Turckheim hervorbringt. Aber was unsere Vorfahren in Jahrhunderten als einen der besten Weinberge des Elsaß herausfanden, kann man doch nicht mit einem Federstrich vergrößern!« Er weist über den Hang, und jetzt wird seine Stimme fest: »Einen Gewürz, Muscat, Tokay oder Riesling vom Brand kann man nicht kopieren.«

Tatsächlich sind die Weine von Armand Hurst unglaublich komplex und gut strukturiert. Sie besitzen zwar wenig Säure, wirken aber überhaupt nicht plump; ihre Reinheit und Klarheit verblüfft. Hurst hat seinen eigenen Stil entwickelt, vergärt seine Weine ohne jeden Schwefel. Die mit größter Sorgfalt von faulen Beeren befreiten Trauben werden sofort gepreßt, der Most zentrifugiert und stark heruntergekühlt. Die Gärung verläuft extrem langsam, manchmal dauert sie länger als ein halbes Jahr. Bleibt ein Wein in der Gärung stecken, droht damit zu viel Restsüße zu behalten, gibt er noch ein wenig Reinzuchthefe zu – »eine ›dienende Restsüße‹ wie im Rheingau ist bei dem geringen Säuregehalt unserer Weine nicht nötig«, lächelt er. Außer natürlich bei einer Vendange Tardive!

Sieben Hektar bewirtschaftet er, nicht alle vom Brand; sondern auch von den Lagen Heimburg – deren Muschelkalkboden dem Wein etwas mehr Säure verleiht – und Eichberg. Sein Tokay ist mächtig, der Riesling voll und mit einem hinreißenden Pfirsichduft, bei auch in weniger großen Jahren reifen Säure und mineralisch geprägtem Hintergrund. Der Traminer besticht mit seinem Duft von alten Rosen, läuft fast samtig über die Zunge, schmeichelnd und doch frisch – perfekt zum Münsterkäse. Sein Muscat d'Alsace: beschwingt und kräftig, duftig-frisch, mit mineralischer Stahligkeit.

»Genau das ist die Einzigartigkeit des Granitbodens vom Brand«, meint Armand Hurst zufrieden.

Armand Hurst, ein Winzer mit Profil

Hursts Weine gewinnen häufig Auszeichnungen. Unten: Die Grand-Cru-Lage »Brand«

Die Blüte braucht trockenes Wetter

ÉCREVISSES À LA NAGE

FLUSSKREBSE IM SUD

Wenn man schon mal das seltene Glück hat, Flußkrebse kaufen zu können (siehe auch ab Seite 190 die Geschichte vom Fischer Vonarb), dann sollte man sie so naturbelassen wie nur möglich genießen: am besten im Kräutersud. Die Krebse löst man während des Essens Bissen für Bissen selber aus, dazu gibt's einen würzigen Sabayon zum Stippen. Dazu Weißbrot und einen kräftigen Riesling – was will man mehr?

Für vier Personen:
1 Zwiebel, 1 kleine Möhre,
1 dünne Lauchstange, 2 Selleriestengel,
2 EL Butter, 1/2 l trockener Weißwein
(Riesling), 1 l Wasser, 1 EL Dillsamen,
Salz, 1 Bund frisches Dillkraut,
mindestens 2–3 kg Flußkrebse
Sabayon:
2 Eigelb, 100 g Butter, Salz, Pfeffer,
1 Prise Zucker, Zitronensaft

Das Suppengemüse fein würfeln, in der Butter weich dünsten und mit dem Wein auffüllen. Zugedeckt eine Viertelstunde köcheln, eine Tasse davon abnehmen.
Das Wasser angießen, Dillsaat und Salz sowie die abgezupften Dillstiele (die Spitzen für später aufheben) zufügen. Den Sud ungefähr eine Viertelstunde köcheln, bevor die Krebse eingelegt werden: kopfüber, damit sie sofort tot sind, und portionsweise. Auf mildem Feuer etwa zehn Minuten ziehen, auf keinen Fall sprudelnd kochen lassen. Die Krebse in einer Terrine anrichten und mit der nächsten Portion genauso verfahren.
Wenn alle Krebse gar sind, den Sud durch ein Sieb filtern, die aufbewahrten Dillspitzen fein gehackt einrühren, abschmecken und in Täßchen zu den Krebsen servieren.
Für den Sabayon den beiseite gestellten Rieslingsud in einem kleinen Topf erhitzen, Eigelb mit einem Schneebesen einrühren, unter ständigem Schlagen heiß und dicklich werden lassen; nicht kochen, weil die Sauce sonst gerinnt! Die Butter in Flöckchen mit dem Schneebesen einarbeiten. Den Sabayon mit Salz, Pfeffer, Zucker und Zitronensaft abschmecken.

Der Sundgau: sanft, weit und lieblich

Selbst ausgepichte Elsaß-Fans können oft den Sundgau auf Anhieb nicht richtig orten. Die Gegend im äußersten Süden zwischen Mulhouse und dem Jura, im Osten vom Rhein, im Westen vom Largtal begrenzt, fällt völlig heraus aus dem typischen Elsaß-Klischee.
In vielen Reiseführern kommt der Sundgau gar nicht oder höchstens mit wenigen Sätzen vor. Er ist eine Landschaft von ganz eigenem Reiz und einem

Ein Bauernhaus in Vieux-Ferrette

völlig anderen Charakter, als man das vom schnuckeligen, weinstubenseligen Bilderbuch-Elsaß weiter nördlich kennt: Hier wächst kein Wein, es schwingen die Täler weit, gegliedert durch die ordnenden Linien von Feldern und Hecken. Viehweiden, Obstwiesen, Bauerngärten, dazwischen immer wieder kleine Seen und Teiche – ein Paradies für Störche! Es stellen sich allenfalls sanfte Hügel in den Blick, von lichten Buchenwäldern überzogen, dazwischen ab und zu ein dunkler Fleck mit dichtem Tannenwald.
Eine sanfte, heitere, ganz und gar unspektakuläre Gegend, wie geschaffen für alle, die es beschaulich lieben, Ruhe suchen, gern spazierengehen, angeln oder fahrradfahren und das Wandern nicht so angestrengt, sondern mehr als Lust betrachten. Hübsche Dörfchen (in Oltingen, zum Beispiel, lohnt der Besuch im Heimatmuseum), kleine Städtchen (in Altkirch lockt jeden Samstag ein herrlicher Markt), verträumte Alleen, einsame Wege und stille Straßen – und die Kasematten der Maginot-Linie gemahnen an andere, laute und böse Zeiten ...

Praktisches Fortbewegungsmittel

Der Storch – im Heu, nicht im Salat

Ein Bauerngarten mit allem, was der Mensch so braucht: von Kartoffeln bis zu den Bienen

In jedem Dorf ein Brunnen. Bild unten: Die Kühe haben den Baum fein säuberlich gestutzt

Alles Käse – aber mit Leib und Seele!

Vergessen von der Welt scheint noch heute der südliche Zipfel des Sundgaus, wo er ansteigt, mählich übergeht in die Bergrücken des Jura. Hier hat 1971 ein junger Mann eine Handlung aufgemacht – mit Käse am Stück, Früchten und Gemüsen, Kurzwaren, Schuhen, Wein und Bier. Ein kleines Auskommen, kaum zukunftsträchtig.

Da hat Bernard Antony eine schicksalhafte Begegnung: Rohmilchkäse von höchster Qualität! Er wird von einer Leidenschaft gepackt, die ihn nicht mehr losläßt. Er geht zum Käsepapst Androuet nach Paris, lernt alles, was er lernen kann, über das Mirakel Käse.

1982 gründet er seinen »Käsekeller« in Vieux-Ferrette, wo er den jung gekauften Käse zur Perfektion reift – er wird *Affineur.* Er fährt auf den Markt: Samstags ist er in Altkirch, mittwochs in Riedisheim, freitags in Huningen ... Er beliefert die besten Restaurants der Umgebung, auch in Südbaden und Basel. 1986 eröffnet er die »Sundgauer Käsestuba«, unscheinbar in der *Rue de la montagne* gelegen, wo man Käse und Wein probieren und kaufen kann.

Parallel dazu beschäftigt er sich mit dem Wein. Seine Idee, Fourme d'Ambert mit Elsässer Gewürztraminer Vendanges Tardives, macht in ganz Frankreich Furore! Er veranstaltet Degustationen, Seminare... 1992 eine neue Etappe: Auf europäischer Ebene kämpft er mit seinen Freunden für die Rettung der 32 klassifizierten französischen Käsesorten. Keine leichte Aufgabe gegen Brüssel – aber Straßburg ist nah, und dort kann er überzeugen: Die restriktive Käsegesetzgebung der von der Industrie gestützten Eurokraten kann gestoppt werden, der Rohmilchkäse bester Qualität ist gerettet.

Solche Männer braucht das Land: Der stille, aber mutige, intelligente, leidenschaftliche und kompetente Mann ist ein Botschafter des Sundgaus, der Provinz, mit ihrer Wahrheit, ihrer Lebensqualität, ihrer eigenen Kultur. Sie hat Zukunft – Bernard Antony beweist es.

Bei der großen Käsedegustation geht's hoch her – hierzu ist Anmeldung erforderlich

Im Kühlkeller reifen die Käse ihrer Vollkommenheit entgegen – die meisten werden täglich gewaschen, gewendet, ein- oder abgerieben: Bernard Antony ist Affineur aus Leidenschaft!

Spezialität: gebackener Karpfen

Zahllose kleine Seen und Teiche, wie aus großer Hand irgendwo ins Land getropft, fallen bei der Fahrt durch den Sundgau auf. Fischzucht, speziell von Karpfen, hat hier Tradition. Nicht zu übersehen auch die Schilder entlang der Straße, die sie als eine der »Routes de la carpe frite« ausweisen. Dasselbe Schild lädt an vielen Gasthäusern zum Besuch. Nicht überall ist er so lohnend und erfreulich wie in Ueberstrass, einem kleinen Dorf im westlichsten Winkel des hier besonders stillen Hügellands.
Das Gasthaus »Au Soleil«, besser bekannt als »Chez Wadel«, ist ein Landgasthof, wie man ihn sich wünscht. Vielleicht weniger, was das Äußere betrifft, denn einiges wurde im Zuge von Renovierungsarbeiten allzusehr resopalisiert. Aber die Freundlichkeit des Emp-

fangs und die wunderbar geradlinige, handfeste, ehrliche Küche, machen den Besuch zum Vergnügen.
Seit mehr als hundert Jahren ist die »Sonne« im Besitz der Familie Wadel. Immer waren Frauen am Herd gestanden. Jetzt hat François diesen Platz inne. Mittlerweile allein, die Mutter ist 92 und arbeitet schon lange nicht mehr mit. Aber man spürt, daß es eher ihre hausfraulich orientierte Familienküche ist, die den Sohn geprägt hat, weniger die berufsmäßig distanzierte Denkweise eines Küchenchefs. Wohlgemerkt, hier geht es nicht um Professionalität – die gehört in jedem Fall dazu! – sondern um den Gegensatz zweier Grundeinstellungen: Die eine kocht mit der Selbstverständlichkeit, die fast schon angeboren oder mit Muttermilch erworben ist, tut es aus traditioneller, alltäglicher Notwendigkeit; der andere aus der Distanz dessen, der das Kochen zum Beruf erkoren und schulmäßig hat erlernen müssen. So könnte man sagen, »Bei Wadel« schmeckt es wie »bei Muttern«, wäre dieses Lob nicht längst zum Schimpfwort verkommen.
Hier kann man die regionalen Köstlichkeiten in bester Qualität probieren: Schnecken, Froschschenkel (»aus den Dombes bei Villefranche, denn bei uns darf man leider schon lange keine Frösche mehr fangen«, bedauert der Koch) und, die Spezialität der Gegend, *carpe frite!* Die Karpfen aus dem eigenen Teich sind frisch, ihr Fleisch ist kernig-fest, die Kruste zart und duftig-leicht. Dazu empfiehlt die Serviertochter den Hauswein, einen Pinot blanc von Wolfberger, die preiswerteste Flasche auf der Karte, und er paßt wunderbar!

François Wadel, Küchenchef, Patron und Teichwirt mit Leib und Seele. Bei ihm kann man sich's rundum wohl sein lassen!

Von graphischer Struktur ist die Fachwerkkonstruktion der Scheune gegenüber: solide Eichenbalken, dazwischen Lehm und Gras

Im Fischbassin vor dem Haus schwimmt der Karpfenvorrat. Wie lange er reichen wird, kommt auf das Ausflugswetter an

Karierte Tischdecken, gemütliche Holzstühle, eines schattenspendendes Dach: Das ist der schönste Platz an einem heißen Tag!

1
ASSIETTE DE CRUDITÉS
ROHKOST-TELLER

Was auf französisch so hübsch klingt, auf deutsch dagegen eher an Krankenküche erinnert, ist immer wieder eine erfrischende, bekömmliche Vorspeise. Sie findet sich auf nahezu jeder Speisenkarte in französischen Gasthäusern und kann immer wieder ganz anders aussehen. Bei Wadel gibt es auf dem Rohkost-Teller Gurkensalat, geraspelte Möhren, die mit einer Vinaigrette (Rezept z.B. Seite 79) angemacht sind, Salat aus fein gehobeltem Weißkraut, Radieschen, Eierviertel und eine herrliche **Sellerie-Mayonnaise**:

Für vier Personen:
2 Eigelb, 1 TL Senf,
ca. $^1/_4$ l erstklassiges Öl
(neutrales Traubenkern- oder Sonnenblumenöl paßt ebenso wie aromatisches Olivenöl),
Salz, Pfeffer, Zitronensaft,
1 Prise Cayennepfeffer,
1 mittelgroße Sellerieknolle

Das Eigelb mit dem Senf im Mixer aufschlagen, dabei langsam, in dünnem Strahl, das Öl hinzufließen lassen. Sobald die Mayonnaise schön dick geworden ist, mit Salz, Pfeffer, Zitronensaft und Cayennepfeffer abschmecken.
Den Sellerie schälen, in hauchdünne Streifen hobeln oder raspeln, mit der Mayonnaise vermischen und etwas durchziehen lassen, bevor serviert wird.

2
ESCARGOTS À L'ALSACIENNE
SCHNECKEN ELSÄSSER ART

Für vier Personen:
2 Dosen à 24 Stück Weinbergschnecken
Kräuterbutter:
100 g Butter, 1 Bund Petersilie,
4–6 Knoblauchzehen, Salz, Pfeffer

Die Schnecken abtropfen lassen (den Saft auf ein Stück Weißbrot träufeln und als Belohnung gleich verspeisen!) und in ihre gut ausgespülten Häuschen stecken.
Die Butter mit den Petersilienblättchen und den geschälten Knoblauchzehen mit etwas Salz und Pfeffer im Mixer fein pürieren. Diese Kräuterbutter in die Schneckenhäuschen verteilen und gut verstreichen. Die Schnecken in Schneckenpfännchen betten und im 200 Grad heißen Ofen etwa fünf bis acht Minuten backen, bis die Butter in den Häuschen brodelt.

3
BOUCHÉES À LA REINE
KÖNIGINPASTETCHEN

Ursprünglich durchaus ein Gericht, das Königinnen würdig war, längst jedoch leider zur Dosen- und Kantinenware verkommen ist. Dabei ist ein richtiges Königinpastetchen, sorgfältig und akkurat zubereitet, tatsächlich eine Delikatesse! Natürlich muß man nicht unbedingt die Blätterteighäuschen selber machen – man sollte sie aber wenigstens bei einem guten Bäcker kaufen.

Für vier bis sechs Personen:
1 großes Bund Suppengrün,
2 Thymianzweige, 1 Lorbeerblatt,
einige Piment- und Pfefferkörner,
$^1/_2$ l Wasser, Salz, 250 g Kalbsschulter,
250 g Kalbsbries, 250 g Kalbshirn,
2 EL Butter, 200 g Champignons,
1 Zwiebel, 1 EL Mehl, $^1/_4$ l Weißwein,
$^1/_8$ l Sahne, Pfeffer, Zitronensaft,
Worcestershiresauce,
100 g gekochte Zunge am Stück
Außerdem:
4–6 Blätterteig-Pastetenhäuschen

Suppengrün und Gewürze mit dem Wasser aufsetzen. Sobald es kocht, salzen, das Kalbfleisch zufügen, ebenso das Bries und das sorgfältig gewässerte Hirn. Bries und Hirn leise wallend ohne Deckel etwa 20 Minuten ziehen lassen, dann herausnehmen und abkühlen lassen, während das Kalbfleisch noch mindestens eine bis eineinhalb Stunden garen soll.
Bries und Hirn putzen, alle Sehnen und unschönen Partikel entfernen. Das Bries in kleine Röschen teilen, Fleisch und Hirn in Würfel von etwa zwei Zentimetern schneiden. Für die Sauce die Butter erhitzen, die Champignons in Blättchen schneiden und darin andünsten. Mit einer Schaumkelle herausheben und zu den Briesröschen, Fleisch- und Hirnwürfeln geben. Die fein gewürfelte Zwiebel in der verbliebenen Butter weich werden lassen. Mit Mehl bestäuben und gründlich durchschwitzen, Wein und Sahne angießen und etwa 20 Minuten ohne Deckel köcheln. Falls die Sauce dabei zu dick wird, immer wieder mit einem Schuß Kalbsbrühe verdünnen. Die Sauce schließlich mit Salz, Pfeffer, Zitronensaft und Worcestershiresauce abschmecken. Bries, Hirn, Pilze und die ebenfalls klein gewürfelte Zunge einrühren und darin erwärmen.
Zum Servieren die Blätterteig-Häuschen auf einem Blech im 200 Grad heißen Backofen etwa 5 Minuten erhitzen. Auf Tellern verteilen, großzügig mit dem Ragout füllen und zusammen mit einem grünen Salat zu Tisch bringen.

4
CARPE FRITE
GEBACKENER KARPFEN

Für vier Personen:
1 mittelgroßer Karpfen von ca. 2 kg (vom Fischhändler bereits ausgenommen, geschuppt und quer in zweifingerbreite Koteletts geschnitten), 1 Glas Weißwein, 3–4 Knoblauchzehen, Salz, Pfeffer, 50 g Mehl, 150 g Grieß, Erdnußöl zum Backen

Die Karpfenstücke waschen und ein, zwei Stunden in einer Marinade aus Wein, gehacktem Knoblauch, Salz und Pfeffer baden lassen.
Die Stücke schließlich gut abtrocknen, in einer Mischung aus Mehl und Grieß wenden – Überschüssiges gut abschütteln – und den Fisch im heißen Öl schwimmend knusprig backen. Dabei portionsweise arbeiten, damit nicht zu viele Stücke auf einmal im Öl die Temperatur zu sehr abkühlen. Und in Etappen: zunächst etwa fünf Minuten blaßbraun werden lassen, herausheben und etwas abkühlen. Und dann ein zweites Mal ins heiße Fett senken und goldbraun werden lassen.
Die Karpfenstücke gründlich abtropfen und sofort servieren. Wadels Trick, daß die Karpfenstücke verführerisch duften: Er sprüht mit einem Zerstäuber einen Hauch Weißwein über die gebackenen Stücke, bevor aufgetragen wird. Dazu reicht er seine unwiderstehlich köstliche Mayonnaise (Rezept ganz links).

5
TARTE AUX FRAMBOISES
HIMBEERKUCHEN

Für eine Form von 26 cm Durchmesser:
1 Portion Mürbeteig
(siehe Seite 110/111),
Butter für die Form, 1 kg Himbeeren,
3 Eier, 75 g Zucker, 1 TL Mehl,
1 Tütchen Vanillezucker, $^1/_4$ l Sahne

Eine Tarteform mit Mürbeteig auslegen, mit einer Gabel mehrmals einstechen und im 220 Grad heißen Backofen etwa 15 Minuten vorbacken. Inzwischen die Himbeeren verlesen, nur, wenn wirklich nötig, waschen. Eier mit Zucker, Mehl, Vanillezucker und Sahne verquirlen. Die Himbeeren auf dem vorgebackenen Teigboden verteilen, den Eierguß darübergießen. An der Form rütteln, damit sich die Eiersahne überall gleichmäßig verteilt. Für weitere 30 bis 40 Minuten in den Ofen schieben. Am besten schmeckt dieser Kuchen, wie alle diese Obstkuchen, ganz frisch, sogar noch lauwarm.

1
2
3
4
5

Die Vogesen: unendliche Wälder, liebliche Täler und karge Höhen

Der besondere Charakter des Elsaß wird bestimmt durch den Bergzug der Vogesen, der die Region gegen Westen abschirmt. Die vom Atlantik heranziehenden Wolken regnen auf der anderen, der lothringischen Seite ab – Saar, Mosel, Maas, Marne und Seine entspringen hier – und lösen sich auf, wenn die Luftmassen in die Rheinebene herunterströmen und sich dabei erwärmen: Das Licht ist hell, die Sonne scheint besonders häufig, es ist wärmer als anderswo auf gleicher Breite und es regnet kaum. Colmar ist die trockenste Stadt Frankreichs (500 mm Regen pro Jahr).

Die nördlichen Vogesen sind ein Buntsandsteingebirge, der südliche Teil dagegen besteht aus Granit. Hier haben die Gletscher der Eiszeit die Bergrücken rund geschliffen; im Elsässischen nennt man sie »Kopf« oder »Belchen«, auf französisch »Ballon«. Außerdem höhlten die Gletscher Mulden aus – die wildromantischen Bergseen (Raben-, Schwarzer und Weißer See). Und sie hinterließen in manchen Tälern wasserstauende Moränenriegel (Lac de Gérardmer).

Die Vogesen – wir Deutschen sehen sie als einen Teil des Elsaß; die Elsässer selbst empfinden sie als eine eigene Region, deren östlicher Teil zu den elsässischen, der westliche zu den lothringischen Départements gehört.

Die schier endlosen Wälder beruhigen die Seele – Tannen, Fichten, vermischt mit Buchen, auf den Trockenhängen Kiefern. In den feuchten, unteren Regionen herrschen mächtige Buchen vor –

Vogesenbauernhof: Er steht längs zum Hang, mit zwei großen Toren

Das alte Handwerkzeug der Heuernte: nur noch für die Touristen

auf der warmen Ostseite gedeihen vielerorts Eßkastanien –, in den Hochlagen Tannen, Ahorn und Erlen. Auf den Kämmen, zwischen Mooren und den von den Abteien im frühen Mittelalter gerodeten Hochweiden, überleben nur windzerzauste, flechtenbewehrte Sträucher, Krüppeltannen und Latschen.

Die Abgase der Pariser und Lothringer Industrie zehren an den Bäumen, es ist windig und rauh hier oben, eher unwirtlich – wären da nicht die gastlichen *Fermes-Auberges.* Sie sind hervorgegangen aus den ehemals nur für die Käseherstellung im Sommer eingerichteten Sennhütten, um den Leuten ein zusätzliches Einkommen zu verschaffen. Ursprünglich sollte alles, was angeboten wird, aus eigener Produktion stammen. Vor ein paar Jahren hat man diesen Anteil auf 70 Prozent ermäßigt, und heute ist die Grenze von der Ferme-Auberge zum Landgasthof fließend: Da entdeckt man einerseits romantischbäuerliche Häuser, wo man zwischen den Hühnern in einer simpel umgerüsteten Scheune sitzt und nur der eigene Käse, hausgemachte Würste und Schinken, vielleicht noch ein Eintopfgericht und natürlich Wein angeboten werden. Und andererseits stößt man auf Gastbetriebe mit großem Parkplatz, pseudorustikal ausgestatteten Räumen und einer Allerwelts-Speisekarte.

Die ersten Fermes-Auberges wurden in den Südvogesen eingerichtet, inzwischen findet man sie im ganzen Elsaß, auch im Norden und in der Ebene. Man erkennt sie am typischen Schild – es gibt einen Führer (Fremdenverkehrsamt). Die *Gîtes Rurales* bieten »Ferien auf dem Bauernhof« an. Und die rasch zunehmende Zahl von Betrieben, die auf biologische Produktion ausgerichtet sind, bieten den Bauern neue Perspektiven. Der Direktverkauf gewinnt immer größere Bedeutung; die Qualität der Produkte ist im allgemeinen sehr gut.

Touristisch erschlossen sind die Hochvogesen durch die »Route de Crêtes«, die Vogesenkammstraße, die während des Ersten Weltkrieges zur Versorgung der französischen Truppen angelegt wurde. Hier tobten die irrwitzigsten Kämpfe, am schlimmsten am *Vieil Armand*, dem Hartmannsweilerkopf, wo über 30 000 Männer ihr Leben ließen. Viele Soldatenfriedhöfe erinnern an dieses dunkle Kapitel der abendländischen Geschichte, sind allerdings nicht nur Ruhe- und Mahnstätten, sondern für manche auch Punkte eines makabren touristischen Programms.

Hochmoor am Hohneck: fleischfressende Pflanzen und alpine Flora

Bäuerliche Spezialitäten in der Ferme-Auberge: »produits du terroir«

In den mittleren Regionen, wo Kirschen, Äpfel und Birnen auf den Wiesen stehen, ist die Schnapsbrennerei von Bedeutung: Viele kleine Produzenten bieten ihre Wässerchen und Geister an (siehe dazu die Seiten 204–211), auch aufgesetzte Liköre, Kräuterauszüge, Sirups und Honige.
In den Tälern der Südvogesen konsolidiert sich die in den letzten Jahren immer angespanntere Situation ebenfalls – die seit dem 18. Jahrhundert hier angesiedelte Textil-Industrie gewinnt dank rationalisierter und kostengünstigerer Produktion alte Absatzmärkte zurück. Außerdem wollen immer mehr Kunden wieder die überlieferten Muster, die traditionellen Produkte in klassischer Ausführung. Die hier gefertigten Möbel- und Dekorationsstoffe jedenfalls erfreuen sich zunehmender Nachfrage.
Haupteinnahmequelle jedoch bleiben die Touristen, die hoch hinauf wollen: Lifte und Loipen gewähren Winterfreuden; allerdings gab es in den letzten Wintern wenig Schnee. Im Sommer reisen die Gäste aus den Benelux-Ländern und dem Pariser Raum an. Und die von der schwülen Hitze geplagten Menschen aus der Rheinebene fahren herauf, um sich an der frischen Bergluft zu laben. Natürlich begegnet man auch hier den Bussen des Massentourismus – in der Hauptsache aber kommen Individualisten, die wandern, die Weite der Wälder genießen wollen, die gute Luft und die herrlichen Ausblicke, die sich immer wieder bieten. An heißen Sommerwochenenden tummeln sich allerdings Scharen von so vielen Individualisten, daß man in den Fermes-Auberges kaum einen Platz findet ...

In einer halben Stunde gelangt man aus dem heißen Weinland (unten: Kaysersberg) in die frischen Höhenlagen der Vogesen. Während unten Mohn die Felder ziert (links) und die Eßkastanien honigträchtig blühen (darüber), schmücken sich die Waldlichtungen mit Fingerhut (oben). In der gemütlichen Ferme-Auberge läßt es sich wohl sein – der Wein kommt aus dem Naturkeller (ganz oben)

1

1

ASSIETTE DE LA FERME

VORSPEISENTELLER NACH ART DES HAUSES

Da findet man im allgemeinen die hauseigenen Produkte: Schinken, Speck, eine Scheibe Terrine, ein bißchen Crudités, die übliche Möhren- oder Gurkenrohkost. Im Sommer jedoch stets ganz besonders köstlich: **Salat aus roter Bete,** der mit jenem Produkt gleichen Namens aus dem Glase nichts gemein hat!

Für vier Personen:
3–4 mittelgroße, junge rote Beteknollen, 1 Zwiebel, 1 Knoblauchzehe,
1 gehäufter TL scharfer Senf,
3–4 EL Rotweinessig, Salz, Pfeffer,
4 EL gutes Salatöl,
frische Minze oder Petersilie

Die roten Bete gründlich abbürsten, das Blattgrün abschneiden, möglichst, ohne die Knolle zu verletzen, weil sie sonst im Kochwasser ausblutet und ihren Geschmack verliert. In Wasser 30 bis 45 Minuten (je nach Größe) garkochen.
Inzwischen Zwiebel und Knoblauch fein würfeln, mit Senf, Essig, Salz, Pfeffer und Öl verrühren.
Die roten Bete schälen, zentimeterklein würfeln und noch warm mit der Sauce vermischen. Mit fein geschnittener Minze oder gehackter Petersilie würzen und garnieren.

2

3

2

RÔTI DE PORC SALÉ

GEBRATENES KASSLER

Für vier Personen:
4 Scheiben gepökeltes Kaßler, 2 EL Öl
Bratkartoffeln:
800 g gekochte Kartoffeln, 2 EL Butter,
2 EL Öl, Salz, Pfeffer, Petersilie

Die Kaßlerscheiben in einer Pfanne im heißen Öl auf beiden Seiten sanft bräunen – nicht scharf braten, sonst werden sie trocken.
Für die Bratkartoffeln die Kartoffeln in zentimetergroße Würfel schneiden. In einem Gemisch aus Butter und Öl langsam schön kroß braten, dabei nicht mit dem Bratenwender arbeiten, sondern die Kartoffeln lieber in der Pfanne schütteln und schwenken, damit sie überall schön knusprig, aber nicht durch ein Rührgerät zerdrückt werden. Salzen, pfeffern und ganz zum Schluß gehackte Petersilie darüberstreuen.

3

GALETTES DE POMMES DE TERRE

KARTOFFELPUFFER

Für zehn Personen:
3 kg Kartoffeln, 1 kg Zwiebeln,
5 Knoblauchzehen, 2 Bund Petersilie,
3 Eier, 3 EL Mehl, Salz, Pfeffer, Muskat,
Öl zum Braten

Die Kartoffeln und Zwiebeln schälen, auf der Gemüsereibe (oder in der Küchenmaschine) fein raspeln. Gehackten Knoblauch und Petersilie, Eier und Mehl untermischen. Mit Salz, Pfeffer und Muskat würzen. In einer großen Pfanne Öl erhitzen, jeweils eine kleine Kelle Kartoffelteig hineingeben, flach streichen und auf beiden Seiten langsam schön kroß braten.

1

RAGOUT D'AGNEAU

LAMMRAGOUT

Bei diesem Grillfest wurde das Lamm-Ragout in einer Tagine zubereitet, wie die Bilder unten zeigen. Eine Art Schmortopf aus Ton, wie ihn die Araber verwenden, durch dessen Schornstein Flüssigkeit entweichen und verdampfen kann.

Für zehn Personen:
2,5 kg geschnetzeltes Lammfleisch,
4–5 EL Olivenöl, je 3 Rosmarin- und
Thymianzweige, Salz, Pfeffer,
4 große Zwiebeln, 8 Knoblauchzehen,
je 1 rote, grüne und gelbe Paprikaschote,
je $1/2$ l Weißwein und Brühe,
250 g Crème fraîche

Das Fleisch portionsweise im heißen Öl in einem großen, flachen Topf anbraten, dabei die Kräuterzweige dazwischenstreuen. Das Fleisch schließlich herausheben, salzen, pfeffern und beiseite stellen. Die fein geschnittenen Zwiebeln, den gehackten Knoblauch und die in kleine Würfel geschnittenen Paprika in den Topf geben und einige Minuten dünsten. Schließlich Wein, Brühe und Crème fraîche angießen und das Fleisch unterrühren. Alles nochmals salzen und pfeffern. Zugedeckt etwa 20 Minuten leise schmurgeln. Dazu ißt man einfach Weißbrot, aber auch Nudeln oder Reis.

2

GIGOTS D'AGNEAU RÔTIS

LAMMKEULEN VOM GRILL

Für zehn Personen:
2 mittelgroße Lammkeulen (à 2 kg),
je 4 Rosmarin- und Thymianzweige,
6–8 Knoblauchzehen, $1/4$ l Olivenöl,
1 EL grob geschroteter Pfeffer, Salz

Die Lammkeulen zunächst in einer Marinade baden – am besten ein, zwei Tage lang. Dafür die Kräuter mit den gehackten Knoblauchzehen, Öl, Pfeffer und Salz verrühren. Die Keulen in eine ausreichend große Plastiktüte stecken, die Marinade zufügen. Den Beutel nun so verschließen, daß alle Luft herausgedrückt und das Fleisch überall von Marinade erreicht wird.

Zum Grillen die Keulen auf Spieße stecken, mit Küchenzwirn gut zum Päckchen verschnüren, damit nichts absteht und vorzeitig verbrennt, und dann geduldig unter ständigem Drehen an der Holzkohlenglut garen.

3

TARTE AUX POMMES

APFELKUCHEN

Für eine Form von 26 cm Durchmesser:
Mürbeteig:
250 g Mehl, 150 g Butter,
1 Ei, 75 g Zucker,
etwas abgeriebene Zitronenschale
Füllung:
2 Eigelb, 60 g Zucker,
100 g gemahlene Mandeln,
100 g Crème fraîche,
ca. 1 kg Äpfel, Zitronensaft
Außerdem:
Butter für die Form und für Flöckchen,
50 g Zucker zum Bestreuen

Aus Mehl, Butter, Ei, Zucker und Zitronenschale rasch einen Teig kneten und eine halbe Stunde kalt stellen. Die Eigelb mit dem Zucker dick und cremig rühren, Mandeln und Crème fraîche untermischen.
Die Äpfel schälen, vierteln, das Kerngehäuse entfernen, die Viertel in schmale Scheibchen schneiden. Mit Zitronensaft beträufeln, damit sie sich nicht verfärben. Eine eingefettete Form mit Teig auslegen. Die Creme darauf verteilen. Die Apfelscheibchen auf der Oberfläche so verteilen, daß sie ein ordentliches Muster ergeben. Mit Zucker bestreuen und mit Butterflöckchen belegen. Im 250 Grad heißen Backofen (starke Unterhitze) etwa 35 bis 40 Minuten backen.

2

3

Herzbube: Hieb und Stich im alten Bahnhof

Natürlich ist das kleine Häuschen an der Straße zwischen Selestat und Schirmeck in Val de Villé schon lange kein Bahnhof mehr. Die Bahnlinie, früher einmal wichtige Verbindung für die Textilindustrie in den Vogesen, existiert nicht mehr. Schon vor Jahrzehnten war der ehemalige Bahnhof zur einfachen Bierkneipe umfunktioniert worden und stand dann viele Jahre lang leer, ehe er endlich feilgeboten wurde.

Der Schlettstädter Jean-Pierre Egert, jahrelang Kellner im »Fer Rouge« in Colmar, hatte sich schon als ganz junger Mann geschworen: Mit 30 hast du dein eigenes Restaurant. Genau dieser Termin war fällig, als er die Anzeige in der Zeitung las. Wie gut, daß er jung genug war, die Ärmel hochzukrempeln, um die Bruchbude mit hoher Eigenleistung zu sanieren. Er modelte das winzige Häuschen total um, riß Wände heraus, baute Küche und Keller ein. Wo es früher zwei winzige Wirtsstübchen gab,

Jean-Pierre Egert läßt keine Korken knallen. Als Mitglied der »Confrérie du Sabre d'Or« schlägt er der Champagnerflasche kunstgerecht und splitterfrei den Kopf ab

ist heute ein einziger Gastraum, in den die Eingangstür direkt und ohne Umwege führt – sechs bis acht Tische, Platz für nicht mehr als 30 Gäste.
Der Erfolg stellte sich erstaunlich rasch in dem putzigen Häuschen ein. Das »Au Valet de Cœur« war ein Volltreffer: Schon nach zwei Jahren belohnte der Guide Michelin den »Herzbuben« mit einem Stern. Als der damalige Küchenchef sich seinerseits mit einem eigenen Restaurant selbstständig machte, hatte Egert das Glück, einen angemessenen Nachfolger zu finden: Dominique Nadeau ist genau der Richtige für das kleine Restaurant! Der junge Provenzale ist Koch nicht nur mit ganzem Herzen, sondern auch mit dem nötigen Ehrgeiz, um Karriere zu machen. Seine Gerichte sind leicht und voller Phantasie, sie beeindrucken mit mediterranen Düften und leuchten in kraftvollen Farben. Dabei ist er von hingebungsvoller Sorgfalt: Nicht nur das Gebäck zum Kaffee ist selbstverständlich hausgemacht, auch das Brot wird jeden Morgen frisch gebacken.
Jean-Pierre Egert kümmert sich indessen mehr um den Wein. Natürlich liegen im Keller Flaschen aus den besten Häusern, die das Elsaß zu bieten hat. Seine Liebe jedoch gehört dem Champagner. Seit man ihn zum Chevalier de la Confrérie du Sabre d'Or geschlagen hat, einer Vereinigung von Champagnerfreunden, Winzern, Restaurateuren, Hoteliers und Händlern, die sich als Botschafter dieses edlen Getränks empfinden. Statt den Korken knallen zu lassen, schlagen sie mit beherztem Hieb der Flasche mitsamt dem Korken gleich den ganzen Kopf ab – dann sprudelt's mächtig: à votre santé!

2

1

TABOULÉ SAUCE TOMATE

COUSCOUS-SALAT AUF TOMATENSAUCE

Der körnige Couscous-Grieß ist eine Bereicherung ihrer Speisekarte, die die Franzosen den Arabern verdanken. Der Grieß aus Hartweizen mußte früher auf aufwendige Weise vorbereitet, eingeweicht und schließlich gedämpft werden – heute kauft man ihn bereits küchenfertig und kann ihn direkt aus der Packung verwenden. Zum Beispiel für einen Salat. Im *Valet de Cœur* serviert man ihn als sogenanntes *Amuse bouche*, als kleines Häppchen zum Apéritif vorneweg:

Für vier Personen:
je 1 EL winzig fein gewürfelte Möhre, Lauch und Sellerie,
150 g Couscous-Grieß,
1 Schalotte, 1 Knoblauchzehe, Petersilie und Dill,
150 g Tiefseekrabben (in Lake eingelegt), Zitronensaft, Salz, Pfeffer,
1–2 EL Olivenöl
Tomatensauce:
gut 1/8 l Olivenöl, 1 Zwiebel, 2–3 Knoblauchzehen, 250 g Tomaten, 2 Thymianzweige, Salz, Pfeffer

Möhre, Lauch und Sellerie eine Minute lang in einem Sieb in kochendes Wasser halten, dann eiskalt abschrecken. Mit dem Grieß mischen. Fein gehackte Schalotte, Knoblauch, Petersilie und Dill sowie grob gehackte Krabben untermischen, dabei mit Zitronensaft, Salz, Pfeffer und Öl anmachen. Etwas durchziehen lassen, bevor angerichtet wird.
Für die Tomatensauce in etwas Öl gehackte Zwiebel, Knoblauch und grob gehackte Tomaten andünsten. Thymian zufügen, salzen und pfeffern. 30 Minuten köcheln, durch ein Sieb streichen und mit dem restlichen Öl im Mixer aufschlagen.

1

3

4

2

BAGUETTES ET PETITS PAINS

STANGENWEISSBROT UND BRÖTCHEN

Für 2 Baguettes und 12 Brötchen:
1 kg Mehl, 1 Würfel Hefe,
ca. 1 l lauwarmes Wasser, 1 EL Salz

Das Mehl in die Rührschüssel der Küchenmaschine füllen. Die Hefe zerbröckeln, in einer Tasse Wasser auflösen. Zum Mehl gießen und mit etwas Mehl vermischen. Zudecken und etwa eine halbe Stunde gehen lassen.

Das Salz zufügen, die Maschine einschalten und bei laufendem Knetarm langsam, in stetem, aber dünnem Strahl das Wasser angießen. Nicht alles auf einmal, denn wieviel genau nötig ist, hängt von der Mehlbeschaffenheit, vom Klima, von der Luftfeuchtigkeit ab.

Der Teig ist fertig, wenn er sich glatt vom Schüsselrand löst und weich, nicht mehr klebrig wirkt. Zugedeckt eine Stunde gehen lassen. Den Teig dann von Hand auf der Arbeitsfläche noch einmal durchwalken. Brote oder Brötchen formen. Die Brötchen kreuzweise einritzen oder mit einem Teigornament verzieren. Baguettes schräg einritzen, damit sie schön aufplatzen. Auf einem bemehlten Backblech noch einmal, mit einem Tuch zugedeckt, eine halbe Stunde gehen lassen.

Die Baguettes bei 220 Grad etwa 35 Minuten backen, die Brötchen sind schon nach 20 Minuten fertig. Besonders knusprig werden sie, wenn man sie wenige Minuten vor Ende der Backzeit gleichmäßig mit kaltem Wasser einpinselt.

3

SALADE DE HOMARD AUX POMMES DE TERRE ET PASSE-PIERRES

HUMMERSALAT MIT KARTOFFELN UND QUELLER

Ein vergessenes Gemüse, das über Frankreich wieder in Mode kommt: zartgrün, wunderbar knackig und salz-würzig, der Form und des Aromas wegen auch Meeresböhnchen genannt, richtig jedoch Queller geheißen. Es wächst auch bei uns wild, in brackigen, häufig vom Meer überschwemmten Wiesenhängen, aber leider erntet es niemand.

Für vier Personen:
1 kleiner bretonischer Hummer (siehe Anmerkung),
300 g frisch gekochte Salatkartoffeln,
250 g Queller (oder zarte Böhnchen),
150 g Pfifferlinge, 1 EL Öl,
Salz, Pfeffer,
Petersilie
Nußöl-Vinaigrette:
2 EL Sherry-Essig,
Salz, Pfeffer,
1 Messerspitze scharfer Senf,
6 EL Nußöl

Den Hummer kopfüber in kochendes Salzwasser geben. 20 Minuten auf kleinstem Feuer ziehen lassen. Das Fleisch auslösen und in mundgerechte Stücke schneiden.

Die Kartoffeln in dünne Scheiben schneiden. Den Queller putzen, harte Stellen entfernen, das Gemüse in sprudelnd kochendem Salzwasser in etwa fünf bis acht Minuten (je nach Größe) knackig garen.

Die Pfifferlinge in etwas Öl einige Minuten dünsten, dabei salzen und vor allem ordentlich pfeffern.

Die Zutaten für die Vinaigrette mit dem Schneebesen aufschlagen. Das Hummerfleisch damit würzen. Kartoffeln, Queller und Pfifferlinge mit dem Rest anmachen. Dabei die sehr fein gehackte Petersilie darüberstreuen. Den Salat auf Vorspeisentellern anrichten, die lauwarmen Hummerstücke darauf plazieren.

Anmerkung: Küchenchef Nadeau dekoriert diesen Teller mit getrocknetem Hummerrogen. Diesen findet er nur bei Hummer von der Bretagne. Er kocht ihn zunächst wie oben beschrieben, löst dann die Eier aus, die er auf einem Blech ausgebreitet im milde geheizten Ofen eine halbe bis ganze Stunde trocknet. Die roten Pünktchen auf dem Teller sehen hübsch aus und verströmen einen appetitlichen Meeresduft. Er mischt die roten Brösel mit winzig fein gehackter Petersilie und setzt so grüne Farbakzente.

4

RAVIOLES D'ESCARGOTS AUX POINTES D'ASPERGES

SCHNECKEN-RAVIOLI MIT SPARGELSPITZEN

Für vier bis sechs Personen:
Nudelteig:
2 Eier, 1 Eigelb, ca. 250 g Mehl, Salz
Außerdem:
500 g Tomaten,
2 Knoblauchzehen,
1 Zwiebel, Salz, Pfeffer,
24 bis 36 Weinbergschnecken,
2–3 EL Kräuterbutter, 1 Eiweiß
Spargelsauce:
500 g grüner Spargel, Salz,
75 g Butter, Zucker,
je 1 TL fein geschnittener Schnittlauch, Petersilie und Kerbel, Pfeffer, Zitronensaft

Die Eier mit soviel Mehl verkneten, bis ein weicher Nudelteig entstanden ist, dabei salzen. Zugedeckt ruhen lassen.

Tomaten, Knoblauch und Zwiebel grob hacken, in einen Topf füllen, salzen und pfeffern. Eine Stunde leise köcheln. In einem Sieb gründlich abtropfen, das trockene Tomatenfleisch schließlich durch ein Sieb streichen.

Die Hälfte des Teigs dünn ausrollen. In exakten Abständen jeweils einen Klecks Tomatenpüree setzen, darauf eine Schnecke mit etwas Kräuterbutter betten. Die Teigflächen dazwischen mit Eiweiß einpinseln.

Die zweite Teighälfte ebenso dünn ausrollen und auf die belegte Teigfläche breiten. Mit einem Messer oder Teigrädchen Ravioli ausschneiden. Dabei rund um die Füllung gut zusammendrücken. Die Ravioli in Salzwasser in drei bis vier Minuten garen. Vor dem Servieren gut abtropfen lassen.

Für die Sauce die Spargelstangen klein schneiden, die Spitzen beiseite legen. Die Spargelstücke in wenig Wasser mit etwas Salz, einem Löffel Butter und einer Prise Zucker sehr weich kochen – im offenen Topf, damit die schöne, grüne Farbe auch erhalten bleibt.

Die Spargelspitzen bündeln und im selben Wasser nur wenige Minuten garen, damit sie schön knackig bleiben.

Die Spargelstücke im Mixer pürieren, dabei stückchenweise die eiskalte restliche Butter sowie die Kräuter zufügen. Die nunmehr cremige Sauce mit Salz, Pfeffer und einem Hauch Zitronensaft abschmecken.

Zum Servieren die Ravioli auf Tellern anrichten, mit Sauce übergießen, und mit Spargelspitzen dekorieren.

Küchenchef Nadeau setzt in die Tellermitte noch gedünstete Pfifferlinge.

1

FILET D'OMBLE CHEVALIER POÊLÉ AUX LAITUES

SAIBLINGSFILET AUF GESCHMORTEM SALAT

Für uns ist geschmorter Kopfsalat schon ungewöhnlich genug. Hier wird er außerdem noch zusammen mit Rettich geschmort – das Ergebnis ist wirklich umwerfend!

Für vier Personen:
Saiblingsfilet und Sauce:
1 Saibling (ca. 700 g), 1 Lauchstange, je 3 Thymian- und Petersilienzweige, 2 Lorbeerblätter, 6 Pfefferkörner, 3/4 l Wasser, 150 g Crème fraîche, 1 Messerspitze Currypulver, Salz, Pfeffer, 3–4 EL Öl zum Braten
Kopfsalatgemüse:
2 Kopfsalate, Salz, 1 Möhre, 1 Zwiebel, 1 weißer Rettich, 3 EL Butter, 1/8 l Kalbsfond, Pfeffer, 1 EL fein gewürfeltes Tomatenfleisch, 2 EL Schnittlauchröllchen

Den Saibling filieren. Die Haut unbedingt dran lassen. Kopf und Gräten sowie fein geschnittenen Lauch, Kräuter und Gewürze mit Wasser bedecken. Etwa drei bis vier Stunden zu einem kräftigen Sud auskochen. Es braucht nur noch etwa 1/8 Liter übrig zu bleiben. Durch ein Sieb filtern, die Crème fraîche zufügen, mit Curry würzen und nur noch so lange köcheln, bis die Sauce die richtige Konsistenz erreicht hat.
Die Filets salzen und pfeffern. In einer Pfanne im heißen Öl auf der Hautseite schön kroß braten, umdrehen und nur sekundenlang auch auf der Fleischseite nachziehen lassen.
Für das Gemüse die Kopfsalate von unschönen Außenblättern befreien, die Köpfe vierteln und kurz in kochendes Salzwasser tauchen. Eiskalt abschrecken. Möhre, Zwiebel und Rettich winzig klein würfeln, in der Butter andünsten. Die Salatviertel zufügen, mit Kalbsfond benetzen und auf mittlerem Feuer 20 Minuten leise schmoren. Erst kurz vor dem Servieren mit Salz und Pfeffer abschmecken, das Tomatenfleisch und den Schnittlauch unterrühren.
Wie auf dem Photo (oben) gezeigt, die verschiedenen Bestandteile des Gerichts hübsch anrichten.

2

LE FILET D'AGNEAU RÔTI DANS L'ARGILE

LAMMFILET IM TONMANTEL GEBRATEN

Den Ton gibt's beim Töpfer oder im entsprechenden Bastelgeschäft. Er hält das Fleisch schön saftig.

Für vier Personen:
4 Lammfilets, ca. 1/8 l Olivenöl, 4 EL Semmelbrösel, 4–5 Knoblauchzehen, 4 EL gehackte Petersilie, Salz, Pfeffer
Lammsauce:
1 kg Lammknochen, 2 EL Tomatenmark, 2 Bund Suppengrün, 1 TL Pfefferkörner, je 1/2 TL Piment- und Wacholderbeeren, 2 Lorbeerblätter, 2 Thymianzweige, 2 Rosmarinzweige, Petersilienstengel, 1/2 l Rotwein, 100 g Butter

Die Lammfilets sorgfältig parieren und 24 Stunden in Olivenöl legen. Vor dem Braten die Filets in einer Mischung aus Semmelbröseln, gehacktem Knoblauch, Petersilie, Salz und Pfeffer wenden. So vorbereitet in Ton einwickeln – es darf nirgends eine Öffnung sein (großes Photo.)
Für die Sauce die Lammknochen in einem breiten Topf kräftig anrösten, das Tomatenmark zufügen und mitrösten. Schließlich das gehackte Gemüse zufügen, die Gewürze und Kräuter und mit Wein ablöschen. Sobald die Flüssigkeit eingekocht ist, mit Wasser bedecken und köcheln, bis wieder alles verkocht ist. Diesen Vorgang drei- bis viermal wiederholen. Den konzentrierten Sud dann durch ein Sieb filtern. Zum Servieren schließlich aufkochen, die Butter in Stückchen zufügen und mit dem Mixstab einarbeiten, bis die Sauce cremig ist.
Den Tonmantel erst bei Tisch aufschlagen, die Filets schräg in Scheiben schneiden und mit der Sauce auf Tellern anrichten. Im »Valet de Cœur« serviert man dazu entzückende Mini-Gemüse, gefüllt mit einer würzigen Ratatouille.

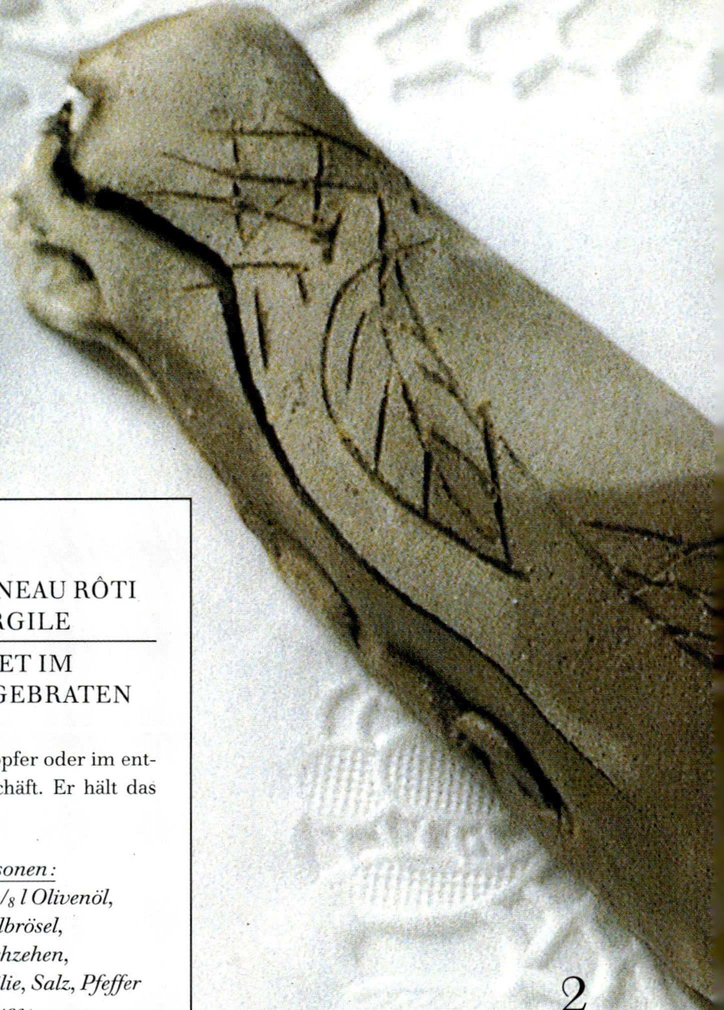

2

1

2

3

3
DÉLICES AUX ABRICOTS
APRIKOSENTÖRTCHEN

Die sehr aufwendige Patisserie-Konstruktion ist hier für den Hausgebrauch ein wenig vereinfacht. Um das Original zu probieren muß man eben ins *Val de Villé* reisen ...

Für acht Personen:
Biskuitteig:
2 Eier, 60 g Zucker, 50 g Mehl, 30 g Butter

Aprikosencreme und Aprikosensauce:
1 kg reife Aprikosen, 125 g Zucker, 5 Blatt Gelatine, 1/4 l Sahne

Das Eigelb mit dem Zucker dick und hell schlagen, das Mehl darübersieben, die geschmolzene Butter zufügen und schließlich den steif geschlagenen Eischnee unterziehen. Diesen Teig in acht Portionsförmchen verteilen. Im auf 180 Grad vorgeheizten Ofen etwa zehn Minuten backen. Aus den Förmchen auf ein Tuch stürzen, mit einem Tuch bedeckt auskühlen lassen.
Inzwischen die Aprikosen entsteinen und in Stücke schneiden, mit dem Zucker vermischt aufkochen. Nach zehn Minuten, wenn die Früchte sich nahezu aufgelöst haben, durch ein Sieb streichen. Unter eine Hälfte dieser Portion die eingeweichte Gelatine rühren und fest werden lassen. Die andere Hälfte als Sauce in einem Krug beiseite stellen.
Bevor das Gelee erstarrt, die steif geschlagene Sahne unterziehen. Die Teigböden wieder in die Förmchen legen, diesmal die Unterseite nach oben. Das Aprikosengelee darauf verteilen und im Kühlschrank fest werden lassen.
Die Törtchen aus den Förmchen lösen und zusammen mit der Aprikosensauce hübsch angerichtet servieren.

Schöngeist und Winzer

Der Eingang zum Keller des Weinguts Josmeyer in Wintzenheim ist ein prächtiges, reich geschnitztes Holzportal (siehe Seite 6/7). »1946 ist bei uns die gesamte Ernte erfroren«, erklärt der Hausherr, Jean Meyer, lakonisch, »es gab nur ein einziges kleines Faß voll Wein. Und damit die Leute beschäftigt waren, hat sie mein Vater einen neuen Keller graben lassen.« Für das Gut Josmeyer & Fils – das seinen Namen übrigens dem

Vorfahr Joseph verdankt, der dem Nachnamen zur besseren Unterscheidung die Abkürzung Jos. vorangesetzt hatte – ein Glücksfall, denn was man damals baute, ist auch heute noch praktisch und zeitgemäß. Und schön, wie das herrschaftliche Tor beweist.
Damals war der kleine Jean gerade eben zwei Jahre alt. Einundzwanzig Jahre später hatte er sein Studium an den Weinbauschulen in Beaune und Dijon abgeschlossen und war nach Hause zurückgekehrt, als sein Vater eines Abends sagte: »Ab jetzt machst du den Wein«. Sprachs, und betrat fortan nicht mehr den Keller. Er überließ tatsächlich dem Greenhorn sämtliche Verantwortung. Und noch heute ist Jean Meyer stolz, daß er ausgerechnet für seinen Sylvaner, den Tokay und den Muscat bereits im allerersten Jahr in Paris Preise einheimsen konnte. Denn der Papa war zwar nie ein Freund vom Sylvaner, aber immer stolz auf seine feingliedrigen Tokay und Muscat gewesen.
Generationenstreit mußte Jean Meyer also niemals austragen. Auseinandergesetzt hat er sich dafür um so mehr mit dem Wein. »Man muß mit dem Wein

kämpfen«, sagt er feurig, »aber wie in einem Turnier, im edlen Wettstreit, nicht wie in der Schlacht!« Und erläutert dies mit einem Beispiel: Ein Samstagabend im Herbst. Der Most liegt in den Fässern, und bevor er zum Essen ausgehen will, bemerkt Jean mit einem kurzen Blick in den Keller, daß die Gärung viel zu heftig ist – das ist nicht gut für den Wein, weil dadurch seine Zartheit, die Finesse, die Eleganz verloren geht. Was tun? »Einfach das Fenster öffnen – ist zu wenig!« In diesem Wettkampf ist ein größerer Einsatz fällig: Also wird ein neues Faß geputzt, in den kalten Hof gelegt und der Wein hineingepumpt, damit er sich wieder beruhigen und langsam abkühlen kann. Und dann ist es eben schon zehn Uhr, bis man endlich zum Essen geht ...
Gewinner in diesem Kampf ist: natürlich der Wein! Denn der Gewürztraminer Jahrgang 89, um den es in diesem Beispiel ging, ist von einer solchen unerhörten Zartheit und Finesse, daß in der Tat kein Aufwand dafür zuviel gewesen wäre: »Er duftet wie eine rote Rose am Morgen im ersten Sonnenstrahl«, lächelt Jean, stolz wie ein Vater, »verrückt! Deshalb habe ich ihn *Les Folastries* genannt.« Ein leicht verrücktes Wortspiel, das sich nur dem erschließt, der die Lyrik des Renaissancedichters Pierre Ronsard kennt.

Die Familie Meyer am Mittagstisch: Jean im Hintergrund mit seiner Frau Odile (rechts) sowie den Töchtern Céline, die noch zur Schule geht, und Isabelle (vorn). Wenn man die schmale, bildschöne Person so sieht, glaubt man nicht, daß sie im Weinberg tatkräftig mit anpackt. Entweder mit Wein oder mit Kunst sollte ihr Beruf zu tun haben, hatte sie sich nach dem Abitur überlegt. Natürlich riet ihr der Papa zum Wein. Und dann traf die Zulassung zur Weinbauschule eine Woche früher als die von der Kunstakademie ein – so etwas nennt man Schicksal. Aber heute, fertig mit der Ausbildung und im väterlichen Betrieb voll engagiert, hat Isabelle den »Entschluß« nicht bereut...: Odile kennt ihren Mann schon seit ihren Kindertagen. Bereits ihr Großvater hat bei Großvater Jos. Meyer Wein gekauft. Das Namensschild links stammt sogar noch aus Urgroßvaters Zeiten, als die Familie zusätzlich zum Weinbau ein Gasthaus in Wintzenheim betrieb, genau gegenüber

Überhaupt liebt es Jean Meyer, seine Weine zu benennen. Ein Tokay, zum Beispiel, heißt *Le Fromenteau*, eine poetische Anspielung auf den altfranzösischen Begriff für *pinot gris*, der sich wiederum aus dem Lateinischen *frumentum* ableitet und nicht nur Getreide, sondern auch Gewächs allgemein bedeutet – und die Anspielung auf das Bukolische im Wort Getreide ist durchaus beabsichtigt. Denn dieser Tokay ist – bei aller Eleganz – bodenständig, durchaus bäuerlich, verträgt auch, wie Meyer sofort im Geiste nachschmeckt, herzhafte Gerichte, eine Pilzterrine mit Knoblauch etwa, auch eine Wildpastete.
Oder, noch ein Beispiel, der Riesling *Le Kotabe*, mit seinem ausgeprägten Duft nach Weinblüten, Cassisblättern und Stachelbeeren, dessen Name er von einem Spiel der alten Griechen ableitet, in dem ein kraftvoller Wein eine Rolle spielt ... natürlich sinnt er unverzüglich über das passende Gericht auch hierzu nach. Jean Meyer findet überhaupt, daß Wein niemals alleine getrunken werden sollte, sondern stets mit dem richtigen Essen kombiniert. Erst dann entsteht die vollkommene Harmonie!
»Es ist Mode geworden, Weine durch Chaptalisieren (Zuckern des Mostes, um mehr Alkohol zu bekommen) oder mit Restsüße üppig und gefällig zu machen. Sie bekommen bei den Proben die besten Noten. Ich mag das nicht, das ist nicht mein Stil«, sagt Meyer und verzieht das Gesicht. »Je älter ich werde«, lächelt er fein, »desto weniger finde ich es erforderlich, zu chaptalisieren. Weine mit Struktur, Inhalt und genügend Säure haben das nicht nötig!«
Er hat gut reden! Seine 16 Hektar liegen in hervorragenden, zum Teil in besten Lagen. Im *Hengst* beispielsweise, dem schmalen, wie eine Pferdenase langgestreckten Hang südlich von Wintzenheim (Kalkböden), sitzen die Josmeyer-Reben exakt im Zentrum, im allerbesten Herzstück. Aber auch im *Brand* (bei Turckheim, Granitsandboden) und im *Herrenweg* (bei Eguisheim, Schiefer, Schwemmsand und immer wieder ein Streifen Kalkboden dazwischen) hat er Reben stehen – alles wahre, großartige Grands Crus, in des Wortes ursprünglicher Bedeutung.

Was auf dem Photo rechts wie ein Regal aussieht, ist die kunstvolle Stirnverstrebung, die sogenannte Garnitur, eines alten Fasses vom Urgroßvater, das 10 000 Liter fassen konnte. Von einem Küfer aus Schiltigheim, mit dem sinnigen Namen Fruhinsholz

Odile und Jean Meyer im Weinberg

Blick von der berühmten Lage »Hengst«

Hier steckt der Reichtum der Elsässer Winzer

Nur große Fässer kommen in Frage

Künstleretiketten für die großen Weine

1

TARTE À L'OIGNON

ZWIEBELKUCHEN

Der Belag gehört in Monsieurs Arbeitsbereich. Für den Teig ist Madame zuständig. Sie bereitet gleich eine vierfache Portion zu – so gibt's zum Nachtisch eine süße Tarte, und man hat schon für die nächsten Tage die Basis für zwei weitere Kuchen. Süß oder salzig spielt keine Rolle (Rezept unten rechts).

Für eine Form von 24 cm Durchmesser:
1 kg Zwiebeln, 2–3 EL Öl, ca. $^{1}/_{8}$ l Milch,
2 El Grieß, 1 Ei, Salz, Pfeffer,
Butter für die Form,
$^{1}/_{4}$ Portion Mürbeteig,
100 g durchwachsener Speck
in Scheiben

Die Zwiebeln schälen, in Ringe hobeln. In etwas Öl langsam weich dünsten, nicht bräunen. Milch zufügen und etwas einkochen. Die Zwiebelmasse mit Grieß und Ei binden, mit Salz und Pfeffer würzen. Eine eingefettete Tarte-Form mit Teig auskleiden. Die Zwiebelmasse darauf verteilen. Die Speckscheiben in fingerbreite Streifen schneiden und auf der Oberfläche verteilen. Den Kuchen bei 250 Grad etwa 25 bis 30 Minuten backen.

2

CUISSES DE GRENOUILLES FAÇON JEAN MEYER

FROSCHSCHENKEL NACH ART DES HAUSES

»Ich liebe die *cuisine rapide et goûteuse*«, erklärt Jean Meyer in schönstem Elsässer Deutsch, die schnelle und schmackhafte Küche – wer möchte da widersprechen?

Für sechs Personen:
24 Paar küchenfertige Froschschenkel
(z. B. tiefgekühlt), Mehl zum Wenden,
2 EL Olivenöl, 2 EL Butter, Salz,
Pfeffer, $^{1}/_{4}$ l Gewürztraminer,
2–3 große Fleischtomaten,
je 2 Zweige Thymian, Rosmarin,
Petersilie, 3–4 Knoblauchzehen

Die Froschschenkel in Mehl wenden und in einem Gemisch von Öl und Butter anbraten, dabei salzen und pfeffern. Mit Wein ablöschen. Die gehäuteten, entkernten und grob gehackten Tomaten zufügen. Die Kräuterstiele hineinlegen (Petersilienblättchen vorher abzupfen), den Knoblauch durch die Presse hinzudrücken. Einige Minuten köcheln, bis sich alles zu einer schönen Sauce verbunden hat. Gehackte Petersilie unterrühren. Dazu passen schmale Bandnudeln.

3

TARTE AUX ABRICOTS

APRIKOSENKUCHEN

Für eine Form von 24 cm Durchmesser:
$^{1}/_{4}$ Portion Mürbeteig (Seite 00),
Butter für die Form, 2 kg Aprikosen,
1 Ei, $^{1}/_{8}$ l Sahne, 75 g Zucker,
75 g gehackte Mandeln

Den Teig dünn ausrollen, die gefettete Form damit auslegen. Die Aprikosen entsteinen, dicht an dicht, die Außenseite nach oben, auf dem Teigboden anordnen. Im 250 Grad heißen Ofen etwa zehn Minuten vorbacken.
Inzwischen Ei, Sahne und Zucker verquirlen und über die Früchte verteilen. Erneut für zehn Minuten in den Ofen schieben. Erst jetzt die Mandeln auf dem Kuchen verteilen und weitere zehn Minuten fertigbacken.

4

PÂTE BRISÉE

MÜRBETEIG

Für vier Kuchen von 24 cm Durchmesser:
500 g Mehl, 300 g Butter, 1 Ei,
1 Prise Salz, 1 EL Zucker,
1 Gläschen Wasser

Das Mehl auf die Arbeitsfläche häufen. In die Mitte eine Vertiefung drücken. Auf den Rand rundum die Butter in Flöckchen verteilen. In die Mitte das Ei, Salz und Zucker geben. Mit einer Gabel zunächst verquirlen, dabei Mehl vom Rand einarbeiten. Dann rasch mit kühlen (!) Händen, möglichst sogar nur mit den Fingerspitzen, einen Teig kneten, dabei so viel Wasser zufügen, wie nötig.
Wichtig ist, daß der Teig nur ganz kurz und nur lose vermengt, nicht richtig durchgearbeitet wird. Denn die Butter darf nicht warm werden!
Den Teig zu einer Kugel geformt eine halbe Stunde kalt stellen. Dann die Kugel zu einem Rechteck ausrollen, dieses Teigband dritteln und übereinanderschlagen. Erneut ausrollen.
Den Teig in vier Portionen teilen und nach Belieben verwenden.

4

Straßburg: Münster und Märkte

Beschwingt biegt man, angetan von den anheimelnden Fachwerkhäusern, dem behäbig strömenden Ill, den herrlichen Dächern mit ihren Gauben, in die *Rue Mercière:* Das Münster, atemberaubend, eine ungeheure Wand aus rotem Stein! Überwältigend, aber dennoch filigran ragen Fassade und Turm über die Häuser. Würde und Herrlichkeit strahle das Münster aus, hat Goethe bemerkt, das Erhabene sei hier mit dem Gefälligen in Bund getreten.

Die Kathedrale Unserer Lieben Frau: 1276 beginnt man mit dem Portalgeschoß. Unter Erwin von Steinbach, dem Leiter der Bauhütte, der obersten des Deutschen Reichs, in der Handwerker aus ganz Europa tätig sind, entsteht die riesige, so durchsichtige Rosette. 1439 findet der Bau mit der Vollendung des Turms seinen Abschluß. Eines der Meisterwerke gotischer Baukunst!

Das Münster war, dem Geist der Zeit entsprechend, zum Lobe Gottes errichtet worden – aber auch als Beweis des Ansehens der Bürgerschaft! Die hatte – Straßburg war in der Zeit der Mystik und des Humanismus nicht nur ein Zentrum des geistigen Lebens, sondern auch des Handels und des Handwerks – den Bischof als obersten Stadt- und Bauherrn ersetzt und sich den Status einer freien Reichsstadt errungen. Das Münster ist eine Leistung der ganzen Bürgerschaft, der freilich allerlei Frondienste auferlegt wurden. Aber dadurch wurde es um so mehr ihr Gotteshaus – der Mittelpunkt des alltäglichen Lebens der Stadt. Vor dem Münster leisteten die Zünfte ihre Eide, wurden die Gesetze verlesen. Im die gesamte Einwohnerschaft leicht fassenden Innenraum fanden Gottesdienste wie die Bürgerversammlungen statt. Und erst Ende des 15. Jahrhunderts verloren die Schweinehirten das heute unbegreifliche Recht, ihre Schweine durch das Querschiff auf den Markt zu treiben ...

Denn natürlich waren die Märkte rund ums Münster versammelt: Der Fischmarkt am Ill, ein paar Meter weiter die stattliche Metzig, das Schlachthaus, daneben der Ferkelmarkt. Vom Münster führt die *Rue Mercière*, die Krämergasse, zur *Place Gutenberg*, dem ehemaligen Kräutermarkt; der Münsterplatz selbst war Obst- und Gemüsemarkt.

Heute findet neben dem Bischofspalais, dem *Hôtel de Rohan*, samstags der Bio-Bauernmarkt statt, mittwochs und samstags in der *Rue du Vieil Hôpital* der Flohmarkt – dort kann man auch heute noch so mancherlei Skurriles und Schönes zu relativ erschwinglichen Preisen finden.

Rund um das Münster liegen auch die Weinstuben. Nicht alle sind alt – einst war Straßburg ja Bierstadt (noch heute wird der größte Teil des französischen Biers hier gebraut – seinen Ruf besonderer Qualität indes hat es verloren). Die Weinstuben bekamen erst im 19. Jahrhundert größere Bedeutung.
Heute kann man wählen, wo man sein »Kragenspülerle« nimmt: Im *Strissel*, in der *Zehner Glock*, bei den *Pfifferbriadern*, im zu neuem kulinarischen Glanz erwachten *Münsterstüwwel*, im *Hailich Graab*, *Au Clou*, *Chez Yvonne* ...

Hier ist Straßburg, was längst nicht überall der Fall ist, dreisprachig: Französisch, Elsässisch und Deutsch klingt durcheinander. Auch in »La Petite France«, dem ehemaligen Gerberviertel am Ill, wo in zig Restaurants touristische Sauerkraut-, Schnecken- und Gänseleberorgien gefeiert werden. Einmal im Monat allerdings wird es für vier bis fünf Tage geradezu babylonisch: Dann versammelt sich hier nämlich das Plenum des Europäischen Parlaments (die Ausschüsse tagen ja in Brüssel).

Als Sitz des Europarates und des Europäischen Gerichtshofes hat Straßburg bereits seit den frühen 50er Jahren einen großen Schritt nach Europa getan. Jetzt kämpft es mit Brüssel, das neben Kommission und Ministerrat auch noch das Abgeordnetenhaus haben will. Ob es gelingt? Straßburg jedenfalls setzt, trotz Öffnung nach Osten auf auf den großen Markt Europa – und zitiert gerne Ronald Reagan, der 1985 Straßburgs Herz und Straßburgs Hoffnungen in Verbindung brachte: »Diese Kathedrale ist Europa!«

1

SALADE BURJERSTUEWEL

SALAT NACH ART DES HAUSES

Pro Portion:
1 Fleischwurst (Cervelat), 100 g Schweizer Käse in Scheiben, 1 EL scharfer Senf, 1 EL Essig, Salz, Pfeffer, 2–3 EL Öl, Petersilie und Schnittlauch

Die Wurst längs halbieren und auf einem Vorspeisenteller anrichten. Den Käse in feine Streifen schneiden und in die Mitte häufen. Senf, Essig, Salz, Pfeffer und Öl verquirlen und über den Käse gießen. Mit gehackter Petersilie und Schnittlauchröllchen bestreuen. Mit Tomatenschnitzen, Eiervierteln und Salatherzen anrichten. Dazu frisches Brot reichen.

2

SAUMAWE (ESTOMAC DE PORC FARCI)

GEFÜLLTER SAUMAGEN

Für zehn Personen:
1 Schweinemagen, grobes Salz, 300 g Schweinehack, 100 g Butter, 250 g gepökelter Halsgrat, 5 Kartoffeln, 2 Zwiebeln, 1 große Möhre, 1 Lauchstange, je 3–4 Petersilien- und Thymianzweige, Salz, Pfeffer, Majoran, 2 Eier, ca. 1/2 l Wasser, 1/4 l Weißwein, 1 EL Mehl und 2 EL Butter zum Binden der Sauce

Den Magen gründlich waschen, mit Salz innen und außen abreiben und noch einmal gut ausspülen.
Das Hackfleisch in einem breiten Topf in etwa 50 Gramm Butter kräftig anbraten. Halsgrat in zentimetergroße Würfel schneiden. Kartoffeln, Zwiebeln, Möhre und Lauch putzen, ebenfalls zentimetergroß würfeln. Alles zum Hackfleisch geben. Die abgezupften Petersilienstengel und die Thymianzweige zufügen. Salzen, pfeffern und mit Majoran würzen. Zugedeckt etwa 10 bis 15 Minuten leise dünsten. Abkühlen lassen, die Kräuterstiele entfernen und erst dann die Eier und fein gehackte Petersilienblätter untermischen. Diese Farce in den vorbereiteten Schweinemagen füllen, ihn zubinden oder zunähen.
In einem Bratentopf in der restlichen heißen Butter auf allen Seiten anbraten; erst wenn das Stück rundum golden wirkt, mit Wasser und Wein ablöschen. Im 175 Grad heißen Ofen ohne Deckel etwa zwei bis zweieinhalb Stunden schmoren. Dabei immer wieder mit Bratensaft beschöpfen.
Für die Sauce den Bratenfond auf ein Drittel reduzieren, mit Mehlbutter binden und abschmecken.

1

2

Königin der Weinstuben: Yvonne vom Burjerstuewel

Wer sich nicht anmeldet, braucht gar nicht erst zu kommen. Denn bei Yvonne Haller ist Abend für Abend die Bude voll. Offiziell verfügt die gemütliche Stube über 70 Plätze. Aber: »Gestern abend«, lacht Yvonne, »hatte ich hier wieder mal 140 Gäste sitzen und 20 bis 30 standen mit dem Glas in der Hand auf der Straße. So machts's mir Spaß!« Die Gäste lieben's auch, sonst würden sie sich kaum so geduldig anstellen. Denn zu essen gibt's natürlich nur am Tisch. Die Speisekarte bietet Weinstuben-Spezialitäten, vom Zwiebelkuchen bis zur hausgemachten Gänseleber; und je nach Saison und Angebot drei bis vier Tagesgerichte. Zum Beispiel Hecht auf Sauerkraut, Ochsenmaulsalat oder heiße Cervelat (die typische, geknofelte Fleischwurst).
Heute stehen mit Küchenchef Theo Engel vier Mann in der Küche. Früher hat Yvonne selbst gekocht. Damals, vor vierzig Jahren, als sie als blutjunge Frau von Metz nach Straßburg kam, hatte sie die Gelegenheit gleich beim Schopf gepackt, als man ihr das kleine Ecklokal in der stillen Seitenstraße nicht weit vom Münster anbot. Mit wenig Mitteln, dafür mit Liebe zum Detail hat sie ihre Weinstube nach Elsässer Art eingerichtet: die typisch gemusterten Tischdecken aus Ribeauvillé (durchaus nicht, wie Fremde denken, aus der Provence!), die weiß-rot-karierten Vorhänge an den Fenstern; später konnte sie sich dann, Stück für Stück, die heute kaum mehr bezahlbaren Stühle leisten, deren Rückenlehnen Elsässer Trachtenfiguren darstellen (siehe auch das zweite Vorsatzbild). Und nie darf das prächtige Blumenbukett fehlen, für das sie weithin berühmt ist.
»In meiner Straße laufen keine Touristen«, sagt Yvonne ebenso gelassen, wie stolz, »aber meine Gäste kommen aus der ganzen Welt«.

Elsässer Stühle und ein prächtiges Bukett

Yvonne, die Wirtin mit Leib und Seele

Chez Yvonne

Ab elf Uhr: gebackener Schinken!

Er ist wirklich die Einkehr wert: der Schinken vom »Hailich Graab«! Jeden Morgen wird er angeliefert, frisch gekocht, vom Metzger aus Bischheim, einem Cousin des Wirts. Der wickelt ihn in Blätterteig und läßt ihn ganz langsam, bei 120, höchstens 150 Grad im Ofen backen. Ungefähr zwei Stunden, genauer kann es Robert Lauck nicht sagen. »Da muß man das Rohr aufmachen und gucken.«

Ab elf steht er bereit zum Anschnitt: zwischen neun und zwölf Kilo schwer, der Teig richtig dunkel und kroß, mit würzigem Schinkensaft durchtränkt. Kenner warten jetzt schon darauf, daß Robert Lauck sein langes, frisch geschärftes Messer zur Hand nimmt. Er schneidet ganz nach Wunsch dicke oder lieber dünne Scheiben (entwickeln mehr Aroma!): safttriefend, appetitlich rosa, die kernige Fettschicht schneeweiß – ein unwiderstehlich delikater Anblick! Schon steht der Korb mit frischem Weißbrot auf dem Tisch, die Schüsselchen mit Meerrettich und Cornichons, der Topf mit scharfem Senf. »Riesling dazu?« Der Wirt ist kein Mann vieler Worte. Wozu auch: Dieser Schinken spricht für sich!

Eine Besonderheit sind die Öffnungszeiten: Ausgerechnet in der von Touristen überfluteten Einkaufsstraße *Rue des Orfèvres*, inmitten der Fußgängerzone um das Münster, findet der hungrige Passant zur besten Mittagszeit die Tür verschlossen. Zwischen eins und kurz nach drei halten die Wirtsleute selber Mittagsruhe. Soviel Zeit muß sein. Und ab acht Uhr abends ist Feierabend! Dazwischen aber herrscht in der kleinen Gaststube Hochbetrieb. Aus den Büros in der Nähe kommen viele Angestellte zum Imbiß zwischendurch oder auf ein Gläschen Wein, bevor es zum Essen nach Hause geht.

1936, als Laucks Vater die Weinstube übernahm, befanden sich an dieser Stelle drei Geschäfte: eines für Eier, eines für Mehl und schließlich noch eine Weinhandlung. Dort, mit gerade vier Tischen in deren gemütlichem Hinterzimmer hat damals alles angefangen.

Ebenso einfach wie gemütlich: karierte Vorhänge filtern das Sonnenlicht. Über der halbhohen, dunklen Täfelung schmücken Photos und Stiche von Elsässer Szenen den Raum

So muß das Prachtstück aussehen, wenn es frisch aus dem Ofen kommt, richtig dunkel gebacken, an manchen Stellen sogar verbrannt. Früher, als man das heute weit verbreitete Fast Food noch nicht kannte, wurden auch zwei bis drei Schinken am Tag verzehrt!

Eine stattliche Anzahl solcher Schinken hat Robert Lauck in seinem Wirtsleben schon aufgeschnitten; wieviele, hat er nie gezählt. Und er ißt ihn immer noch mit Vergnügen ...

Wie gut der Schinken schmeckt, bestimmt der Schweinezüchter. Das richtige Futter und artgerechte Haltung und saubere Arbeit des Metzgers sind wichtig für die Qualität

Stets wird im »Hailich Graab« auch ein Nachtisch bereit gehalten. Meist eine Tarte, eine jener herrlichen, flachen Obstkuchen, wie man sie in Frankreich liebt. Rezept auf Seite 93

Boulangerie-Patisserie
ALIMENTATION
Ferber

Feinste Konfitüren, große Buffets und der berühmte Elsässer Guglhupf

»So eine alte Guglhupf-Form ist eine richtige Persönlichkeit!« sagt Maurice Ferber und fährt mit einer sanften Bewegung die Rillen der schweren Keramikform in seiner Hand entlang. Ein wunderschönes Objekt: außen schwarz verbrannt und durch deutliche Spuren heftigen Gebrauchs gezeichnet, die Glasur innen zwar von filigranem Craquelée durchzogen, aber von dichtem, seidigen Glanz. »Den neuen Formen fehlt der richtige Schwung in den Rippen!« bedauert er. Die Form geradezu zärtlich in seiner Hand drehend, fährt er fort: »Außerdem haben die modernen, maschinengezogenen Formen einen zu dicken Zolgen.« Schmal muß nämlich dieser so genannte Schornstein sein und spitz zulaufen, damit das Loch im Zentrum des Guglhupfs, sein charakteristisches Merkmal, das richtige Maß bekommt: es darf weder zu weit noch zu eng sein. Und so stöbert Maurice Ferber ständig auf Flohmärkten und in Antiquitätengeschäften; denn immer wieder fällt mal eine seiner Kostbarkeiten herunter – sogar noch welche vom Großvater, der in Obermorschwihr Bäcker war! – und ist unwiederbringlich kaputt. »Rund 50 bis 60 Formen brechen pro Jahr, allein beim Ineinanderstapeln im Schrank.« Und sie sind teuer geworden: 600 bis 900 Francs.

Daß die Ferberschen Guglhupfe weit und breit als die besten gelten, unnachahmlich locker in der Krume, nicht zu fett, aber natürlich nicht zu trocken und auch nicht zu süß, das liegt nur zum Teil an seinem selbst ausgeklügelten Rezept, für das ihn seinerzeit schon der Lehrherr gelobt hatte, es liegt auch an den Formen, in denen er sie bäckt: ausschließlich in handgetöpferten.

Buntes Fachwerk in Niedermorschwihr

Auch verblaßte Fassaden haben ihren Reiz

Heimelige Häuschen, schmale Gassen

Das »Maison Ferber« in Niedermorschwihr, nicht weit von Colmar, ist aber nicht nur für seine Guglhupfe berühmt. Seit Christine, die älteste Tochter, in das Geschäft eingestiegen ist, die in Brüssel das Konditorhandwerk, vor allem auch die Kunst des Pralinenmachens erlernt hat, wurde nicht nur die Konditoreiabteilung ausgebaut.
Sie hatte die Idee mit den Konfitüren: Angefangen hatte alles mit einer Riesenmenge Kirschen; zuviel, um sie im Laden zu verkaufen. Und so verabeitete sie sie zu Marmelade. Die Familie hat sie ausgelacht; hier auf dem Land haben doch alle Obst im Garten, es kocht doch jeder seine Marmelade selbst! Zum Schluß war jedoch sie es, die Grund zum Lachen hatte: Ihre ersten 75 Marmeladengläser mit Kirschkonfitüre waren schnell verkauft und brachten schönes Geld. Sie ersann neue Rezepturen, ungewohnte Zusammenstellungen und originelle Würzen, entwickelte Konfitüren, die unverwechselbar waren, die eben keiner zu Hause selber machte, weil sie sehr aufwendig in der Herstellung sind.
Inzwischen hat sie mehr als 175 verschiedene Sorten im Angebot. Alle in hübschen Gläsern mit Schraubverschluß verpackt, den bunte Stoffhäubchen ebenso nostalgisch wie dekorativ verbergen. Und heute werden ihre Gläser in eleganten Läden überall im Elsaß verkauft und sogar in Paris.
Während seiner Bäckerlehre hatte Maurice Ferber an den Wochenenden im damals schon angesehenen Restaurant von *Père Floranc* in Wettolsheim geholfen. Nicht nur, um den schmalen Lehrlingslohn (1,50 Francs die Woche!) aufzubessern, sondern aus Interesse am Kochberuf. Hier lernte er, was es mit Terrinen und Pasteten auf sich hat und holte sich das Rüstzeug für seine spätere Geschäftsidee. An jenen Wochenenden verdiente er 20 Francs – und fühlte sich dabei wie Rothschild höchstpersönlich!
Es war der reine Zufall, als sich Maurice Ferber im Jahre 1959 selbständig machte, daß ihm ausgerechnet in Niedermorschwihr ein kleiner Lebensmittelladen angeboten wurde. Es war nur ein sogenanntes

Fortsetzung Seite 126

10 000 Gläser Marmelade, Konfitüre und süß-sauer eingelegtes Gemüse oder Obst produziert Christine im Jahr, insgesamt rund 170 Sorten. Es handelt sich beileibe nicht um eine industrielle Fabrikation: alles wird im haushaltsüblichen Kupferkessel eingekocht, zum Teil ist das Obst sogar selbstgepflückt oder von den Mitarbeitern gesammelt. Zu 80 Prozent stammen die Früchte, die sie verarbeitet, aus dem Elsaß. Weil Christine sich weigert, tiefgekühltes Obst zu verarbeiten, kann man bestimmte Marmeladen nur zu gewissen Zeiten kaufen. So hat sie ihre Angebotsliste nach Saison eingeteilt. Von Juni bis September gibt es natürlich alles, was der Sommer bietet. Das Erntejahr läuft dann mit Äpfeln, Birnen, Quitten und grünen Tomaten im Oktober aus. Es kommen zum Schluß, im November, die Weintrauben an die Reihe – zum Beispiel Gewürztraminer mit Vanille – phantastische Genüsse, die unglaublich viel Arbeit machen: jede Traube wird einzeln mit einer Nadel entkernt – und im Winter schließlich die Konfitüren aus Bananen, Orangen, Ananas, Passionsfrüchten und anderem exotischem Obst.

Immer mehr macht es Christine Spaß, auf dem Gebiet der süß-sauren Früchte, der Chutneys und Würzsaucen zu experimentieren. Und sie hat immensen Erfolg damit. Es fällt ihr auch viel wirklich Neues ein! Zusammen mit dem Glas liefert sie stets gleich die Empfehlung mit, wozu der Inhalt am besten paßt. Zum Beispiel auf dem Bild: Die Elsässer Sauerkirschen (links oben) würde sie zur Wurstplatte und zum Schmalzfleisch (rillettes) servieren oder zum Raclette. Die Cocktailtomaten mit Dill – übrigens eine verblüffend wohlschmeckende Kombination! – reicht sie zu Fischterrinen, zu mariniertem Lachs oder eingelegtem Hering. Die Feigen in Gewürztraminer dagegen sollten kaltes Fleisch, Pasteten und Terrinen, können aber auch Frischkäse begleiten. Die Mirabellen mit Pfeffer sind gut zu Geflügel- oder Wildterrinen. Die Zwetschgen mit Honig passen zu Blutwurst oder zu kräftigen Rotschmier-Käsen. Und das Birnenconfit mit Vanille schließlich ist eine hervorragende Ergänzung zu würzigen Hartkäsesorten, wie zum Beispiel Parmesan. Wie sie auf die Ideen zu neuen Kreationen kommt? »Ganz einfach«, lacht sie, »ich sehe die Früchte und überlege mir, wie und wozu ich sie jetzt gern essen würde.« Natürlich klappt nicht immer alles auf Anhieb; manche Zusammenstellungen muß sie erst austüfteln und ausprobieren. So lange, bis es ihr rundherum schmeckt. Ihre Vorräte im Keller stehen dort nie sehr lange; längst lassen sich feste Kunden, auch Weiterverkäufer, ein Kontingent fest reservieren. So weiß sie stets, wieviel sie produzieren muß. Die 230-Gramm-Gläschen bekommen noch ein buntes Stoffhäubchen über den Deckel, und dann verkauft sie sie zu einem Einheitspreis – mit einer Mischkalkulation gleichen sich teure Ware und größerer Arbeitsaufwand mit den einfacheren Sorten wieder aus.

depot du pain, er verkaufte dort das Brot einer fremden Bäckerei!
Dazu führte er in seinem kleinen Geschäft auch alles andere, was der Mensch für den täglichen Bedarf so braucht, von Schnürsenkeln und Konserven bis zu Scheuerpulver und Schreibwaren. Er begann, sein eigenes Brot zu backen und fand damit guten Absatz, auch für die Kuchen und Torten, die er jeweils zum Wochenende buk. Nach und nach konnte er so die Gerätschaften, die er für eine professionelle Backstube unbedingt benötigte, erwerben und schließlich immer mehr auf eigene Produkte umstellen. Erst ein paar Jahre später begann er, für Kunden aus der Umgebung auch einen Partyservice anzubieten; zunächst natürlich noch in ganz kleinem Umfang. »Man kann sich schon mit Qualität bemerkbar machen! Aber man muß warten können – zwölf, fünfzehn Jahre hat es gedauert, bis wir soweit waren«, erzählt Maurice. Und heute ist er der beste Traiteur der ganzen Region.
Dabei ist Niedermorschwihr ein winziges, typisch Elsässer Dörfchen – nicht unbedingt der ideale Standort für einen Partyservice. Aber die Stadt Colmar ist nur wenige Kilometer entfernt, das

hilft! Niedermorschwihr: Das sind 400 Einwohner, eine hübsche Kirche, die durch ihr merkwürdig schraubenartig gedrehtes Turmdach und eine schöne Orgel in Erinnerung bleibt, und eine Reihe von besonders schönen, in mutigen Farben renovierten Fachwerkhäusern, die zum Teil mit dekorativen Erkern und geschnitzten Eckpfeilern geschmückt sind. Der Ort ist rundum von Weinbergen umgeben; die Weinstraße führt indes vorbei, nicht hindurch. Das mag der Grund sein, warum der malerische Flecken von den meisten Touristen noch nicht entdeckt worden ist und angenehm beschaulich, noch richtig intakt wirkt. Ein bißchen aber hat das Dorf dies sicher auch dem Bürgermeister zu verdanken, der übrigens Maurice Ferber heißt. ...

Familiengeschichte im Elsäß – nur ein Beispiel: Der Großvater von Maurice Ferber stammte aus Steinkirchen bei Zusmarshausen in der Nähe von Augsburg. Sein Name: Ulrich Färber. 1892 hatte er in München seine Gesellenprüfung vor der Bäckerinnung abgelegt; die prächtig verzierte Urkunde, die dies beweist, hält sein Enkel heute noch liebevoll in Ehren. Als Großvater Färber zu Beginn des Jahrhunderts nach Straßburg kam, war das Elsaß noch deutsch. Bald hatte er sich in eine Elsässerin verliebt, geheiratet und sich mit einer Bäckerei in Obermorschweier niedergelassen. Natürlich wurde er – schon seiner Frau und seiner neuen Heimat zuliebe – 1919, als der Versailler Vertrag das Elsaß wieder französisch machte, auch zum Franzosen und nannte sich fortan Ferber

KUGLHUPF GLACÉ

EIS-GUGLHUPF

Für 1 Form von 1 l Inhalt:
8 Eigelb, 200 g Puderzucker,
4 EL Kirschwasser, 0,4 l Sahne,
3 EL in Kirschwasser eingelegte Rosinen

Die Eigelb mit dem Puderzucker im Wasserbad dick und hell schlagen, das Kirschwasser einarbeiten. Die Masse wieder kalt schlagen. Die steifgeschlagene Sahne sowie die Rosinen unterziehen. In eine Guglhupf-Form füllen und im Gefrierfach fest werden lassen.
Zum Stürzen die Form kurz in warmes Wasser tauchen.
Den Eis-Guglhupf mit Mandeln verzieren, mit Kakaopulver bestäuben und bis zum Servieren noch einmal frosten, damit er fest bleibt.

1

KUGLHUPF À L'ALSACIENNE

ELSÄSSER GUGLHUPF

Für 2 kleinere oder 1 große Form:
400 g Weißmehl (Type 405),
100 g Brotmehl (Type 550),
125 g Zucker, 1 Tütchen Vanillezucker,
1/4 l Milch, 1 Würfel Hefe, 2 Eier,
1–2 EL Kirschwasser, 1 Prise Salz,
120 g Butter, 2 EL in Kirschwasser
eingeweichte Rosinen
Außerdem:
Butter zum Einfetten der Form,
Mandeln für die Form

Beide Mehlsorten vermischt in die Rührschüssel der Küchenmaschine füllen, Zucker und Vanillezucker zufügen. Die Milch erwärmen, die Hefe darin auflösen und zum Mehl gießen. Mit etwas Mehl verrühren, zugedeckt eine halbe Stunde gehen lassen. Die Eier, das Kirschwasser und die Salzprise zufügen. Auf langsamer Stufe zu einem weichen Teig verarbeiten. Wenn er ganz glatt ist, die Butter in Flöckchen zufügen und auf schneller Stufe rasch einarbeiten. Die Rosinen unterrühren. Den sehr weichen Teig noch einmal zugedeckt eine halbe Stunde gehen lassen.
Eine oder zwei Guglhupf-Formen sorgfältig ausfetten, in die Rillen jeweils eine Mandel betten.
Damit man nicht zu sehr festklebt, den Teig mit stark bemehlten Händen aus der Schüssel nehmen, in zwei Portionen teilen und in die Formen setzen. Ein letztes Mal zugedeckt eine Stunde gehen lassen. Dann im 200 Grad heißen Ofen etwa 35 bis 40 Minuten backen.

In der Bäckerei geschieht nichts anderes als in der Küche, nur in größerem Stil: zunächst werden Milch, Zucker, Mehl und Hefe zum Vorteig verrührt

Dazu kommen 60 Eier. Ein Trick, den man selbst übernehmen kann: Die Eier mit Rum verrühren – das löst ihren Farbstoff, macht den Kuchen »geel«

Die Rührhaken werden in Bewegung gesetzt. Nach und nach gibt Maurice Ferber das nötige Mehl hinzu. Wieviel, braucht er nicht abzuwiegen

Wenn der Teig nach geduldigem Kneten seidig glänzt, wird stückchenweise die Butter eingearbeitet. Sie sollte zimmerwarm und entsprechend weich sein

Schließlich werden eingeweichte Rosinen hinzugefügt. Wenn man sie zuvor mit Mehl bestäubt, sinken sie nicht durch ihr Gewicht zu Boden

Der Teig muß dann gehen, bis er sein Volumen verdoppelt hat. Er ist dann großporig und elastisch und wird auf die Arbeitsfläche gehievt

Man darf den Teig nur mit gründlich bemehlten Händen anfassen, sonst klebt er überall fest. Jetzt wird er portioniert: Hier in 120 gleich große Stücke

Jede Teigportion wird ebenso behutsam wie energisch durchgewalkt, zur Kugel geformt und etwas flach gedrückt. Das muß sehr rasch gehen . . .

. . . weil die Hefebakterien in der warmen Backstube natürlich sofort ihre Arbeit fortsetzen. Vor Zugluft geschützt, geht der Teig eine halbe Stunde

Inzwischen werden die Formen eingebuttert, in jede Rille eine Mandel gelegt. Damit die Teigkugel hineinpaßt, reißt man ein Loch in die Mitte

Jetzt füllt der Teig die Formen vollkommen aus. Bevor sie in den Ofen geschoben werden, muß der Teig ein letztes Mal knapp eine halbe Stunde gehen

Die Guglhupfe steigen im Ofen noch über den Formenrand hinaus, das ergibt den typischen Rand. Der muß richtig dunkel werden, fast verbrennen!

Caveau Morakopf

Eine typisch Elsässer Winstub soll gemütlich sein und viel Atmosphäre haben, man möchte dort gut essen, angenehm trinken – sich rundum wohl fühlen! Der »Caveau Morakopf« in Niedermorschwihr entspricht diesem Ideal perfekt: Zwei kleine Räume mit Bänken ringsum, geschnitzte Elsässer Stühle, heimeliges Licht; und sommers kann man auf drei übereinandergestaffelten, schmalen Terrassen draußen sitzen.

Anne und Jean-Michel Guidat mit Morakopf

Immer muß man rechtzeitig vorbestellen, denn der »Morakopf« ist vor allem bei den Einheimischen überaus beliebt. Zum einen, weil Patron Jean-Michel Guidat anständige Weine im Keller hat; er war früher selber Winzer gewesen, bevor er vor fast 25 Jahren die Weinstube eröffnete; er weiß also, warum er welche Weine kauft. Zum anderen, weil seine Frau Anne fabelhaft zu diesen Weinen kocht. Die Autodidaktin, die das Kochen nicht gelernt hat, sondern es aus Spaß und mit Vergnügen tut, ist immer für eine Überraschung auf ihrer Speisekarte gut. Natürlich bietet auch sie einfache, bodenständige Kost, wie es Tradition in Elsässer Weinstuben ist; es gibt nach Jahreszeit wechselnde Spezialitäten der Region: Zwiebelkuchen, Münsterkäse, samstags zum Beispiel einen riesigen Schinken in Brotteig, für den die Stammgäste von weit her anreisen. Aber alles, was sie anbietet, hat stets einen ganz persönlichen, eigenständigen Charakter.

Der dekorative Mohrenkopf, der hier in der Bleiverglasung des Fensters prangt, ist übrigens die Wappenfigur von Nieder*mor*schwihr – am Rathaus, ein Stück weiter oben an der Straße, ist er noch einmal zu sehen.

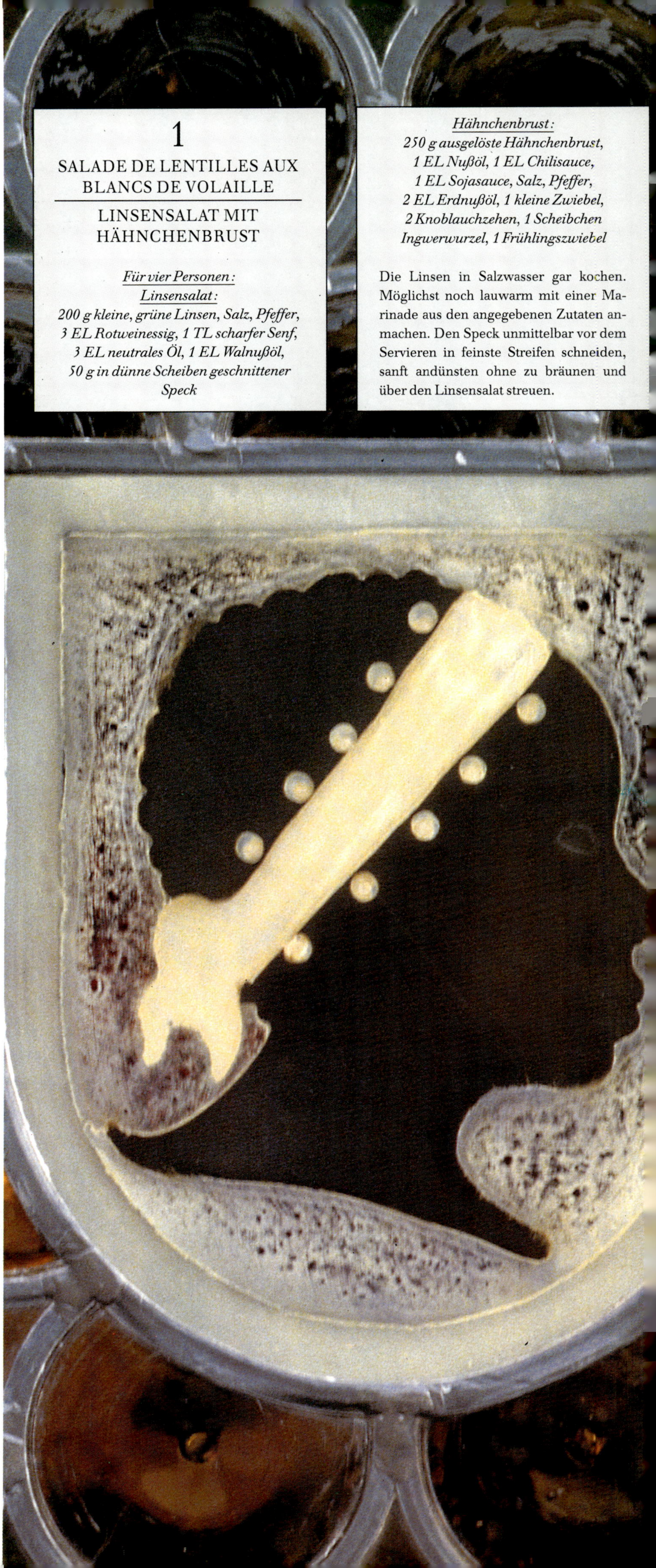

1

SALADE DE LENTILLES AUX BLANCS DE VOLAILLE

LINSENSALAT MIT HÄHNCHENBRUST

Für vier Personen:

Linsensalat:
200 g kleine, grüne Linsen, Salz, Pfeffer,
3 EL Rotweinessig, 1 TL scharfer Senf,
3 EL neutrales Öl, 1 EL Walnußöl,
50 g in dünne Scheiben geschnittener Speck

Hähnchenbrust:
250 g ausgelöste Hähnchenbrust,
1 EL Nußöl, 1 EL Chilisauce,
1 EL Sojasauce, Salz, Pfeffer,
2 EL Erdnußöl, 1 kleine Zwiebel,
2 Knoblauchzehen, 1 Scheibchen Ingwerwurzel, 1 Frühlingszwiebel

Die Linsen in Salzwasser gar kochen. Möglichst noch lauwarm mit einer Marinade aus den angegebenen Zutaten anmachen. Den Speck unmittelbar vor dem Servieren in feinste Streifen schneiden, sanft andünsten ohne zu bräunen und über den Linsensalat streuen.

Das Hähnchenfleisch schnetzeln. In einer Marinade aus Nußöl, Chilisauce, Sojasauce, Salz und Pfeffer mindestens eine halbe Stunde ziehen lassen.
Im heißen Erdnußöl die fein geschnittene Zwiebel, Knoblauchzehen und Ingwerwurzel kurz anbraten, das Fleisch zufügen und rasch auf starker Hitze unter ständigem Rühren nur zwei Minuten braten, bis die Stücke außen schön braun, innen jedoch noch saftig sind. Die fein geschnittene Frühlingszwiebel erst zum Schluß zufügen und mitschwenken.
Hübsch auf Tellern anrichten und als Vorspeise oder kleine Mahlzeit servieren.

2

SCHWINAZINGALA

SCHWEINEZUNGE MIT REMOULADE

Für vier Personen:
2 Schweinezungen,
1–2 Bund Suppengrün
(je nach Größe), Salz,
1/2 TL Pfefferkörner,
2 Lorbeerblätter
Remoulade:
1 Eigelb, 1 TL Senf,
ca. 1/8 l gutes Salatöl,
Salz, Pfeffer, Zitronensaft,
2 EL Quark, 2 EL feinste Kapern,
2–3 Gürkchen (Cornichons), 1 Schalotte

Die Schweinezungen mit dem Wurzelwerk und den Gewürzen mit Wasser bedeckt etwa eine Stunde weich köcheln. Sie müssen sich mit einer Nadel leicht durchstechen lassen, dann sind sie gar. Die Haut abziehen. Die Zünglein längs halbieren. Zusammen mit Bratkartoffeln und grünem Salat sowie der Remoulade noch warm servieren.
Für die Remoulade das Eigelb mit Senf aufschlagen, nach und nach das Öl hinzufließen lassen, bis eine dicke Mayonnaise entstanden ist. Mit Salz, Pfeffer und Zitronensaft würzen. Den Quark glattrühren und untermischen. Schließlich Kapern, fein gewürfelte Gürkchen und fein gehackte Schalotte unterrühren und noch einmal kräftig abschmecken.

1

2

1

2

3

1

SALADE DE MUNSTER FRAIS

SALAT AUS JUNGEM MUNSTERKÄSE

Für vier Personen:
$^1/_2$ fester, ganz frischer, noch unreifer Munsterkäse, 2–3 reife Fleischtomaten, 1–2 weiße Zwiebeln, 1 gute Handvoll Kresse, Petersilie, Salatblätter, 2–3 EL Rotweinessig, Salz, Pfeffer, $^1/_2$ TL Delikateßpaprika, 1 TL Senf, 4 EL neutrales Salatöl

Den Käse in zweizentimetergroße Würfel schneiden. Die Tomaten häuten, entkernen und in ebenso große Stücke schneiden. Die Zwiebeln in Ringe hobeln. Die Kresse gründlich waschen, ebenso die Petersilie und die Salatblätter.
Mit den Blättern eine Schüssel oder die Teller auslegen, die restlichen Zutaten darauf verteilen und hübsch anrichten. Essig, Salz, Pfeffer, Paprika, Senf und Öl glattquirlen und darüber verteilen.

2

ROGNONS DE VEAU SAUTÉS AU VIN ROUGE

KALBSNIEREN IN ROTWEIN

Für vier Personen:
2 Kalbsnieren (à 300 g), 2 EL Öl, Salz, Pfeffer, 2 Schalotten, 1 EL scharfer Senf, 1 Glas Rotwein, 100 g Crème fraîche, Petersilie

Die Nieren sorgfältig säubern: häuten und die weißen Innenstränge herausschneiden. Die Nieren in dünne Scheiben schneiden. Im heißen Öl auf starkem Feuer rasch anbraten, am besten portionsweise, damit sie keinen Saft abgeben, sondern richtig braten. Herausheben, salzen und pfeffern, zugedeckt beiseite stellen.
Die fein gewürfelten Schalotten im Bratfett andünsten, den Senf einrühren und mit Wein ablöschen. Die Crème fraîche zufügen. Alles schnell dicklich einkochen. Mit Salz und Pfeffer abschmecken. Die Nieren in dieser Sauce behutsam erwärmen und reichlich Petersilie einrühren.
Dazu schmecken handgemachte Spätzle oder, wie hier, Bratkartoffeln.

3

GRATIN DE FRAMBOISES
ÜBERBACKENE HIMBEEREN

Für vier Personen:
600 g Himbeeren, 3 EL Zucker,
4 Kugeln Vanille-Eis

Die Himbeeren verlesen, weniger schöne (insgesamt etwa 300 Gramm) aussuchen und mit dem Zucker vermischt erhitzen, durch ein Sieb passieren.
Die schönen Beeren auf vier feuerfeste Teller verteilen, die Himbeersauce darübergießen. Unter dem Grill kurz erhitzen. Jeweils eine Kugel Eis in die Mitte setzen und sofort, noch bevor das Eis schmilzt, zu Tisch bringen.

Ein gepflegtes und rundum gemütliches Lokal ist die Winstub »Zum Morakopf«. Keine tümelnden Folklore-Versatzstücke, sondern bodenständige Harmonie. Die Tischdecken tragen die typischen, alt-elsässischen Muster, die so verblüffend provenzalischen Dekoren gleichen. Sie werden heute noch produziert. Aber aufpassen: Es gibt Qualitätsunterschiede! Gut einkaufen kann man zum Beispiel ab Fabrik in Ste. Marie aux Mines

Das Elsaß ist Geranienland. Kaum zu glauben, aus welchen Ecken sie hervorlugen. Manchmal ist es des Guten sogar ein wenig zu viel. Aber eine so prachtvoll mit wahren Kaskaden von Geranien geschmückte Fassade ist immer wieder ein beliebtes Photomotiv. Großes Bild: Wohl der schmalste Weinberg rund um Niedermorschwihr, Wibtal genannt. Den Wein, der dort gedeiht, kann man im »Caveau Morakopf« probieren

Tabak: harte Arbeit für blauen Dunst

Ende Juli beginnt die mühsame Ernte der Tabakblätter, die sich etwa zwei Monate hinzieht: Vor allem der Beginn geht ins Kreuz, denn es werden immer nur die untersten Blätter abgeschnitten. Da wird der Rücken krumm, die Sonne sticht, und es rinnt der Schweiß …

Die Elsässer rauchen gerne – früher gab es sogar spezielle Raucherlokale, *Estaminet* oder *Tabagie* genannt, in Straßburg existiert der Name noch im Restaurant *Estaminet Schloegel.* Entsprechend hatte der Tabakanbau im ganzen Land Tradition. Er konzentriert sich heute um Benfeld, südlich von Straßburg, und Bouxwiller im Norden. Daß er früher weiter verbreitet war, kann man an den Tabak-Trockenspeichern aus Latten erkennen, die noch überall ungenutzt herumstehen, manche unter Denkmalschutz, wie bei Illhaeusern. Heute werden die Blätter schneller in speziellen Öfen getrocknet – allerdings gibt es Sorten, die das nicht vertragen und deshalb weiterhin in dunklen Speichern oder auf gut durchlüfteten Dachböden, aber nicht mehr wie einst im Sonnenlicht unter den niedlichen, stets nach Osten gerichteten Vordächern der Bauernhäuser langsam trocknen. Das dauert, je nach Witterung und Sorte, vier bis sechs Wochen; im Ofen sind sie bereits nach 14 Tagen fertig.

Die getrockneten Blätter werden in Kisten zu 150 kg gepreßt und dann verkauft. Der größte Teil landet heute in Metz, ein kleiner Teil geht sogar nach Deutschland. Früher, ehe die staatliche Tabakregie geschaffen wurde, war das anders, da gab es viele Tabakfabriken im Elsaß, die größte stand in Straßburg.

Man bekommt heute, je nach Sorte und Qualität, 12 bis 30 Francs für ein Kilogramm getrockneter Blätter – und dafür braucht man viele! Das ist weniger, als vor 30 Jahren gezahlt wurde: Die Basis für den würzigen blauen Dunst wird aus den USA und einigen anderen Ländern billiger importiert.

Bald werden die Blüten geköpft, damit alle Kraft in die Blätter geht

Normaler Tabak – fast eine Zierpflanze

Vorsicht und Sorgfalt ist wichtig, damit die Blätter nicht zerreißen

Hoch beladen fährt der Wagen heim

HERBST

Erntezeit im Weinberg, im Wald und auf den Feldern. Junger Wein, Pilze, Wild und Sauerkraut

Bergeweise Weißkohl fürs Sauerkraut

Petersilienbündel

Fasan à la royale

Prachtexemplar

Fröhlicher Weinberg: bei aller Arbeit

Multikulturell: Markt in Mulhouse

Junger Wein, Brot und junge Nüsse

Herzhaft: die große Sauerkrautplatte

Weinlese und Winzerglück

Wenn die Weinlese voll im Gange ist, scheint das ganze Elsaß in den Weinbergen zu sein: Es kommt ja darauf an, die Trauben im besten Zustand in die Kelter zu bringen – und dafür ist oft viel zu wenig Zeit! Wenn nämlich das Wetter nicht mitspielt – wobei es für den Fremden schwer zu erkennen ist, was eigentlich ein ideales Winzerwetter ist. Traumhafte Tage mögen dem Reisenden gefallen, aber zu sommerliche Temperaturen lassen die gelesenen Trauben in Gärung geraten, die Fruchtigkeit des Weins kann dann verloren gehen.

Wenn's regnet, ist freilich alles perdu: Der Wein wird im wahrsten Sinne des Wortes verwässert; ein Regentag kann die Wohltaten einer ganzen Sonnenwoche zunichte machen. Glücklich, wer vor dem Regen gelesen hat!

Manche Betriebe lesen nur nachmittags – am Vormittag beeinträchtigt der auf den Trauben liegende Tau die Qualität. Dafür braucht man ortsansässige Helfer, mit Zeitpersonal aus Polen geht das nicht. Die vielen kleinen Winzer haben indes keine Wahl – sie sind auf die Hilfe von Verwandtschaft, Freunden und Nachbarn angewiesen, um ihre teilweise winzigen Parzellen an einem Samstag oder freien Nachmittag abzuernten.

Die Lese beginnt normalerweise Mitte September, wenn das Weinlaub noch strotzend grün ist, mit den einfachen Qualitäten von Pinot Blanc (Weißburgunder) und Sylvaner (im Elsaß schreibt man ihn nicht mit i). Zuletzt kommt der Riesling dran, von Mitte Oktober bis hinein in den November – golden prangen nun die Weinberge. Und es wird für den Winzer spannend: Kann er nach der normalen Lese auch *Vendanges tardives*, Spätlesen von Riesling, Tokay (Ruländer, Grauburgunder) und Gewürztraminer einbringen? Oder gar die absolute Spitze, die goldenen *Sélections de grains nobles*, die Auslesen von edelfaulen Beeren. Diese freilich gelingen nur, wenn es tagsüber schön ist, die Luft aber feucht und neblig – zwei- bis dreimal pro Jahrzehnt. Viel gibt es dann nicht in den Keller zu bringen, aber die Winzer strahlen vor Glück …

Die Bütten, einst aus schwerem Holz, heute aus praktisch und leicht zu reinigendem Plastik, stehen aufnahmebereit auf den Wagen. Die Weinlese ist harte Arbeit, aber so schwer einerseits die Last der Trauben, so fröhlich ist andererseits die Stimmung! Hellgrün leuchten die Beeren des Weißburgunders, lilagrau die des Grauburgunders

Die wichtigsten Rebsorten (von oben im Uhrzeigersinn): Riesling, Tokay, Sylvaner, Chasselas, Gewürztraminer und der seltene, aber immer begehrtere Spätburgunder

Kaysersberg und die Damen Faller

»Drey Stätt in einem Thal!« staunte schon Merian und stach die stolze Ansicht der von Burgen gekrönten, turmreichen Städte in Kupfer: Ammerschwihr, Kaysersberg und Kientzheim, alle drei berühmt durch ihre Weine. Ammerschwihr, im Krieg stark zerstört, besitzt den schönsten Festungsturm; Kientzheim hat mit dem Weinmuseum im ehemaligen Schloß des Lazarus von Schwendi, der hier im 16. Jahrhundert als Vogt herrschte und aus Ungarn die Tokay-Rebe mitgebracht haben soll, eine Attraktion. Kaysersberg, den Ausgang des Weißtals kontrollierend, gebührt jedoch die Krone: Die Bürger- und Patrizierhäuser zeigen besondere Pracht – alle wetteiferten, Macht und Reichtum durch eine prunkvolle Fassade mit üppiger Ausschmückung darzustellen! Das stattliche

Metzgerei im schönen Kaysersberg

Das romanische Portal der Kirche

Skeptischer Blick auf die Besucher

Renaissance-Rathaus und die Weißbrükke zeugen von der Bedeutung der Stadt, deren Name auf die von Friedrich II. verfügte Gründung verweist. Aus Kaysersberg stammen übrigens der um 1500 in Straßburg wirkende, wortgewaltige Prediger Johannes Gailer sowie der Theologe und Urwalddoktor Albert Schweitzer. Drei schöne Frauen, Mutter Colette Faller und ihre Töchter Catherine und Laurence, stehen dem berühmtesten Weingut von Kaysersberg, der Domaine Weinbach, vor. Es liegt vor der Stadt, umgeben von Reben und einer Mauer. 23 Hektar umfaßt der Betrieb, ein großer Teil davon in der Spitzenlage *Schloßberg*, von wo reiche, runde und von Mineralien geprägte Weine kommen. Riesling, Tokay und Gewürztraminer sind der Stolz der Damen Faller, wobei man größten Wert auf spät gelesene, gesunde Trauben legt. Madame erzählt von 1989, als vier Föhn- und vier anschließende Sonnentage (normal sind es ein bis zwei Tage Föhn und dann

Madame Colette Faller liebt Rosen: Vor dem Gut blühen sie verschwenderisch, im Haus stehen prächtige Sträuße, vor jeder Rebzeile ein duftender Busch. Und natürlich findet sich dieser Duft im Gewürztraminer wieder

Madame Colette mit Catherine; Laurence ist jetzt ständig im Keller!

Regen!) gleichzeitig wuchtige und elegante Weine schufen, weil trotz der Edelfäule Botrytis kein starker Säureabbau, aber ungeheure Zuckerkonzentration eintrat. »Das brachte bis zu anderthalb Grad Alkohol pro Tag – Weine von 14,5 Grad bei 170 Gramm Restzucker! Ein Jahrhundertwein!« Madame Colette schnalzt mit der Zunge. »Wir müssen ihn probieren!«

Während der Lese wird jeden Tag um 12 Uhr an einer großen Tafel in der herrlichen Küche gegessen – die portugiesische Köchin und ihre italienische Helferin haben alle Hände voll zu tun: Die zwanzig Leser und Leserinnen bringen einen guten Appetit mit! Schon Theo Faller, der früh verstorbene Mann von Madame, hat diesen Brauch eingerichtet – weil man nur mit geschulten, verläßlichen und fröhlichen Lesern gute Qualität in den Keller bekommt.

»Die unreifen Trauben müssen hängen und die auf den Boden gefallenen müssen liegen bleiben – so weh es tut! Wir machen nicht Menge, sondern Qualität«, sagt Tochter Laurence, die Oenologie studiert hat und sich um den Ausbau der Weine kümmert. Catherine dagegen macht den Verkauf und die Proben. Aber das Heft hat Madame Colette in der Hand – und wenn es um Preisverhandlungen mit den Kunden geht, dann ist sie voll dabei: Bisher hat sie es noch immer geschafft, ihre Vorstellungen durchzusetzen. »Für gute Qualität muß man auch einen guten Preis haben, nicht wahr?« Plopp, macht der Korken unter ihrer energischen Hand. Wir probieren die rosenduftende Gewürztraminer Sélection de Grains Nobles 89 – und stimmen ihr zu.

1

SOUPE DE TAPIOCA

TAPIOKASUPPE

Hierfür gibt es kein präzises Rezept. Diese Suppe basiert auf dem Mittagessen vom Vortag. Da gab es Zunge mit Linsen. Der Kochsud der Zunge, der ja auch durch reichlich Wurzelwerk Kraft und Würze bekommen hatte, wird einfach mit Tapioka gebunden. Und voilà – fertig ist eine würzige und sparsame Suppe.

Tapioka ist ein Stärkemehl aus der Maniokwurzel. Es ist bei uns weniger gebräuchlich, weil Stärkemehl aus Kartoffeln oder Mais billiger ist. Allerdings gibt Tapioka Suppen und Saucen eine besonders angenehme Sämigkeit.

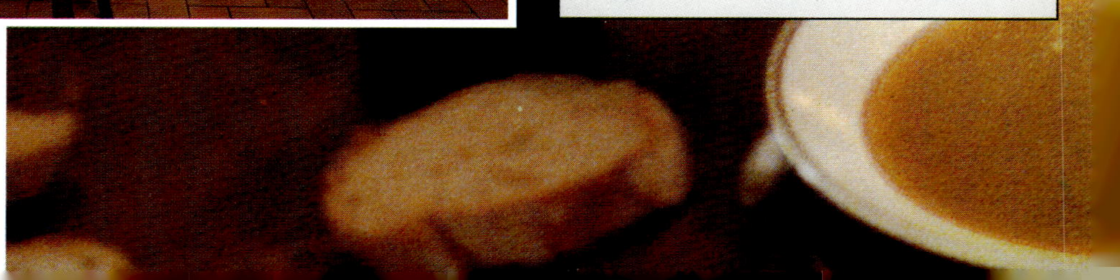

1

2

CHOU-ROUGE BRAISÉ

GESCHMORTER ROTKOHL

Wie alle Schmorgerichte schmeckt auch dieser Rotkohl um so besser, je größer der Topf und die Menge ist, die zubereitet wird. Und natürlich gilt auch hier: wofür man ganz besonders schwärmt, wenn er wieder aufgewärmt ....

Für acht Personen:
2 große Zwiebeln, 2 Knoblauchzehen,
2 säuerliche Äpfel, 4 EL Gänseschmalz,
1 EL Zucker, ca. 2 kg Rotkohl,
1 Flasche Rotwein (Pinot noir),
je 1 TL Piment- und Pfefferbeeren,
2 Lorbeerblätter, Salz

Die Zwiebeln schälen, halbieren, in feine Ringe hobeln. Die Knoblauchzehen fein hacken. Die Äpfel ebenfalls schälen, vierteln, vom Kerngehäuse befreien und in Scheibchen schneiden.
In einem großen Topf das Schmalz erhitzen, zuerst die Zwiebeln darin andünsten, Knoblauch dazwischen streuen und schließlich die Apfelscheibchen mitdünsten. Den Zucker darüber streuen und sanft karamelisieren, auf keinen Fall bräunen lassen.
Rotkohl putzen, vierteln, Strünke herausschneiden. Die Kohlviertel in feine Streifen hobeln. Zu den Zwiebeln geben und sorgsam untermischen. Mit Rotwein auffüllen und aufkochen. Gewürze zufügen. Auf mittlerem Feuer etwa eineinhalb, durchaus auch bis zu zwei Stunden leise schmurgeln lassen. Dabei nicht ganz zudecken, damit Flüssigkeit verkochen kann. Frau Faller läßt ihren Lesern zum Rotkohl paniertes Schweinekotelett und Kartoffeln servieren.

2

ALSACE
3 Kilos
10
4F Kg

Markt in Mülhausen

Der Markt vom *Canal Couvert* in Mulhouse ist zweifellos der lebendigste des Elsaß. Hier ist was los, hier gibt es alles, hier trifft sich die Stadt!

Markt – das ist hier, wie in ganz Frankreich, viel wichtiger, als bei uns in Deutschland. Der Markt ist die von allen Bevölkerungsschichten akzeptierte, wahrhaft öffentliche Stätte des Einkaufs, weder ordinär noch elitär. Hier versorgt man sich ebenso für den Alltag wie für besondere Gelegenheiten: Bauern und handwerkliche Betriebe der Umgebung bieten ihre eigenen Produkte an, spezialisierte Händler einerseits Sonderangebote, andererseits die edelsten Delikatessen aus der ganzen Welt. Daneben gibt es Trödel, Wäsche, Kleidung, Handwerkszeug und Hausrat.

Ein Marktbesuch, das kann man hier erleben, ist mehr als nur eben mal einkaufen gehen – der Mülhauser ist, wie jeder echte Markt, der Stadt sensibelster Ort menschlicher Begegnungen, Treffpunkt von Kulturen und Weltanschauungen, von all den vielen armen und reichen, arbeitenden und arbeitslosen, guten und schlechten Menschen mit ihren unterschiedlichen Lebenshaltungen, Wünschen, Nöten und Begierden – ein multikulturelles Ereignis von elementarer Kraft!

Auf diesem Markt kann man Mülhausen begreifen, die zweitgrößte Stadt des Elsaß: Einst reich gesegnet mit gewinnbringender Industrie (Textilien, Papier – die berühmten Tapeten! –, Chemie dank der nahen Kalisalzbergwerke, Maschinenbau, Auto-, Waffen- und Nahrungsmittelindustrie), hat die Stadt viele Rücksiedler aus Algerien und Gastarbeiter aus den ehemaligen Kolonien Nord- und Schwarzafrikas herbeigeholt. Mit der Aufgabe des Kalibaus und der allgemeinen Strukturkrise nahm jedoch die Arbeitslosigkeit zu – auch Mülhausen hat Probleme.

Andererseits bieten die vielfältig ausgebildeten Menschen, die verkehrsgünstige Lage, der Hafen am Rhein-Rhône-Kanal, die beherrschende Position zwischen Sundgau und Rheinebene, der Flughafen Mulhouse/Basel günstige Perspektiven. Mülhausen lebt, das zeigt sein Markt!

Die kleinen, walzenförmigen Radieschen, die stets butterzart sind und in nur achtzehn Tagen wachsen: Petits Radis de dix-huit jours

Sellerie wird viel verwendet – als Salat oder Rohkost, vor allem als Gemüse: gekocht in der Brühe, als Auflauf, als Püree zu Wild

Was man auf der anderen Seite der Rheins kaum findet, gehört hier unbedingt in jeden Fleischeintopf: kleine, erdwürzige Rübchen

Eine kindliche Drohung – das muß platschen! Unten: Ein kritischer Marktbericht oder nur ein kleines informatives Schwätzchen?

Verschiedene Honige, Honig mit Waben, Pollen, Gelée Royale und allerlei Sirups – der aus Königskerzenblüten wirkt hustenlindernd

Die schönsten Sträuße kommen jetzt aus den Bauerngärten – mit Astern, Kamille, Cosmea, Zinnien, Goldraute und duftendem Dill

Mais, der in der Umgebung auf unendlich erscheinenden Feldern angebaut wird, liebt man gekocht (mit Butter) oder gegrillt

Wirsing hat trotz der allgemeinen Liebe zum Sauerkraut seine Fans – ein paar Blätter gehören in den Pot-au-feu, den Suppentopf

Golden leuchtet der Kürbis. Er wird süß-sauer eingelegt, in Streifen geschnitten als Gemüse oder als sahneträchtige Cremesuppe serviert

Bunter Markt und Menschen in malerischem Habit – Hautfarben, Traditionen, Religionen und Erwartungen treffen aufeinander

Kann man es brauchen? Ständiges Verführen und Abwägen! Und dann die Suche nach Übereinstimmung zwischen Wert und Preis ...

Nur keine Hektik, alles in bester Ordnung – zumindest, so lange es was zu knabbern gibt. Unten: Man muß sich halt zu helfen wissen

Bäckerei-Stilleben mit reichlich Eiern

Sohn Sébastien ist gelernter Bäcker

Vater Antoine Dangel im Marktauto

Mutter Betty präsentiert die Linzer Torte

Familie Dangel und ihr Holzofenbrot

Ob man bei Maître Antony Käse probiert (Seite 88) oder bei Madame Faller zum Essen eingeladen ist (Seite 140), das Brot, das beide dazu servieren, erkennt man sofort: Ein solches Brot kann nur einer backen, der Bäcker Dangel aus Bendorf! Diese Kruste mit ihrer unnachahmlichen Struktur, mit ihrem Farbspiel von Mehlweiß über Hellbraun bis nahezu Kohlschwarz. Diese Unregelmäßigkeit der Form, die seidenglatte Abrißfläche, die entsteht, wenn zwei Brote zu nah aneinandergeschoben waren und in der Ofenhitze verschmolzen sind. Und dieser betörende Duft nach Frischgebackenem, nach Mehl, Hefe und nach Holzkohle ...

Antoine Dangel arbeitet heute noch nach demselben Rezept, das seine Großmutter schon verwendet hat. Sie hatte für das ganze Dorf stets das Brot gebacken. Das einzige, was der Enkel mittlerweile erneuert hat, ist der Ofen.

Als sich immer mehr und in immer größerem Umkreis herumgesprochen hatte, wie gut das Bauernbrot aus Bendorf ist, bemühten sich die Dangels, um den Absatz zu stabilisieren, vor zehn Jahren um einen Platz in der Markthalle von Mulhouse. Für die 45 Kilometer dorthin braucht man mit dem kleinen Lieferwagen über die gewundenen Sträßchen mehr als eine Stunde. Das bedeutet: Um zum Marktbeginn um fünf auch pünktlich da zu sein, müssen die Dangels um halb vier Uhr morgens aufstehen. Dabei sind sie erst um zwölf ins Bett gegangen, weil dann erst der Teig fertig war. »Aber man kann doch niemanden Fremden verkaufen lassen, was man selber produziert hat!« stellt Betty Dangel klar und schüttelt dabei den Kopf. Alles, was die Dangels verkaufen – Brote, Guglhupfe, Kuchen, süße Teilchen, Nudeln – stellen sie selber her. Guglhupf ist Bettys Spezialität, und je nach Jahreszeit bäckt sie noch Obst- und andere Kuchen. Selbst die Himbeermarmelade, die sie für ihre Linzer Torte braucht, kocht Betty selbst. Das Brot ist Männersache. Zum Wochenende backen sie zu viert: Antoine und Sohn Sébastien, ein festangestellter

Ganz im äußersten Süden vom Sundgau, kurz vor der Schweizer Grenze, liegt das kleine Dörfchen Bendorf. Eine Idylle: die stattliche Kirche mittendrin, rundum nur Wälder und Wiesen

Das Wirtshaus hat längst geschlossen. Es ist nicht genügend Kundschaft da. Die Einheimischen sitzen eben lieber daheim, vor dem Fernseher, und Fremde kommen kaum hierher

Man erwarte hier kein Ladengeschäft! Ein winziges, handgeschriebenes Schild vor dem Schuppen zeigt an, daß man hier Bauernbrot kaufen kann. Überall sind Beugen von Brennholz gelagert. Die Backstube ist im ehemaligen Stall untergebracht

In dem großen Rührkessel ist Teig für etwa 50 Brote geknetet worden. Zehn Minuten, auf langsamer Stufe. Sébastien hat es im Blick, wann der Teig die richtige Beschaffenheit hat. Solche Mengen lassen sich natürlich nicht mehr von Hand herstellen

Der Teig muß gehen. Er besteht aus Mehl – Weizenmehl Type 550, vermischt mit einem bißchen dunklem Roggenmehl, Type 1300 –, außerdem natürlich Hefe, Wasser und Salz. Das ist schon alles!

Schließlich holt Sébastien etwa ein Viertel der Teigmenge aus dem großen Bottich und arbeitet sie auf der Arbeitsfläche mit den Händen kurz durch, bevor er sie in Brotportionen teilt

Bäcker und eine Hilfskraft. Bis zu 300 Bauernbrote sowie 200 Vollkorn-, Nuß- und Roggenbrote – insgesamt acht verschiedene Sorten sind dann fällig, die Baguettes gar nicht gerechnet. Mehr als vier Stunden Schlaf am Stück ist an den letzten drei Tagen der Woche für niemanden drin. Dann muß sogar Tochter Estelle mithelfen, die eigentlich studiert und Lehrerin werden will.
Es macht Antoine und Betty einfach Spaß, mit ihren Kunden auf dem Markt zu schwatzen. »Die fragen doch immer so viel, zum Beispiel, wie sie das Brot am besten aufbewahren oder was sie mit altem Brot noch anfangen können.« Das wollen wir auch gern wissen. »In einem Leinensäckchen«, erklärt Betty, »bleibt es am besten frisch, kann auch nicht schimmeln, weil es nie schwitzt.« Dabei altert kaum ein Brot so anständig wie Dangel-Brot: selbst nach zwei Wochen schmeckt es wunderbar, bekommt sogar einen ganz neuen Reiz, wenn man es toastet. Da bleibt gar nichts mehr übrig für die Brotsuppe, wie Betty sie macht (ähnlich wie auf Seite 26), oder die herrliche Idee, Brot nach Art von Armen Rittern in Milch zu tränken, in Ei zu wenden und zu braten, aber nicht süß, sondern mit einem Salat als herzhafte Mahlzeit zu servieren. Dangel-Brote vertragen es auch, eingefroren zu werden, niemals platzt nach dem Auftauen die Kruste ab. »Das passiert nur, wenn durch zuviel Hefe Feuchtigkeit eingebunden ist; beim Gefrieren wird diese Feuchtigkeit wieder herausgelöst – dadurch platzt die Rinde, und das Brot trocknet aus!« erklärt Antoine.
Die ersten fünf Jahre haben die Dangels ihre Brote schüchtern auf einem Camping-Tisch in der hintersten Ecke der Mülhausener Markthalle angeboten. Mißtrauisch von den beiden eingesessenen Bäckern beäugt, denn nach dem Dangel-Brot stand die Kundschaft dienstags, donnerstags und samstags regelrecht Schlange. So konnten sie eines Tages den Stand in allerbester Lage kaufen: direkt gegenüber dem Eingang. Jeder, der Markthalle betritt, muß jetzt an Dangels vorbei.
Es macht ihnen jedoch niemand Konkurrenz. Das Backen im Holzofen ist schließlich mühsam. Etwa 200 Kubikmeter Holz verfeuern Dangels im Jahr. Eine stattliche Menge, die da herangeschafft und zerkleinert werden muß! »Es ist ein hartes Handwerk!« bestätigt Antoine, »aber wenn es den Kunden schmeckt und sie wieder kommen, dann lohnt sich die Mühe doch!«

Jede Portion wird abgewogen: Die Brote müssen gleiches Gewicht haben, damit sie gleichmäßig durchbacken. Sebastian könnte sich die Waage allerdings sparen: Was er abtrennt, stimmt!

Der Teig muß erneut durchgewalkt werden, bevor er in Weidenkörbchen gebettet wird. Sie geben die Form. Sie sind mit Leinen ausgeschlagen und dick bemehlt, damit nichts daran festklebt

Das rollbare Gestell für die Brotkörbchen ist eine praktische Eigenkonstruktion. Der Teig muß erneut gehen, dafür benötigt er Ruhe und verträgt keinen Zug. Im Sommer dauert das eine halbe Stunde, im Winter braucht er oft doppelt so lang

Längst ist im großen Steinbackofen das Holzfeuer entfacht worden. Es muß herunterbrennen und so die Schamottesteine erhitzen. Die ausgebrannte Holzkohle wird danach herausgeräumt. Darin könnte man einen Flammenkuchen backen!

Mit einem großen, nassen Lappen wird der Ofen ausgewischt. Nicht, um ihn zu säubern – Holzkohle ist absolut rein –, sondern um die Steine auf die richtige Temperatur abzukühlen

Jetzt sind die Brote schön aufgegangen und wölben sich über den Korbrand hinaus. Sie werden nacheinander auf die Backschaufel gestürzt und mit einem Messer mehrmals eingeritzt

Diese Kerben in der Brotoberfläche sollen gewährleisten, daß das Brot beim Backen nur an diesen Linien und nicht unkontrolliert aufbricht; außerdem sieht das Brot dann viel schöner aus!

Ein Blick in den Ofen zeigt, daß die Brote noch nicht fertig sind. Denn: Je dunkler ein Brot, je besser und länger ein Brot durchgebacken ist, desto länger bleibt es nachher auch frisch!

Antoine holt jetzt mit der hölzernen Backschaufel die fertigen Brote aus dem Ofen. Das kostet Kraft! Der fast drei Meter lange Stiel ist durchaus nötig: er muß weit in den tiefen Ofenraum hineinlangen. 50 Brote passen gut auf einmal hinein

In großen Weidenkörben kühlen die Brote langsam aus. Sie stehen hochkant, so leidet die Kruste nicht. Es ist ganz wichtig, daß Brot stets luftig aufbewahrt wird. Man darf es nur in Papier, niemals in Plastik verpacken, weil es darin schwitzt und schneller altert

Für die Fahrt zum Markt haben sich die Dangels einen Lieferwagen mit Holzstellagen ausgerüstet, genau nach Maß für ihre Erfordernisse. Die runden Bauernbrotlaibe stehen hochkant

Die langen Baguettes liegen besser, damit sie nicht brechen. In den Regalen bleibt alles luftig-frisch. Sobald sich am Verkaufsstand der Vorrat lichtet, holt Meister Dangel wieder Nachschub

Ziegenkäse: jung, frisch und mit den unterschiedlichsten Gewürzen

Eigentlich wollte Etienne Fernex Käse aus Kuhmilch machen. Und zwar auf dem Bauernhof der Familie seiner Mutter in der Nähe vom Mont Ste. Odile. Antoine, sein älterer Bruder, sollte sich dort um das Vieh und die Landwirtschaft kümmern, Etienne um die Milch, die die Kühe lieferten. Um das Käsemachen professionell zu lernen, ging er in die Schweiz, an die *Ecole de l'Industrie Laitière* in Grangeneuve. Später mußte er aber seine Pläne ändern, als sich zeigte, daß der Hof des Bruders zwei Familien nicht ernähren konnte.
So kehrte er mit seiner Frau Agnès, einer Künstlerin, in das Dorf seiner Kindheit zurück. In Biederthal, unmittelbar an der Schweizer Grenze, ist er aufgewachsen, weil der Vater im nahen Basel als Arzt in der Forschung arbeitete. Dort leben seine Eltern in einem schönen, herrschaftlichen Anwesen; er konnte sich mit seiner Familie in einem Nebengebäude installieren.
Da zu wenig Platz für Stallungen und kaum Weidefläche vorhanden, traditionelle Viehhaltung also nicht möglich war, plante Etienne zunächst, die Milch, die er für seine Käseproduktion benötigt, von den Bauern der Umgegend zu kaufen. Allerdings mußte er bald feststellen, daß er nicht die Käsequalität produzieren konnte, die ihm vorschwebte, wenn er mit der Basis für diese diffizile Arbeit, der Milch, abhängig von anderen war.
Kühe konnte er selber nicht halten. Was also tun? Da erinnerte sich jemand im Dorf daran, daß vor dem letzten Krieg in dieser Gegend Ziegen gehalten wurden; es soll sogar eine speziell geeignete Rasse gegeben haben, die sogenannte *Sundgovienne*. Etienne machte ein paar Tiere ausfindig, kaufte sie, krempelte sämtliche Pläne um und verlegte sich auf die Herstellung von Ziegenkäse. Die Gerätschaften, die man dafür braucht, sind schließlich dieselben wie für Kuhmilchkäse. Eine Scheuer ließ sich problemlos in einen passenden Ziegenstall umbauen. Zumal Etienne Fernex als gelernter Schreiner fast alles selber machen konnte.
Heute hält er zwischen 33 und 36 Muttertiere und jeweils etwa zwölf junge Ziegen; zwei Böcke sorgen für ein gutes Familienklima und den Nachwuchs. Von den 50 bis 60 Zicklein, die im Frühjahr geboren werden, behält er jedoch nur fünf bis sechs. Ein paar verkauft er zur Zucht. Die anderen gehen an Privatkunden oder an Restaurants.
Aus der Milch, die seine Ziegen liefern – etwa 400 Liter pro Ziege im Jahr –, macht er Käse. Und was für welchen! Auch Maître Antony, der Käsespezialist aus Vieux-Ferrette, übrigens gar nicht weit von Biederthal, ist voller Hochachtung. Es sind Ziegenkäse von einer solchen Reinheit und Klarheit im Geschmack, wie man sie nur selten findet. Seine Käse duften makellos frisch und entbehren völlig jenes eher strengen Ziegenaromas, das Ziegenkäse problematisch machen kann – selbst wenn sie schon gereift und wochenlang gelagert sind. Es konzentrieren sich die süßen, angenehmen Aromen der Ziegenmilch, nicht die rasse Schärfe, die man sonst oft bei Ziegenkäse spürt. Der Grund liegt in der absoluten Sauberkeit bei der Produktion und im Stall. Und nicht nur klinische Hygiene ist hier gemeint, sondern auch die Harmonie, die man bei den Tieren spürt, die sanft und lieb sind, ganz zutraulich den Fremden mustern, neugierig, aber vollkommen gelassen wirken. Es ist eben offenbar doch so, daß glückliche Tiere die bessere Milch geben! Hier jedenfalls kann man das ganz eindeutig schmecken.
Etienne Fernex verkauft etwa die Hälfte seiner Produktion samstags in Basel auf dem Wochenmarkt. Den Rest auf Märkten und ab Hof. Seine mit allen möglichen Gewürzen panierten Käse sind überaus beliebt. Sie sehen auch bildschön und appetitlich aus, wie er sie in Cellophan gehüllt auf geflochtenen Weidentabletts an seinem Verkaufsstand präsentiert!
Immer wieder probiert Etienne neue Geschmäcker und Aromen aus. Seine neueste Idee ist ebenso ungewöhnlich wie dekorativ: Ziegenkäse mit Algen, die einen zarten Duft nach Meer vermitteln; sie sind schwarz, grün und violett und leuchten auf dem weißen Käseuntergrund besonders schön, wie nächste Seite auf dem Bild oben in der Mitte zu sehen.

Für den Cabichon, einen Ziegenkäse mit fester Rinde, unter der ein typischer Geschmack entsteht, wird die Ziegenmilch mit Ziegenlab und Joghurtbakterien versetzt. Nach einem Tag wird die geronnene Masse in Formen gefüllt (oben). 24 Stunden lang muß sich die Käsemasse setzen und wird dabei immer wieder gedreht. Die geformten Käse müssen jetzt reifen (Mitte). Agnès bestreut junge Ziegenkäse mit frischem Schnittlauch. Sie sollen morgen auf dem Markt in Basel verkauft werden. Dafür werden sie noch einzeln in Klarsichtfolie verpackt. Käse, die übrig bleiben, kommen in den Reifeschrank, dort verlieren sie Feuchtigkeit, werden kleiner, fester und intensiver im Geschmack

Nur eine Auswahl aus Etienne Fernex' Produktion: oben rechts die gereiften Sorten unterschiedlichen Alters. Die frischen Ziegenkäse sind gewürzt mit Mohn, Herbes de Provence, Paprika, Schnittlauch oder Algen. Außerdem: ein halbfester Ziegen-Schnittkäse

Renaissancefassaden, starke Frauen und ein unternehmungsfroher Koch

Er ist einer der schönsten Plätze im ganzen Elsaß, der Markt von Rouffach, mit der frühgotischen Liebfrauenkirche und den eindrucksvollen Renaissancebauten gegenüber: Das Rathaus mit seinen beiden elegant geschwungenen Zwillingsgiebeln (auf den Photo ist nur einer zu sehen), der strenge Treppengiebel des Kornhauses und in der Mitte, alles überragend, der stattliche Hexenturm mit seinem Storchennest. Wenn man weiß, daß ein solches Nest bis zu einer halben Tonne (500 Kilo!) wiegt, staunt man, was eine solche Turmspitze alles tragen kann! Es gibt übrigens erfreulicherweise kaum mehr leerstehende Storchennester im Land, seit man erfolgreich Störche in Gehegen großzuziehen gelernt hat. Dabei stellt man erstaunt fest, daß Störche, die hier geboren wurden, keine Zugvögel mehr sind. Ökologisch Interessierte steuern Rouffach im Frühjahr an, wegen einer großen Bio-Messe. Die Gourmets unter ihnen haben indes rund ums Jahr Grund zu kommen: Philippe Bohrer und sein kleines Restaurant mit gleichem Namen. Der einfallsreiche und tatkräftige junge Koch führt innerhalb des Familienbetriebs, der ein Hotel mit Großrestaurant umfaßt, sein eigenes kleines Feinschmeckerrefugium.

»Ich bin ein typischer Rouffacher: etwas *timide*«, lacht er und wirkt dabei durchaus selbstbewußt. »In Rouffach sind die Frauen stark!« Die Rouffacher/innen kokettieren gern mit diesem Nachweis ihrer feministischen Tradition. Schon 1106 hatten sich die Frauen gegen den Fürsten und sein *ius primae noctis* erhoben. Mit Erfolg: Seither sitzen die Frauen nicht nur in der Liebfrauenkirche (*nomen est omen*) auf der Ehrenseite, rechts vom Altar, sie haben bei örtlichen Ereignissen stets den Vorrang.

»Willst du Bauer werden oder Koch?« hatte ihn damals sein Vater, selbst ein Bauer, vor die Berufswahl gestellt. Lieber Koch! Der Vater verkaufte also einen Teil der Äcker, baute Hotel und Restaurant. Allerdings: Philippe hatte nach seiner Lehre in den großen Drei-Sterne-Häusern Frankreichs andere Vorstellungen von Gastronomie als der Papa. Der nahm das nicht weiter übel, zumal sich mit Philippes anspruchsvoller Küche auch bald Erfolg einstellte. Die Schwester führt nun den Hotelbetrieb, der Vater kümmert sich um das Großrestaurant, serviert dort Flammekueche und Schnitzel, und alle sind gücklich damit – ein schöner Beweis für die elsässische Lebensart eines *laissez-faire*.

1

PRESSKOPF GOURMET DE HOMARD

FEINSCHMECKER-PRESSKOPF MIT HUMMER

Für acht bis zehn Personen:
2 Hummer à 500 g, je 200 ml Weißwein und Weißweinessig, 6 Blatt Gelatine, 300 ml Fleischbrühe, Salz, Pfeffer, je 2 EL fein gehackte Petersilie und Estragon, 200 g Entenstopfleber

Drei Liter Wasser zum Kochen bringen, die Hummer kopfüber hineinwerfen und sechs Minuten kochen lassen. In kaltem Wasser abkühlen. Das Fleisch aus Schwanz, Scheren und Beinen sorgfältig herauslösen.
Die Karkasse (alle Schalenteile) in einen Topf füllen, Wein und Essig angießen, mit 200 ml Wasser auffüllen. Ohne Deckel auf die Hälfte einkochen. Dann durch ein Haarsieb oder Tuch filtern.
Gelatine in kaltem Wasser einweichen und in der heißen Fleischbrühe auflösen; den Essigsud zufügen.
Die Hummerschwänze und -scheren längs halbieren. Das Fleisch aus den Beinen salzen und pfeffern, mit den Kräutern mischen. Die Entenleber in zweizentimetergroße Würfel schneiden.
Eine Terrinenform von fünf mal sechs Zentimetern Breite und Höhe sowie 30 Zentimetern Länge mit Klarsichtfolie auslegen. Hummer- und Leberstücke akkurat dicht aneinander darauf anordnen. Vorsichtig den eben noch lauwarmen und daher flüssigen Sud dazwischen gießen.
Die Folie darüber zusammenfalten, die Terrine für mindestens zwei Stunden in den Kühlschrank stellen.
Für die Sauce aus Mayonnaise nimmt Bohrer Olivenöl, in dem Hummerkarkassen geröstet wurden – das gibt ihr nicht nur Geschmack, sondern auch Farbe!

2

POT AU FEU D'ESCARGOTS À LA MOUSSE DE RAIFORT

SCHNECKENSUPPE MIT MEERRETTICHSCHAUM

Für vier bis sechs Personen:
Meerrettichschaum:
1,5 Blatt Gelatine, 80 g frisch geriebener Meerrettich, Salz, Pfeffer, 150 ml Sahne
Suppe:
1 Möhre, 1 Lauchstange, 1/2 Sellerieknolle, 1,5 l kräftige Fleischbrühe, 30 küchenfertige Schnecken
Außerdem:
6 dünne Scheiben Baguette, ca. 150 g frisches Rindermark, Salz

Für den Meerrettichschaum die Gelatine einweichen. Den frisch geriebenen Meerrettich in einem kleinen Töpfchen sanft erwärmen, die Gelatine darin auflösen. Salzen, pfeffern und sobald die Masse wieder abgekühlt ist, die steif geschlagene Sahne unterziehen. Etwa zwei Stunden kalt stellen.
Das Wurzelgemüse in feine Julienne schneiden, in sprudelnd kochendem Salzwasser zwei Minuten blanchieren.
Fleischbrühe aufkochen, Gemüsestreifen und Schnecken darin erwärmen. In Suppentellern anrichten. Unmittelbar vor dem Servieren jeweils einen Löffel Meerrettichschaum hineingleiten lassen.
Die Baguettescheiben mit Markscheiben belegen, im 200 Grad heißen Ofen fünf Minuten überbacken und mit Salz bestreut heiß zur Suppe servieren.

1

2

3

ESCALOPE DE FOIE DE CANARD SUR CHOUCROUTE LÉGÈREMENT MIELLÉE

ENTENLEBER AUF HONIGGEWÜRZTEM SAUERKRAUT

Für sechs Personen:
Sauerkraut:
60 g Butter, 2 EL Honig,
400 g Sauerkraut, Salz, Pfeffer
Entenleber:
1 Entenstopfleber von ca. 500 g,
Mehl zum Wenden, Salz, Pfeffer,
2–3 EL Öl zum Braten, 1 EL Mohn
Vinaigrette:
100 ml Kalbsfond, 100 ml Walnußöl,
50 ml Sherryessig, Salz, Pfeffer,
1 TL Wacholderbeeren

Butter erhitzen, Honig darin auflösen, das Kraut darin wenden. Einige Minuten dünsten. Mit Salz und Pfeffer würzen.
Leber von Häuten und Sehnen säubern. In jeweils zweizentimeterdicke Scheiben schneiden. In Mehl wenden, salzen und pfeffern. Öl in einer schweren Pfanne stark erhitzen und die Leberscheiben darin rasch auf beiden Seiten anbraten. Sofort herausheben, nicht in der heißen Pfanne nachziehen lassen, weil sonst die Leber weich wird. Leberscheiben anrichten, mit Mohn bestreuen.
Kraut mit Vinaigrette würzen: Dafür den Kalbsfond um die Hälfte einkochen, mit den übrigen Zutaten cremig aufschlagen. Wacholderbeeren mit einem Messer hacken und unterrühren.

4

GALETTE DE QUETSCH À LA TATIN

ZWETSCHGENKUCHEN À LA TATIN

Die zwei Schwestern Tatin haben sich mit ihrem Apfelkuchen unsterblich gemacht; er wird kopfüber gebacken, also Teig nach oben, und dann gestürzt. Hier also Bohrers Version mit Zwetschgen.

Für sechs Personen:
2 kg Zwetschgen, 200 g Zucker,
100 g Butter, 300 g Blätterteig

Die Zwetschgen entsteinen, dabei halbieren. Den Zucker in einen Topf schütten, langsam schmelzen und zum hellblonden Karamel kochen. In eine unten geschlossene Kuchenform gießen und abkühlen lassen. Die Karamelschicht sollte etwa drei bis vier Millimeter hoch sein.
Die Zwetschgenhälften dicht an dicht auf diesen Boden verteilen, mit flüssiger Butter übergießen. Den Teig zwei Millimeter dünn ausrollen und auf die Zwetschgen breiten. Mit einer Gabel mehrmals einstechen. Bei 175 Grad im Ofen langsam backen, bis die Zwetschgen gar sind und der Teigboden schön braun geworden ist. Etwas auskühlen lassen, stürzen und in Stücke schneiden. Mit Zimteis (genau wie Vanilleeis herstellen, statt Vanille jedoch Zimt verwenden) und Karamelsauce servieren: Dafür 100 g Zucker zu hellem Karamel kochen, mit 200 ml Sahne auffüllen, dann einkochen.

Klein, aber fein: die Choucrouterie Dietrich in Wickerschwihr

Das Hauptanbaugebiet von Weißkohl, dem Rohstoff für das Nationalgericht der Elsässer, liegt südwestlich von Straßburg im Ehntal, zwischen Obernai und Geispolsheim, im Unterelsaß also. Früher gab es auch im Oberelsaß, bei Colmar, viel Kraut – im Meer von Mais, das dort angebaut wird, haben sich nur wenige Betriebe gehalten. Da Weißkohl nur alle vier Jahre auf dem Acker stehen darf, kultiviert man Mais, Rüben und Weizen als Zwischenfrucht.

In Wickerschwihr bei Colmar ist im Herbst ein bis zwei Mal die Woche Großkampftag: Schon in der Morgendämmerung beginnt die Familie Dietrich auf dem Feld – da kann es ganz schön kalt und feucht sein! Die Köpfe werden abgeschnitten und per Hand aus den äußeren, grünen Blättern geschlagen. Das ist eine Heidenarbeit, aber nur so sieht man genau, ob wirklich nur das weiße Herz übrig bleibt. Das maschinelle Schälen geht zwar viel schneller, aber es bleiben dabei oft auch etwas grünere Blätter stehen, die später das Sauerkraut grau machen. Hubert Dietrich baut zudem die traditionelle Sorte »Quintal d'Alsace« an, die empfindliche Blätter hat, während die Maschinenernte festblättrige Sorten aus Holland verlangt. Klar, daß ein Sauerkraut aus dem »Zentnerschweren vom Elsaß« zarter ist.

Im Laufe des Vormittags treffen die mit der Gabel (was für eine Arbeit!) hoch und akkurat auf die Wagen getürmten Kohlköpfe auf dem Hof ein. Der harte Strunk wird ausgebohrt, der Kohl geschnitten und auf einem Förderband in große Zementwannen transportiert. Unter Aufsicht von Vater Dietrich wird Lage für Lage mit gereinigtem Meersalz bestreut und festgetreten. »Das ist zwar teurer als normales Salz, aber nur mit Meersalz wird das Kraut gut!« sagt Vater Dietrich bestimmt. Die zwei Kilogramm Salz, die auf zwei Zentner frisches Kraut kommen, muß er nicht abwiegen – das hat er im Griff. Ist der Behälter voll, wird das Kraut beschwert. Abends muß aller Kohl »verschafft« sein.

Die Milchsäuregärung, ein Zusammenwirken von Bakterien und Salz, braucht im Oktober vier Wochen – das Kraut hält sich dann bis in den nächsten September, ohne an Qualität zu verlieren. Im Frühherbst, wenn es heiß ist, kommt sie schneller in Gang – schon nach zwei Wochen ist das Kraut dann fertig, muß aber bald gegessen werden. Das Konservieren mit Salz brachten die Slawen erst im 16. Jahrhundert nach Mitteleuropa – zuvor wurde Kohl in Essig eingelegt. Aber nur durch die Milchsäuregärung entsteht der feine Geschmack und werden die Nährwerte verbessert – Sauerkraut ist, verzichtet man auf allzu reichliche Fleisch- und Wurstbeilagen, ein sehr gesundes Lebensmittel!

Kraut ist jedoch längst nicht gleich Kraut – wer hätte nicht schon einmal Sauerkraut mit breitem, unangenehmem Beigeschmack gegessen? »Das kommt von zuviel Stickstoffdüngung – dann gibt's große Köpf'!« meint Dietrich kurz. Er verarbeitet nur den Kohl, den er selbst anbaut. Im Unterelsaß dagegen liefern die Bauern an eine Fabrik und sind dann, vermuten wir, weil sie hohe Erträge brauchen, vielleicht mit dem Düngen nicht ganz so zurückhaltend?

Alle müssen anpacken, wenn die Feldfracht eintrifft: Hubert Dietrich (im Bild ganz rechts) ist als Juniorchef jetzt überall gefragt. Die Eltern (Bildmitte) helfen natürlich feste mit, auch die Verwandten und die Nachbarn sind mit von der Partie

Die Mutter hat den verantwortungsvollen Platz an der Maschine – sie soll nicht zu viel herausbohren, aber es dürfen auch keine faserigen Strunkteile im Kopf bleiben, die das Kraut hart machen: Routine und Erfahrung sind vonnöten

Das Kraut wird eingesalzen, man steht mit Gummistiefeln in der Wanne. Mit einem Greifer wird das fertige Kraut herausgeholt (Bild rechts) und per Hand in die charakteristischen grünen Plastikeimer gepackt, in denen es sich einige Wochen frisch hält

ANNEE
ETABLISSEMENT RECOMMANDE PAR LE
GUIDE
GAULT MILLAU
FRANCE
1991
R
RESTAURANT DE TOURISME
8

Philippe Schadt: König des Sauerkrauts

Es war einer jener Tage, an denen alles schiefgeht: Nachts wegen durchgelegener Betten nicht gut geschlafen, am Frühstückstisch geärgert, trübes Licht statt Sonnenschein machte jedes Photo überflüssig, und dann der Stau auf der Autobahn. Als wir endlich vor dem grauen Steinhaus in Blaesheim stehen, ist es zehn vor zwei. Wirklich keine Zeit also, um unangemeldet in einem Restaurant zu erscheinen. Trotzdem steigen wir die steile Treppe hoch; im hellen, freundlichen Speisesaal tafeln fröhliche Menschen, alles Einheimische und nur gute Köpfe! Mit allen Anzeichen der Entschuldigung fragen wir vorsichtig die junge Frau am Buffet, ob wir wohl noch zu essen bekommen können. Ein Koch mit pfiffiger Miene wendet sich uns zu, der Wirt natürlich, ein prüfender Blick und – eine einladende Handbewegung: Bitte, nehmen Sie Platz – wir sind offenbar genehm. »Was möchten Sie trinken?« Kaum gesagt, schon steht eine Flasche Wasser auf dem weißgedeckten Tisch. Eiswürfelklirrend wird der Kühler mit der Weinflasche dazu gestellt. »Was möchten Sie essen?« Die Speisekarte ist eine mit Kreide beschriftete Schiefertafel, die herbeigetragen wird. Und ehe wir noch irgend etwas bestellt haben, steht auch schon ein Teller vor uns, auf dem in kleinen Schälchen lauter einladende Kleinigkeiten angerichtet sind. Und Brot, schon mal für den ärgsten Hunger vorneweg ... Mit einem Mal ist aller Frust wie weggeblasen!

Es war kurz vor sieben, als wir von diesem Mittagessen aufstanden, die Abendgäste klopften bereits an die Tür. Aber wir hatten einen jener herrlich chaotischen Nachmittage erlebt, die wohl für Philippe Schadt typisch sind: Zuerst stürzt – wir hatten gerade den Nachtisch beendet – Raymond Waydelich herein. Der Künstler aus dem Nachbarort Hindisheim führt seine neuesten Wetterfahnen vor, wunderbare, fröhlich bunte Kunstwerke, die, auf dem Dach-

Philippe Schadt, mit Jean-Claude Beck und Raymond Waydelich – fehlt eigentlich nur noch Tomi Ungerer, dann wäre die Viererbande komplett, die mit ihren Einfällen und verrückten Ideen die Kunstszene des Elsaß auf Trab hält. Im Saal im ersten Stock hat Ungerer einen ziemlich unanständigen Wandfries angebracht – kleine Vorhänge verbergen ihn, wenn dort Erstkommunion oder ähnlich unschuldige Feste stattfinden. Das Portrait von Erzengel Philippe (mit einem Feigenblatt ziemlich unbescheidenen Formats) ist Teil eines Deckengemäldes, das allein schon den Besuch lohnt. Es sind dort alle vier Freunde verewigt, auch Philippes langjährige Straßburger Freundin Yvonne. Gemalt hat es der Mülhauser Künstler Christian Geyer, seiner Größe wegen gerne auch Mulhouse-Lautrec genannt

first montiert, schön und zugleich praktisch sind; außerdem bringt er zwei neue Bilder, die zuerst diskutiert und dann aufgehängt werden müssen. Es gesellt sich Jean-Claude Beck hinzu, der Winzer. »Wieso trinkt ihr nicht meinen Wein!« empört er sich und öffnet unverzüglich eine seiner blauen Flaschen mit der berühmten »Lydia Jacob-Cuvee« (siehe auch Seite 196), die er der Kunstfigur zu Ehren alljährlich abfüllt, deren Schöpfer Waydelich ist und die längst schon ein Eigenleben bekommen hat. Es stellt sich heraus, daß es die letzte Flasche in Philippes Keller war, der daraufhin wütend ist, sich jedoch gleich wieder besänftigt, weil er erklären muß, wieso er der Sauerkrautkönig ist. »Aber der König der Blutwürste ist ›Chou‹ vom ›Etoile‹ in Geispolsheim!« beharrt nun Waydelich, der die Sauerkrautgeschichte langweilig findet, weil er sie natürlich kennt. Philippe ist nämlich, so erfahren wir endlich mühsam, weil alle drei zugleich berichten, der (Mit-)Begründer der »Confrérie de la Choucroute«, – in der sich die Gasthäuser zusammengeschlossen haben, die das Sauerkraut als Spezialität pflegen wollen. »Ich habe mich geärgert, als ich in Bangkok mal ein Sauerkraut-Festival deutscher Köche erlebt hatte«, erklärt Philippe den Ursprung seiner Idee. Was die können, können wir schon lange! dachte er sich und mobilisierte die Kollegen. Schließlich erläutert Waydelich die wahren Zusammenhänge. Das Wort *Choucroute* ist ein Pleonasmus: *Chou* ist französisch, *krut* elsässisch für Kraut – wer will also bestreiten, daß es sich um eine urelsässische Angelegenheit handelt!
Übrigens ist das Kraut bei »Philippe« tatsächlich über jeden Zweifel erhaben: ob er es schneeweiß und zart säuerlich als Salat serviert, mit Weißwein gedünstet zum Zander oder mit Weintrauben vermischt zum Fasan – es ist jedesmal ein Vergnügen, weil immer leicht, duftig und elegant. Eben nach Elsässer, nicht nach deutscher Art... Küchenchef Denis Vetter sorgt übrigens dafür, daß die Qualität auch dann verläßlich bleibt, wenn Philippe mal wieder vor lauter Einfällen kaum Zeit für die Küche hat. Er ist eben ein Original, mit großem Herz und vielen Interessen; manchmal weiß er gar nicht, wie er alle, häufig auch widerstreitende Impulse unter einen Hut bringen soll. Wahrscheinlich ist er deshalb eingefleischter Junggeselle, weil er für eine Familie überhaupt keine Zeit hätte – er ist nämlich durchaus kein Feind schöner Frauen!

1

BEURRE DE FOIE DE VOLAILLE

GEFLÜGELLEBERBUTTER

Noch bevor man überhaupt die Speisekarte zu Gericht bekommt, steht schon ein solcher Teller auf dem Tisch. Mit eingelegten Cocktailtomaten, marinierten weißen Bohnen, einem Salat aus duftigem, gewaschenen Sauerkraut, dem ganze Korianderkörner exotischen Biß verleihen, und mit einer kräftigen Fasanenlebercreme, die man sich auf das im Korb bereit stehende Weißbrot streicht. Übrigens: die Creme läßt sich natürlich ebensogut mit Hühnerleber zubereiten.

Für sechs Personen:
500 g Fasanen- oder Hühnerlebern,
150 g Butter, 1 Zwiebel,
2 Knoblauchzehen, 3 Thymianzweige,
2 Salbeistengel, 1 Glas Riesling,
Salz, Pfeffer

Die Lebern sorgfältig putzen und häuten. In zwei Eßlöffeln Butter in einer großen Pfanne rasch rundum anbraten, herausnehmen und beiseite stellen. Die fein gewürfelte Zwiebel und gehackten Knoblauchzehen im verbliebenen Fett in der Pfanne andünsten, Thymian- und Salbeiblättchen abzupfen und mitdünsten. Mit Weißwein ablöschen und etwas einkochen. Die Lebern wieder zurück in die Pfanne füllen, salzen, pfeffern und unter emsigem Wenden und Drehen so lange dünsten, bis nahezu alle Flüssigkeit verdampft ist. Abkühlen lassen und schließlich im Mixer pürieren, dabei die restliche Butter zufügen und mitmixen.
Diese Creme in Steinguttöpfchen oder Schraubgläser füllen. Sie hält sich im Kühlschrank ein paar Tage. So kann man sie immer parat haben, falls plötzlich Gäste kommen, denn sie schmeckt köstlich auf geröstetem Brot zum Glas Wein.

2

FOIE GRAS EN BRIOCHE

GÄNSESTOPFLEBER IM BRIOCHEMANTEL

Für 15 Personen:
Brioche:
500 g Mehl, 150 ml Milch,
1 Würfel Hefe (42 g), 1 EL Zucker,
200 g Butter, 3 Eier, Butter für die Form,
Milch zum Einpinseln
Gänseleber:
1,2 kg Gänsestopfleber, 30 g Würzsalz
(z. B. Pastetensalz), 50 ml Sauternes
oder Portwein, 50 ml Cognac
Gelee:
6 Blatt Gelatine, $\frac{1}{4}$ l kräftige Geflügelbrühe, $\frac{1}{4}$ l Kalbsfond,
200 ml Sauternes oder Portwein,
Salz, Pfeffer

Etwas Mehl, in lauwarmer Milch aufgelöste Hefe und Zucker verrühren; zugedeckt 15 Minuten gehen lassen. Zum restlichen Mehl geben, die übrigen Teigzutaten zufügen und zu einem glatten Teig verarbeiten. Zugedeckt eine Stunde bei Zimmertemperatur gehen lassen.
Die Leber behutsam entsehnen und häuten. In eine enge, genau passende Schüssel oder einen Plastikbeutel betten, Würzsalz, Sauternes oder Portwein und Cognac zufügen. Über Nacht im Kühlschrank marinieren.
Den Teig zentimeterdick ausrollen. Die Leber darin einwickeln und in eine ausgefettete Kastenform oder in eine runde Kuchenform setzen. Die Oberfläche mit Milch einpinseln. Bei 220 Grad 40 Minuten backen. 24 Stunden abkühlen und ruhen lassen, dann ein kleines Loch in die Oberfläche stechen und das Gelee hineingießen: Dafür die eingeweichte Gelatine in der heißen Brühe auflösen, Fond und Sauternes oder Portwein zufügen, salzen und pfeffern. Übriges Gelee fest werden lassen und gewürfelt zur Gänseleber servieren.

1

2

1

SANDRE À LA CRÈME

ZANDER MIT SAHNESAUCE

Für sechs Personen:
1 großer Zander von ca. 2 kg, Salz, Pfeffer, 1 Bund junge weiße Zwiebeln, 100 g Butter, $^{1}/_{4}$ l Weißwein, 200 g Crème fraîche, Zitronensaft

Den Fisch innen und außen gut waschen und mit Küchenpapier abtrocknen. Innen und außen mit Salz und Pfeffer einreiben. Die Zwiebeln putzen und grob würfeln. In einer feuerfesten Form, die den Fisch aufnehmen kann, auf dem Herd die Hälfte der Butter schmelzen, die Zwiebeln darin andünsten. Mit Wein ablöschen und etwa 15 Minuten leise köcheln. Die Crème fraîche einrühren und weitere fünf Minuten köcheln. Schließlich die Zwiebeln etwas beiseite schieben und in die Mitte den Fisch betten. Die Form in den 180 Grad heißen Ofen schieben. Nach etwa 20 bis 25 Minuten – der Fisch muß jetzt auf Fingerdruck sanft nachgeben, etwa wie zimmerwarme Butter – herausholen, die Flüssigkeit in ein Töpfchen abgießen, den Fisch mit den Zwiebeln warm stellen. Die Sauce rasch etwas einkochen, mit Salz, Pfeffer, Zitronensaft abschmecken und mit dem Mixstab die restliche Butter einarbeiten.

Den Fisch mit den Zwiebeln auf einer Platte anrichten. Die Sauce getrennt reichen. Dazu schmecken Eiernudeln.

2

FAISAN À LA CHOUCROUTE

FASAN AUF SAUERKRAUT

Für sechs Personen:
2 junge Fasane, Salz, Pfeffer, 4 Thymianzweige, 100 g Butter, je 300 g blaue und weiße Trauben
Sauerkraut:
1 große Zwiebel, 3–4 Knoblauchzehen, 1 kleiner Apfel, je 2 EL Gänse- und Schweineschmalz, $^{1}/_{4}$ l Riesling, 1 kg Sauerkraut, Salz, 2 Lorbeerblätter, je 1 TL weiße Pfefferkörner und Wacholderbeeren

Die Fasane mit Küchenpapier auswischen, innen und außen mit Salz und Pfeffer einreiben, die Thymianzweige in den Bauch stecken, die Vögel auf der Seite liegend in eine Bratenform setzen, mit heißer Butter übergießen. Im 250 Grad heißen Ofen zunächst zehn Minuten braten. Dann auf die andere Seite drehen, den Ofen auf 150 Grad herunterschalten. Die Fasane weitere 30 Minuten in der nachlassenden Hitze braten. Schließlich auf den Rücken drehen und noch etwa zehn bis fünfzehn Minuten braten. Immer wieder mit Bratenbutter beschöpfen.

Die Trauben von den Rispen zupfen, halbieren und entkernen. Für die letzten 30 Minuten rund um die Fasane in die Bratenform streuen und im Bratensatz wenden und dünsten.

Für das Kraut Zwiebel, Knoblauch und Apfel schälen, fein würfeln und im heißen Schmalz andünsten. Mit Wein ablöschen. Das in heißem Wasser gewaschene Kraut zerzupfen und obenauf betten, die Gewürze dazwischen verteilen. Mit Wasser bedecken. Im offenen Topf auf kleinstem Feuer zwei Stunden leise köcheln.

Das Kraut abtropfen und auf eine Platte häufen. Die Fasane darauf anrichten, mit den Trauben umgeben. Dazu gibt's Salz- oder Pellkartoffeln.

3

FIGUES AU CITRON

FEIGEN MIT ZITRONEN-SORBET

Für vier Personen:
5–6 reife Feigen, 4 EL Portwein,
2 EL Zucker, Zitronensaft,
Melisseblätter
Zitronensorbet:
200 g Zucker, 400 ml Wasser,
1/4 l Zitronensaft

Die Feigen in Scheiben schneiden und auf Desserttellern ausbreiten. Portwein, Zucker und etwas Zitronensaft verrühren und gleichmäßig darüberträufeln. Melisseblätter in Streifen schneiden und darüberstreuen. In die Mitte jeweils eine Kugel Zitronensorbet setzen.
Dafür den Zucker mit dem Wasser aufkochen und abkühlen lassen. Mit dem Zitronensaft in die Eismaschine gießen und fest werden lassen.

Tip: Wer keine Sorbetière besitzt, füllt die Eismasse in eine Metallschüssel und stellt sie für zwei Stunden ins Gefrierfach. Sobald das Sorbet fest zu werden beginnt, alle zehn Minuten mit dem Schneebesen aufschlagen, damit sich keine Eiskristalle bilden und das Eis schön glatt wird.

Trimbach: Wein mit Kraft und Rasse

Seit 1626 machen die Trimbachs Wein, nun in der zwölften Generation, und ihr Haus mit seinem charakteristischen Turm ist längst ein Wahrzeichen von Ribeauvillé geworden. Die ganze Familie ist in den Betrieb eingebunden: Vater Bernard hat sich zwar schon ein wenig zurückgezogen, steht aber immer noch an der Spitze. Seine Söhne teilen sich die Aufgaben – Pierre ist für die Weinberge und die Vinifikation zuständig, Jean für den Verkauf. Sein Bruder Hubert kümmert sich um die Finanzen, PR und den Vertrieb in den USA.

Ein großes Haus: Eine Million Flaschen werden pro Jahr produziert, die dreifache Menge reift im Keller ihrer Vollendung entgegen. So viel Wein bringt das Gut selbst mit seinen 21 Hektar natürlich nicht hervor. Von 60 Hektar werden Trauben zugekauft – von Winzern, die seit Jahrzehnten für Trimbach arbeiten. Einwandfreies Lesegut wird verlangt und peinliche Sauberkeit – überall wird gespritzt und geschrubbt, um bakterielle Infektionen zu vermeiden.

Die besten Weine jedoch kommen von den eigenen Weinbergen: Die Riesling-Cuvée *Frédéric-Émile*, benannt nach dem Großvater der jetzigen Generation, und die Gewürztraminer-Cuvée *Seigneurs de Ribeaupierre*, Hommage an die ehemaligen Stadtherren. Sie stammen aus den beiden Grand-Cru-Lagen *Geisberg* und *Osterberg* – das Weingesetz des Elsaß erlaubt ihnen aber nicht, die Weine als Grand Cru zu deklarieren. Er dürfte dafür nur aus einer Lage kommen! Aber die beiden Weine sind in ihrer Charakteristik entwickelt worden, ehe es die Grands Crus überhaupt gab – und ändern will Trimbach sie nicht, denn sie genießen weltweit einen einmaligen Ruf.

JOHN DEERE
5165

Tatsächlich wird der meiste Trimbach-Wein im Ausland getrunken – sagenhafte 80 Prozent gehen in den Export, das meiste nach Amerika. Was im Land bleibt, wird hauptsächlich in guten Restaurants ausgeschenkt. François Wilhelm, im Haus für die Kontakte zur Gastronomie zuständig, erklärt das so: »Die erfahrenen Weinliebhaber der USA und Nordeuropas, auch Deutschlands, lieben unseren trockenen, wirklich durchgegorenen Riesling mit seiner ausgeprägten Säure, verlangen ihn auch im Restaurant. Die Franzosen müssen das erst noch lernen. Viele Winzer runden ihre Rieslinge daher mit Restsüße ab, was leider nicht auf der Flasche stehen muß. Trimbach macht das nicht, Trimbach-Weine sind durchgegoren!«
In großen Jahren, zum Beispiel 83 und 89, erzielt man freilich auch restsüße Spätlesen, *Vendanges Tardives*. Und ein großer Riesling, Gewürztraminer oder Tokay kann schon mal bei fünf Gramm Restzucker aufhören zu gären. Aber ein einfacher Riesling, ein Pinot Blanc oder Sylvaner muß bei Trimbach absolut trocken sein: »Die einfachen Weine sind unsere Visitenkarte«, sagt Pierre Trimbach. »Die Qualität eines Hauses erkennt man nicht an seinen Spitzenweinen, sondern am Kneipwein. Auch der muß perfekt sein, gerade, sauber und klar!«
Deshalb kümmert er sich während der Lese mit seinem Vater persönlich um die Annahme der Trauben. Alles wird sofort klassifiziert und getrennt bei kontrollierter Temperatur vergoren, damit die volle Fruchtigkeit erhalten bleibt; die Zusammenstellung der Cuvées erfolgt dann später. Gepreßt wird mit geringem Druck, der gegen Ende herauslaufende Most wird nicht verwendet – er hat zwar ein gutes Mostgewicht, ist aber bitter und bringt wenig Säure. Nichts für Trimbach! Er wird verkauft und irgendwo zu Edelzwicker ...
Der größte Wein von Trimbach ist eine Rarität im Elsaß, ein *Clos*, also ein genau begrenzter Weinberg: Der *Clos St. Hune*, nur etwas über einen Hektar groß, bestanden mit durchschnittlich 35 Jahre alten Rieslingstöcken. »Der Romanée des Elsaß«, sagt man: Von hier kommt ein Wein mit ungeheurer Dichte und Struktur, reintöniger Frucht, mineralisch geprägt, kraftvoll und rassig, ein Maul voll Wein ... Erst nach sechs Jahren kommen die nur 7–8000 Flaschen zum Verkauf. Aber ihren Höhepunkt erreichen sie – ein Phänomen für alle Weinfreaks! – erst nach 20 bis 30 Jahren!

Pierre Trimbach packt selbst mit an, wenn die Trauben angeliefert werden. Großes Bild: Junger Wein mit Brot und Nüssen – Freuden des Herbstes

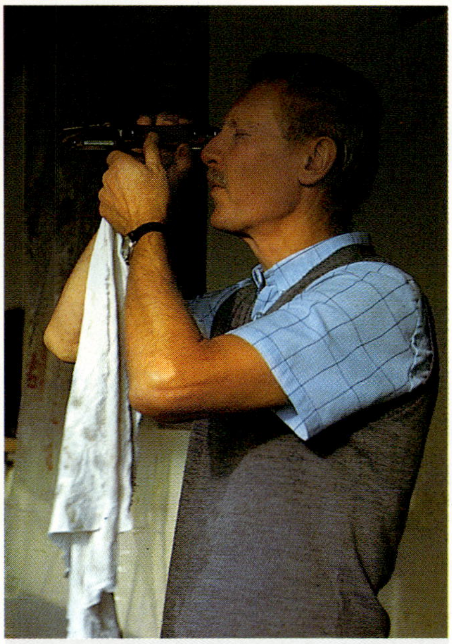

Bernard Trimbach zieht von jeder Bütte eine Probe und kontrolliert mit dem Refraktometer den Zuckergehalt. Auch die Säure wird überprüft und notiert

Der Clos St. Hune, ein Riese von einem Wein – mit reiferem Alter immer komplexer werdend. Ein edles und rares Getränk für ganz besondere Gelegenheiten

Essen in der Weinlese: alltägliches Fest

»Wer viel schafft, der muß auch gut essen!« sagen die Elsässer. Und sie zeigen, daß man es sich auch unter eher schwierigen Bedingungen wohl sein lassen kann: Viele Weingüter sind bekannt für die gute Verpflegung ihrer Lesekräfte. Freilich ist dies nicht nur Wohltätigkeit, denn glücklich gesättigte Menschen sind besser bei der Sache als hungrige oder unzufriedene (siehe auch Seite 140–143). Außerdem kann man mit dieser Leistung, die nicht mit dem Lohn verrechnet wird, die Leute längerfristig an sich binden. Und wenn schon die äußeren Bedingungen im Herbst nicht immer angenehm sind, es bitterkalt sein kann oder regnerisch und klamm, dann sollte wenigstens eines stimmen, das Essen – wie heißt es so schön? »In Frankreich ißt man gut und wenig; in Deutschland viel, aber weniger gut; im Elsaß jedoch gut *und* viel.« Wenn allerdings die Sonne vom Himmel lacht, wird die Weinlese zu dem von Dichtern besungenen Vergnügen: Auf der nächsten Seite sieht man die Helferinnen und Helfer des Weinguts Selig aus Riquewihr mitten in den golden leuchtenden Weinbergen tafeln. Wer möchte da nicht dabei sein? Die Leute jedenfalls sind's hoch zufrieden und loben das Essen als das beste weit und breit – was wir unverzüglich glauben, als uns die köstlichen Düfte aus den Töpfen in die Nase steigen. Die Leser helfen seit Jahren beim Herbsten und wissen daher genau, worauf im Weingut Wert gelegt wird – das ist ein echtes Kapital für die Familie Selig.

Im warmen Herbstlicht wirken die Hänge wie mit Gold überzogen – wenn solches Bilderbuchwetter während der Lese herrscht, macht die Arbeit doppelt Spaß, selbst wenn sie hart ist. Und auch den Trauben tut es gut, wenn sie noch ein paar südlichere Tage erleben. Das bringt Öchsle, also Alkohol und Qualität!

Die Weinlese ist nämlich nur zu Teilen eine Sache, die man mit ungelernten Kräften bewerkstelligen kann: Sind die Trauben gesund und gleichmäßig reif, gibt es keine Probleme. Aber in schwierigen Jahren, wenn die Blüte nicht zügig vonstatten ging und der Herbst verregnet ist, dann entscheidet sich beim Lesen viel. Da muß der Winzer sich darauf verlassen können, daß nur gesunde Trauben genommen und alle schlechten Beeren auch wirklich ausgeschnitten und weggeworfen werden. Kann man gar Spät- oder Auslesen einbringen, dann dürfen bei jedem Gang durch den Weinberg nur die besten und reifsten Trauben genommen werden, beziehungsweise vom Edelpilz *Botrytis cinerea* befallene, zwar unansehnliche, dafür aber um so süßere Beeren ausgelesen. Der Rest bleibt hängen, bis er nachgereift ist – in manchen Jahren muß man zehn Mal durch Weinberg gehen! Klar, daß man dafür auf treue und erfahrene Helfer angewiesen ist.

Da immer weniger Einheimische mitlesen, ist es gut, daß aus Polen sehr gute Leser kommen – sie verdienen im Monat hier mehr, als zu Hause im ganzen Jahr.

Größere Weingüter mit vielen Leuten können natürlich nicht rasch eine Tafel aufbauen oder die Mannschaft in der Küche versammeln. Manche beginnen deswegen erst am Nachmittag mit der Lese, so daß die Leute noch zu Hause essen können. Man braucht dann freilich mehr Kräfte, oder die Lese dauert länger. Aber man hat einen weiteren Vorteil: Der qualitätsmindernde Morgentau ist abgetrocknet.

Wieder andere gehen mit ihren Leuten in eine Weinstube oder ein Restaurant: Und der erstaunte Tourist kann dann schon mal erleben, daß die Truppe länger als jene klägliche Stunde tafelt, die in weniger lebensfrohen Gegenden der Welt als Mittagspause üblich ist ...

Das Dörfchen Hunawihr (oben) liegt malerisch in Weinberge eingebettet. Seiner wehrhaften Kirche gegenüber befindet sich die berühmteste Lage des Elsaß, der Clos St. Hune der Familie Trimbach (siehe Seite 170–173). An den Hängen wird natürlich per Hand gelesen, in der Ebene immer häufiger maschinell

1

BŒUF BOURGUIGNONNE À L'ALSACIENNE

BURGUNDERFLEISCH AUF ELSÄSSER ART

Weil mit weißem und nicht mit rotem Burgunder zubereitet, ist die Sauce nicht rot oder dunkel, wie man das von Burgunderfleisch gewöhnt ist, sondern sahnig hell. Ein weiterer Unterschied zum klassischen Rezept aus Burgund: Hier wird Rind- und Schweinefleisch gemischt, denn es ist ein Hausfrauenrezept, das sich nach dem jeweiligen Angebot richtet.

Für sechs Personen:
je ca. 1 kg Rindfleisch (z. B. von der Schulter) und Schweinefleisch (z. B. vom Hals), 3 EL neutrales Öl, 2 EL Butter, 3 große Zwiebeln, 4 Knoblauchzehen, Salz, Pfeffer, Cayennepfeffer, Macis (Muskatblüte), 1 Flasche Pinot blanc (Weißburgunder) aus dem Elsaß, 1 Kräuterstrauß (3 Thymianzweige, 1 Lauchstange, 4 Petersilienstengel, 2 Lorbeerblätter), 250 g Crème fraîche

Das Fleisch in dreizentimetergroße Würfel schneiden. Portionsweise im heißen Fett (Öl und Butter mischen) kräftig anbraten, herausheben und beiseite stellen.

Die gehackten Zwiebeln und Knoblauch im verbliebenen Bratfett andünsten, die Fleischwürfel wieder in den Topf füllen, mit Salz, Pfeffer, Cayennepfeffer und Macis mutig würzen.
Den Wein angießen, den Kräuterstrauß zufügen (zuvor die Petersilienblättchen abzupfen und beiseite stellen). Das Ragout auf kleinem Feuer etwa zwei Stunden schmurgeln, dabei den Deckel einen Spalt offen lassen, damit Flüssigkeit entweichen und verkochen kann.
Den Kräuterstrauß herausfischen und wegwerfen. Crème fraîche zufügen, nach Belieben noch etwas einkochen. Die Sauce abschmecken. Kurz vor dem Servieren die fein gehackte Petersilie unterrühren.

Selbst im Weinberg wird nicht auf eine Suppe vorweg verzichtet: hier eine sahnige Kürbiscremesuppe mit frischem Schnittlauch

Das Essen kommt in großen Töpfen, in Decken verpackt

Frisches, knuspriges Brot gehört natürlich auch dazu

Die vollen Bütten, aus pflegeleichtem Plastik, werden auf dem Anhänger gesammelt und in die Kelter gefahren

2

PURÉE DE CAROTTES ET POMMES DE TERRE

KARTOFFEL-MÖHREN-PÜREE

Für sechs Personen:
1 kg mehlige Kartoffeln, 1 kg Möhren, 2 Knoblauchzehen (nach Belieben), Salz, ca. 3/4 l Milch, 50 g Butter, Pfeffer, Muskat

Kartoffeln und Möhren schälen, grob würfeln und knapp mit Salzwasser bedeckt weich kochen. Abgießen, durch die Gemüsemühle drehen oder durch die Kartoffelpresse drücken. Auf keinen Fall im Mixer pürieren, sonst wird das Püree zäh und schmierig.

Zerkleinerte Möhren und Kartoffeln in einen Topf füllen, soviel heiße Milch unterrühren, wie nötig ist, um ein geschmeidiges Püree zu erhalten. Butter unterrühren, mit Salz, Pfeffer und Muskat großzügig abschmecken.

Ein sahniges, würziges Burgunderfleisch zum Mittagessen – wenn man so gut beköstigt wird, macht die Arbeit doppelt Spaß

Ein solches Püree, halb aus Möhren, halb aus Kartoffeln, könnte auch, zusammen mit einem Salat, eine ganze Mahlzeit sein

Idylle im Bergwald: St. Alexis

Die Schilder, die von Riquewihr aus auf einer schmalen Forststraße hierher geleiten, sind klein, man übersieht sie leicht. Und sie führen auf so verschlungenen Wegen durch den Wald, daß man befürchtet, eine Abzweigung übersehen zu haben, und mehr als einmal versucht ist, umzukehren. Bis sich endlich der Wald nach vorne öffnet und einen herrlichen Blick frei gibt: weit in die Vogesen hinein, wo sich die vielfach hintereinanderstaffelnden, sanft geschwungenen Hügelketten im Blau der Ferne verlieren. Im Vordergrund Wiesen, locker hineingestreut Obstbäume. Von weiter unten im Tal hört man Kuhglocken herauf, deren Träger dem Blick jedoch entzogen bleiben. Eine winzige Kapelle, ein kleiner Bauerngarten, eine weinumlaubte Terrasse vor dem niedrigen Bauernhaus, dessen buntsandsteinumfaßte Fenster und Türen so heimelig wirken. Kaum hat man sich an einem der Tische niedergelassen, wird eine Decke aufgelegt. Das Muster darauf ist nach vielem Waschen schon ganz verblaßt; und es gibt Stoffservietten, selbstverständlich. Warum, fragt sich der Gast aus Deutschland, wo es Stoffservietten meist nur in Luxusrestaurants gibt, geht das nicht zu Hause auch?

Die »Auberge St. Alexis« wird von Brigitte Hertle und ihrer Familie bewirtschaftet. Es ist keine *Ferme Auberge*, also keiner jener Bergbauernhöfe, die Wandersleuten aus ihrer eigenen Produktion von Käse, Brot und Milch eine kleine Stärkung anbieten.

Brigitte Hertle ist Wirtin, Köchin, kurz die Seele des Restaurants St. Alexis, das auf einer Lichtung hoch in den Vogesen, oberhalb von Kaysersberg liegt

Es gibt vier Menüs – wir sind in Frankreich! – zu unglaublich günstigem Preis. Ein jedes beginnt mit einer jener köstlichen Gemüsesuppen nach Hausfrauenart, in die einfach alles hineingeschnibbelt wird, was im Garten gerade wächst. Und es endet beispielsweise mit lauwarmem Käsekuchen, Apfel- oder Zwetschgentarte, je nach Saison. Natürlich ist alles, auch die Hauptgerichte, Kaninchen, Sauerkrautplatte oder nur der Zwiebelkuchen, frisch und hausgemacht. Und wenn die Töpfe leer sind, dann gibt es immer noch wenigstens Wurst, Speck oder ein Stück vom Munsterkäse.

Um diese Portionen bewältigen zu können, sollte man zuvor eine stramme Wanderung zurücklegen. In einer bauchigen Terrine kommt die Suppe auf den Tisch, und jeder nimmt davon, soviel er mag. Und wehe, man ist danach schon satt!

1

OMELETTE AU JAMBON

OMELETT MIT SCHINKEN

Nach dieser »Vorspeise« ist man bereits satt, wenn man nicht gerade eine mehrstündige Wanderung hinter sich hat.

Pro Person:
3 Eier, Salz, Pfeffer, 2 EL Butter, 50 g gekochter Schinken in Scheiben

Die Eier in einer Schüssel mit einer Gabel kräftig verquirlen, dabei sparsam salzen und mutig pfeffern.
Die Butter in einer kleinen, möglichst eisernen Pfanne haselnußbraun werden lassen, die Eier hineingießen. Zunächst scharf anbraten, nach 30 Sekunden die Pfanne rütteln, damit das Omelett sich nirgendwo festsetzt.
Nach weiteren 30 Sekunden auf kräftiger Flamme die Pfanne vom Herd ziehen. Das Omelett, das nun auch an der Oberseite gestockt, aber noch saftig ist, auf einen Teller gleiten lassen, dabei mit Hilfe der Gabel zusammenrollen.
Den Schinken daneben anrichten. Nach Belieben verschiedene, kunterbunte Blattsalate dazu servieren.

1

2

3

4

2
CHOUCROUTE GARNIE
SAUERKRAUTPLATTE

Natürlich bereitet jede Hausfrau, jede Köchin, jeder Küchenchef im Elsaß sein Sauerkraut auf eigene, ganz persönliche Art zu, dosiert die Gewürze anders, fügt zu den klassischen Wacholderbeeren, Pimentkörnern und Lorbeerblättern vielleicht auch noch ein paar Koriander samen hinzu. In der *Ferme Auberge St. Alexis* zum Beispiel dominieren ganz deutlich Wacholder und Lorbeer.
Im Prinzip jedoch wird das Sauerkraut nach dem Grundrezept zubereitet, wie es auf Seite 20 oder auf Seite 164 steht.
Unterschiede findet man vielmehr in der Fleisch- und Wurstauswahl, mit der das Sauerkraut »garniert« wird. St-Alexis-Köchin Brigitte Hertle nimmt zum Beispiel geräucherten Bauchspeck, den sie zunächst in Wasser vorkocht, weil er im Sauerkraut mitgegart nicht weich würde. Außerdem gehören bei ihr auf die Platte gepökelter Schweinehals sowie Knoblauch- und Knackwürste. Übrigens: auch in den Auberge St. Alexis nimmt man das Sauerkraut von Dietrich aus Wickenschwihr (siehe Seite 162/163).

3
LAPIN BONNE FEMME
KANINCHEN NACH HAUSFRAUENART

Für sechs Personen:
1 Kaninchen von 1,8 kg, 2 EL Schmalz,
2 EL Butter, Salz, Pfeffer, 2 Zwiebeln,
4 Knoblauchzehen, 2 Möhren,
4 große Fleischtomaten, je 3–4 Salbei-,
Thymian- und Petersilienstiele,
ca. 1/2 l Weißwein

Das Kaninchen am besten bereits vom Händler in Portionsstücke schneiden lassen: Keulen (eventuell in zwei Stücke schneiden), Vorderläufe und den Rücken (in zwei bis drei Teile).

In einem breiten Schmortopf im heißen Fett (Schmalz und Butter mischen) von allen Seiten kräftig anbraten. Dabei salzen und pfeffern.
Zwiebeln, Knoblauch und Möhren schälen, würfeln und dazwischenstreuen. Mitdünsten, dabei dürfen die Würfel ruhig sanft bräunen. Die Tomaten häuten, grob zerschneiden und zusammen mit den Kräutern in den Topf geben. (Von der Petersilie die Blättchen zuvor abzupfen und beiseite legen.) Mit dem Wein auffüllen.
Das Kaninchen nunmehr zugedeckt auf kleinem Feuer etwa eine Stunde sanft schmoren.
Vor dem Servieren die fein gehackte Petersilie unterrühren. Dazu schmecken Spätzle oder Bratkartoffeln, die die Sauce gut aufnehmen.

4
TARTE AU FROMAGE BLANC
KÄSEKUCHEN

Für eine Form von 24 cm Durchmesser:
1/4 Portion Mürbeteig (Seite 110),
Butter zum Einfetten der Form
Quarkfüllung:
4 Eier, 150 g Zucker,
500 g Magerquark,
100 g Butter,
100 g Korinthen,
4 EL Kirschwasser,
50 g Mehl,
abgeriebene Zitronenschale

Eine flache Kuchenform (zum Beispiel eine Pieform) mit Butter einstreichen und mit dem dünn ausgerollten Teig auslegen, dabei den Rand hochziehen und möglichst sogar über den Rand schlagen, damit er beim Blindbacken nicht herunterrutscht. (So kann man sich die sonst notwendige Prozedur ersparen: Normalerweise legt man die Teigfläche mit Alufolie aus und beschwert sie mit einer Portion trockener Hülsenfrüchte). Den Teigboden im 220 Grad heißen Ofen 20 Minuten vorbacken.
Inzwischen für die Füllung die Eigelb mit 100 Gramm Zucker zu einer dicken Creme schlagen. Den Quark, die flüssige Butter, die in Kirschwasser eingeweichten Korinthen, das Mehl und die Zitronenschale einarbeiten.
Schließlich die Eiweiß mit dem restlichen Zucker dickcremig, aber nicht zu steif schlagen und ebenso behutsam wie gleichmäßig unterziehen. Diese Masse auf den vorgebackenen Teigboden füllen und glattstreichen. Bei nunmehr 180 Grad den Kuchen weitere 30 bis 40 Minuten backen, bis die Käsemasse durch und durch gestockt ist.

Bäuerliche Herbstfreuden

Trotz Sonnenschein muß sich der Schäfer mit einem dicken Mantel schützen; die Blätter der Weide, schon hart von kalten Nächten, rascheln leise im Wind; die Schafe (und eine Geiß) genießen das letzte frische Grün – ihr zögerliches Blöken scheint traurig durchs Tal zu hallen. Die Melancholie des Herbstes legt sich über das Land. Aber wie ungerecht wäre es, sich ihr hinzugeben: Jetzt ist ja auch die Zeit der Ernte, und nicht nur das nördliche Elsaß erlebt eine wunderschöne, reiche Zeit.

Die Landschaft zeigt sich hier selten spektakulär, eher ausgleichende Ruhe umfängt den Fremden. Aus den pilzreichen Wäldern ragen bizarre Buntsandsteinformationen mit Burgruinen – oft erkennt man gar nicht, wo der Fels aufhört und das von Menschenhand geschaffene Werk anfängt. Verläßt man die großen Straßen, stößt man allenthalben auf Reste von Bunkern und Schützengräben – das Erbe der nie gebrauchten, weil von Hitlers Heeren umgangenen Verteidigungsanlagen der Franzosen, der Maginot-Linie.

Auf den Misthaufen und in den Pfützen des letzten Regens scharren Hühner, die Enten müssen sich auf die nahende Kirchweih gefaßt machen, die Wäsche darf für dieses Jahr ein letztes Mal im Garten trocknen, und der Dorfbrunnen leistet tatsächlich sinnvollen Dienst.

Dorfgasthäuser und einige *Ferme Auberges* laden zu stiller, gemütlicher Einkehr – aber an schönen Tagen und an den Wochenenden kann es dennoch hoch hergehen. Vor allem die Karlsruher wissen, wie preiswert man hier gut und reichlich aufgetischt bekommt. Und wenn dann noch ein Bus seine Ladung ausspuckt, so ist es mit der Gemütlichkeit vorbei. Die *Ferme Auberge des Sept Fontaines*, der sieben Quellen, bei Drachenbronn südlich von Wissembourg, kann hinreißend sein in ihrem ländlichen Charme (Bilder links oben). Aber auch hier ist, wie in vielen der kleinen Häuser, die Gefahr groß, daß das eigentliche Kapital, nämlich eine unberührte Ursprünglichkeit, durch ihre Vermarktung zerstört wird.

1

2

1

CÈPES À L'AIL
STEINPILZE MIT KNOBLAUCH

Für vier Personen:
800–1000 g Steinpilze,
4–6 Knoblauchzehen, 50 g Butter,
Petersilie, Salz, Pfeffer
Bratkartoffeln:
1 kg frisch gekochte Kartoffeln,
100 g Butter, Salz, Pfeffer

Die Pilze putzen und in Scheiben schneiden. In einer trockenen Pfanne auf starkem Feuer so lange ohne Fett braten, bis alles ausgetretene Wasser verkocht ist. Inzwischen den Knoblauch schälen und winzig klein würfeln. Erst über die Pilze streuen, wenn die Pfanne wieder trocken ist; jetzt auch die Butter und die gehackte Petersilie zufügen, salzen und pfeffern. Gründlich durchschwenken, bis alle Pilze von Butter überzogen glänzen.
Für die Bratkartoffeln müssen die Kartoffeln wirklich frisch gekocht sein: noch heiß pellen, in einer großen Pfanne mit der Bratschaufel zerdrücken, dabei flöckchenweise die Butter zufügen. Salzen, pfeffern und unter gelegentlichem Wenden golden und kroß braten.

2

CÈPES EN ROBE DES BOIS
STEINPILZE IM KASTANIENBLATTMANTEL

Manchmal hat man das Glück, Steinpilze zu finden, die groß und doch noch nicht wurmig oder wattig geworden sind. Das ist die Stunde für eine der allerbesten Pilzzubereitungsarten: Steinpilz pur!

Pro Person:
1 makellos schöner, mindestens zehn Zentimeter großer Steinpilzhut,
Olivenöl, Salz,
Edelkastanienblätter

Den Steinpilz sauber wischen, jedoch den Schwamm nicht wegschneiden. Den Hut mit Öl einpinseln, mit dem Schwamm nach oben auf ein Bett von Kastanienblättern legen, ihn großzügig mit Olivenöl beträufeln und salzen.
Die Blätter so zusammenfalten, daß der Steinpilz jetzt völlig davon umhüllt ist.
In einen Topf oder eine feuerfeste Form betten, mit einem Deckel verschließen und für 30 bis 50 Minuten (je nach Größe des Pilzhuts!) in den 250 Grad heißen Backofen stellen.

In Lembach: klassische Gourmandise

Ein bißchen wirkt das prächtige Gebäude der »Auberge du Cheval Blanc« wie ein Fremdkörper in Lembach. Das kleine Dorf im nördlichsten Elsaß, nicht weit von Wissembourg, nur wenige Kilometer von der Grenze entfernt, ist ansonsten eher unauffällig. Auf der Nord-Süd-Verbindung im Rheintal muß die ehemalige Poststation jedoch eine bedeutende Etappe gewesen sein. Denn der mächtige, behäbige Bau steht schon seit mehr als 250 Jahren. Eine einladend breite, buntsandsteingefaßte Toreinfahrt führt in den kopfsteingepflasterten Hof; wo früher die Pferde versorgt wurden, parken jetzt blecherne PS. Seit mehr als 90 Jahren ist die Familie Mischler Statthalter im »Weißen Roß«. 1949 bereits zierte das elegante Restaurant ein Michelinstern, seither gilt es als ein Wallfahrtsort für Feinschmecker. Eine eindrucksvolle Tradition! Ungezählte Deutsche haben hier gelernt, was Gourmandise heißt, zu Zeiten, als daheim noch als Gipfel aller lukullischen Freuden die großen Schnitzel galten, die links und rechts so weit wie möglich über den Tellerrand ragten ...

Fernand jun. setzt heute das Lebenswerk perfekt im Sinne des Vaters Fernand sen. fort, der im übrigen immer noch im Hintergrund darüber zu wachen weiß: kultivierte Gastlichkeit und Küche auf höchstem Niveau. Die Speisekarte bietet Gerichte der klassischen französischen Küche, behutsam modernisiert; aber auch bodenständige Spezialitäten der Region, stets nach der Jahreszeit und dem Angebot des Marktes ausgerichtet. Madame Anne-Marie empfängt liebenswürdig die Gäste; Frank, der Sohn, steht bereits im Begriff, sein Rüstzeug für die Nachfolge zu erlernen. Die Küchenbrigade umfaßt 18 Mann – auch angesichts der vier weitläufigen, eleganten Speisesäle ein enormer Luxus. Der Weinkeller ist berühmt und hat alles zu bieten, was sowohl im Elsaß wie im übrigen Frankreich an Gutem wächst. Daß nur absolut beste und frische Ware zum Einsatz kommt, macht Etienne Mischler, der jüngere Bruder, möglich: Ursprünglich ebenfalls gelernter Koch, hat er sich, eine Marktlücke füllend, als Importeur für Lebensmittel selbständig gemacht, speziell von Fisch und Meeresfrüchten. Damit beliefert er nicht nur den Bruder, der davor regelmäßig zum Einkauf nach Paris fahren mußte, um die gewünschte Qualität zu finden – immerhin fast 500 Kilometer weit –, sondern ebenso die meisten anspruchsvollen Häuser im Land.

Die Speisesäle der »Auberge du Cheval Blanc« in Lembach sind prächtig. Eindrucksvolle Holzdecken, schöne alte Möbel, ein großer Kamin zeugen davon, daß Lembach einst eine wichtige Poststation war. Bild unten: Küchenchef und Patron Fernand Mischler jr. (in der Mitte vorn), neben ihm seine Frau Anne-Marie, rechts hinter ihm Vater Mischler. Von den Mitarbeitern konnten wir nur einen Teil aufs Photo bitten: die beiden Köche Jean-Claude Charbau und Jean-Jacques Deuschler (mit Brille). Und von der schwarzen Brigade (von rechts) Sommelier Hubert Schmitt, Maître d'Hôtel Jean-Claude Kocher und Oberkellner Roman Maniack

Sämtliche Fenster des großen Hauses sind kunstvoll bleiverglast und jeweils mit den Wappen verschiedener Elsässer Städte und Gemeinden geschmückt. Natürlich darf auch das stolze Wappentier des »Gasthaus zum Weißen Roß« nicht fehlen. Die Sonne läßt die bunten Gläser hübsche Effekte setzen

1

CASSOLETTE DE BUCHOTS

MUSCHELPFÄNNCHEN

Als Häppchen zum Aperitif und gegen den ärgsten Hunger vorneweg serviert man zum Beispiel meeresduftende kleine Miesmuscheln in einer federleichten, currywürzigen Mayonnaise. Dabei sollte man sich allerdings vor den köstlichen, knusprig-röschen, natürlich hausgebackenen Brötchen hüten, von denen man leider stets zu viel ißt ...

2

POT AU FEU DE FOIE GRAS

GÄNSESTOPFLEBER IM GEMÜSESUD

Eine wunderbare Idee, der mächtigen Gänseleber ihre Wucht zu nehmen: Sie wird mit Trüffelstreifen in Wirsingblätter gepackt und in einer intensiven, würzigen Brühe pochiert. Und dann wie ein Eintopf schließlich serviert, mit Wurzelwerk, dünnen Scheiben von geräucherter Gänsebrust und kleinen Markklößchen.

1

2

3
FAISAN RÔTI
GEBRATENER FASAN

Etwas ganz Besonderes, eine wirkliche Rarität sind heutzutage Fasane, die ihr Leben in freier Wildbahn haben verbringen dürfen und nicht in Volieren gezogen wurden. Ihr Fleisch ist würziger, schmeckt einfach »wilder« als das der domestizierten Geschwister. Einen solchen Fasan bereitet Meister Mischler am liebsten absolut *nature* zu: perfekt gebraten, das Brustfleisch saftig, das Fleisch der Keulen zart. Die Beilagen dazu sind nach Elsässer Art üppig: Maronen, Sauerkraut, gefüllte Kartoffelklöße und knusprige Croûtons, mit einer würzigen Farce aus den Innereien dick bestrichen.

4
CRÈME BRÛLÉE
GEBRANNTE CREME

Einfach unwiderstehlich, diese schmelzend sanfte, ebenso eierstrotzende wie sahnige, kalte Creme mit der krachend knusprigen, womöglich sogar noch heißen Karamelkrokantschicht obenauf. Man kann danach süchtig werden! Sie ist ganz leicht gemacht:
5 Eigelb, 60 g Zucker, Vanillezucker, 200 ml Milch und 400 ml Sahne verquirlen, in Portionsförmchen im Wasserbad (5 Stunden im 100 Grad heißen Ofen) ganz langsam stocken, dann abkühlen lassen. Vor dem Servieren mit braunem Rohrzucker bestreuen und unter dem Grill karamelisieren.

3

4

Adrien Vonarb – der Fischer vom Oberrhein

Fische im Rhein? Es gibt wohl niemanden, der da nicht ungläubig lacht. Und wenn man dann noch hinzufügt: ja, direkt unterhalb der Staustufe von Fessenheim, dem Atomkraftmeiler, dann fühlt sich jeder restlos auf den Arm genommen. Auch uns erging es so. Aber als Marc Haeberlin bestätigte, daß man auch in der »Auberge de l'Ill« Rheinfische schätzt, schauten wir uns diesen einzigen Berufsfischer im Land an. Ein Urviech von einem Mann! Blitzblaue, warmherzige Augen über einem wüsten Gestrüpp von Bart. Ja, er sei der einzige in der Gegend. Aber er empfinde sich durchaus nicht als hatte nur zum Vergnügen geangelt, beruflich alles mögliche gemacht: als Chemiearbeiter sein Geld verdient, Akkordeon gespielt, eine Musikschule für Kinder gegründet – die existiert übrigens in seinem Haus weiter, von der Musik hat er nicht gelassen. Er erwarb für ein fünf Kilometer langes Stück vom *Grand Canal d'Alsace* das Fischrecht, investierte 50.000 Francs in Boote und Gerät und begann, sich auf eigene Faust sachkundig zu machen. Es gab niemanden, bei dem er lernen konnte, und von der Fischereibehörde gab es keine Unterstützung, weil man die Sache für eine Schnapsidee hielt. Fischen im Rhein!

Kurz vor Sonnenuntergang werden die Aal-Reusen (oben) und die Netze gesetzt (Bild links)

der letzte Fischer am Oberrhein, sondern vielmehr als der erste einer neuen Generation.

32 verschiedene Fischarten leben im Rhein. Wer hätte das gedacht? Natürlich sind das nicht alles feine Zander und prächtige Hechte, die man teuer verkaufen kann. Die Fischwelt besteht nun mal nicht nur aus Edelfisch. »Aber es ist doch verrückt, immer die feinen essen zu wollen«, ereifert sich Vonarb, »alle Fische schmecken gut, man muß sie nur richtig zu behandeln wissen!«

Vor sechs Jahren hat er sich ganz auf die Fischerei verlegt. Den Fischen gehört nämlich seine ganze Liebe. Bis dahin

Erst als er die Leute vom Umweltministerium überzeugen konnte, daß seine Arbeit auch für sie wichtig und richtig ist, ging es bergauf. Sie versorgten ihn endlich mit Literatur, Ratschlägen und Tips. Inzwischen ist er längst der größere Fachmann, weiß besser über den Fischbestand Bescheid als die Sachverständigen der Behörde. Seit vier Jahren setzt er Hecht- und Zanderbrut ein – um ein ökologisches Gleichgewicht zu halten, sollte der Anteil solcher Raubfische 10 bis 15 Prozent betragen. Relativ mehr Zander gibt es, weil sie leichter Laichplätze finden und über mehr Laich verfügen als die anspruchsvollen Hechte.

Alle anderen Fische vermehren sich allein und in erfreulicher Zahl: Barben, Barsche, Brachsen, Gründlinge, Schleien, Rotaugen, Rutten, Forellen, Aale, ja sogar Krebse gibt es wieder! Damit sich die Fische in Ruhe vermehren und wachsen können, verwendet Vonarb selbstverständlich nur großmaschige Netze.
Ziemlich bald hat Vonarb feststellen müssen, daß er für die wenigen Zander und Hechte zwar gutes Geld verlangen konnte, daß aber den Rest seiner Beute niemand, nicht einmal billig, haben wollte. Aber statt diesen Tatbestand als Faktum hinzunehmen wie die Fischer weiter unten am Rhein, bei Karlsruhe, die solche Fische für eine Mark pro Kilo losschlagen, sann er darüber nach, wie auch die unedlen Fische Geld bringen könnten. Da half ihm Béatrice, seine Frau. Sie hatte immer schon das, was Adrien nach Hause brachte, verarbeitet. Ihre Quenelles, Terrinen und Pasteten schmeckten wunderbar. Warum sollte man sie nicht zum Verkauf anbieten können? Veredelung des Naturprodukts hieß die Devise! So tüftelten die beiden an Rezepten herum, probierten aus, ließen probieren, holten Meinungen ein und entwickelten verschiedene Spezialitäten, die sie nun den Restaurants und Feinkostabteilungen der Supermärkte in der Gegend überaus erfolgreich verkaufen – für gutes Geld!
Nachdem dieses Geschäft so gut lief, brauchte er Platz. Außerdem war die Produktion für den Verkauf nicht länger in der privaten Küche möglich. Da half die Gemeinde, die endlich von dem Segen des neuen Fischers überzeugt war: Sie stellte ihm ein Grundstück zur Verfügung für die nötigen Wasserbecken und ein Gebäude, das er nach seinen Bedürfnissen herrichten konnte. Eine professionelle Küche, Kühlräume, die den Vorschriften der Behörden entsprachen – alles mit einfachen Mitteln, denn große Investitionen kann sich Vonarb natürlich noch lange nicht leisten. Aber er ist jung, mit seinen 42 Jahren, seine Idee ist gut und seine Tatkraft Gottlob enorm.
Denn die Fischerei ist harte Arbeit: Um fünf Uhr morgens geht er los, zusammen mit Raphael, seinem Gehilfen, der ebenfalls Fischer werden will, um die Netze zu kontrollieren.
»Die Freude, die ich jeden Morgen hab', wenn ich in meine Netze schau', kann mir doch kein anderer Beruf je geben!« begeistert sich Adrien. Jedes Netz wird herausgezogen, die Fische – die alle noch leben! – vorsichtig herausgeklaubt. Gesetzt wurden die Netze bereits am Abend zuvor, und zwar nach Sonnenuntergang, wenn die Nachtkühle bereits spürbar ist. Jetzt, im späten Herbst, wird es schon um fünf Uhr dunkel, da hat er bald Feierabend. Im Sommer aber wird es elf Uhr nachts. Früher kann er die Netze jedoch nicht auslegen, denn die Fische würden im sonnenwarmen Wasser im Netz verfangen nicht überleben. Aber frisch bleiben Fische schließlich nur, wenn sie lebendig sind.

Das Vorratsbecken für lebende Fische

Die Aale sind in einem Extrabecken

Ein toller Fang war's nicht: ein kleiner Hecht

... sowie ein Weißfisch namens Nase

Brachsen, Nasen, Barben – die sogenannten unedlen Fische verabeitet Vonarb zu Pastete

Die Fischköpfe werden abgeschnitten und wandern als Futter zurück in den Fischteich

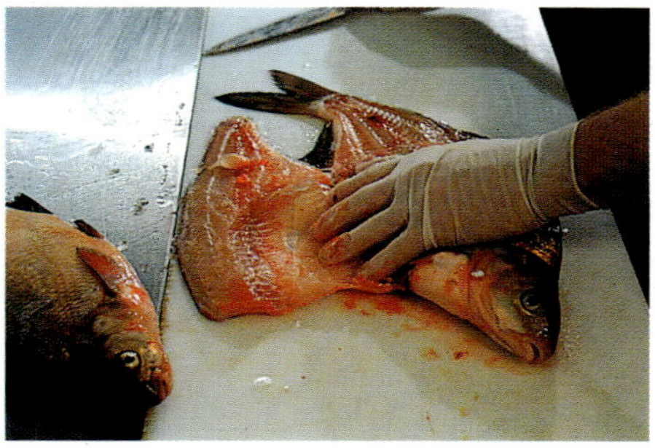

Die Fischfilets werden sorgfältig von den Gräten gelöst und von der Haut geschnitten

Adrien schneidet die Filets in fingerstarke Streifen; Beatrice rollt den Blätterteig aus

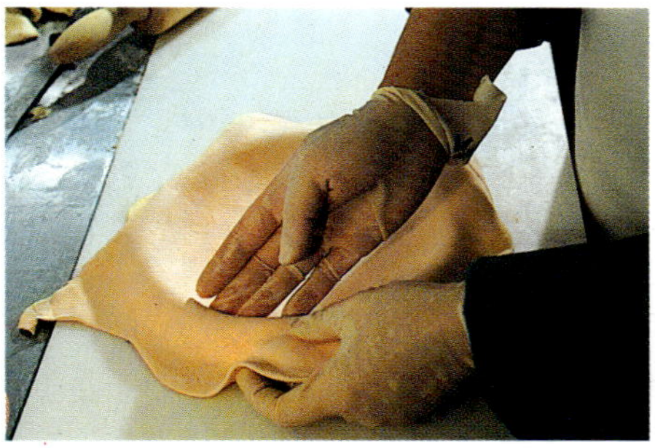

Einwegformen aus Alumaterial werden mit dem (fertig gekauften) Teig ausgeschlagen

Die gut gekühlten Fischstreifen werden mit Eiweiß, Sahne und Gewürzen fein gemixt

Damit die Farce nicht lange herumsteht, müssen zuerst alle Förmchen vorbereitet sein

Die Farce wird darin verteilt, glatt gestrichen und mit einem Teigdeckel verschlossen

Mit Ornamenten verziert und eingepinselt

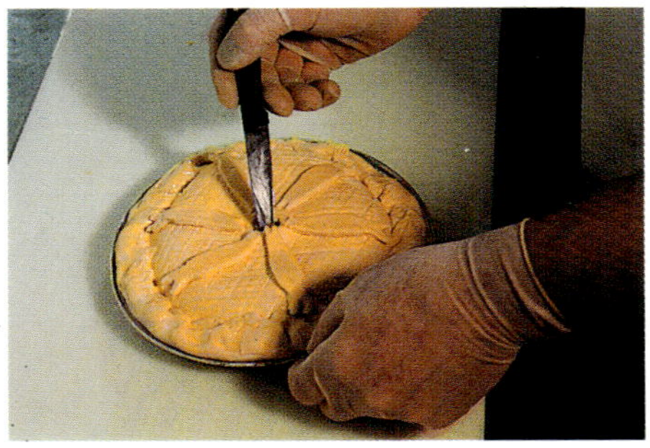

Ein Loch im Deckel läßt Dampf entweichen

TOURTE DE POISSON

FISCHPASTETE

Für sechs Personen:
1 Paket Blätterteig, Eigelb zum Bepinseln
Farce:
1,2 kg Flußfischfilet (z. B. Brachse und andere sogenannte Weißfische), Salz, Pfeffer, Petersilie oder verschiedene Kräuter, 2 Eiweiß, 1/4 l Sahne

Die Teigplatten antauen lassen und ausrollen. Mit der Hälfte davon eine Backform (24 cm Durchmesser) auslegen.
Den Fisch salzen, pfeffern und gut durchkühlen. Schließlich im Mixer mit der Petersilie oder Kräutermischung fein pürieren, dabei nach und nach die Eiweiß sowie die Sahne in die laufende Maschine geben. Dabei rasch arbeiten, damit sich die Masse nicht zu sehr erwärmt. In die vorbereitete Form füllen. Mit dem restlichen Teig abdecken, rundum die Ränder gut zusammendrücken. Mit einem Ausstecher zwei kleine Löcher stechen, sozusagen Kamine, durch die unter der Decke entstehender Dampf entweichen kann.
Eigelb mit etwas Wasser glattquirlen, die Teigoberfläche damit einpinseln.
Die Pastete im 200 Grad heißen Ofen etwa 50 bis 60 Minuten backen, bis der Teig goldbraun geworden ist.
Die Pastete warm servieren, zum Beispiel mit einer Kräutersauce aus Joghurt, Crème fraîche und Kräutern nach Belieben.

WINTER

Ein Hoch auf Herzhaftes: Flammekueche, Baeckeoffe, Münsterkäse. Feine Gänseleber, duftende Brände und großer Wein

Drei-Sterne-Küche in Perfektion

Gasthaus-Tafel

Touristenangebot

Geflügeleintopf unter der Haube

Glasklare Sache: duftende Brände

Gänse: ihre Lebern sind delikat

Vogesen: Schnee im Sonnenschein

Im Reifekeller: Münsterkäse

Jean-Claude Beck: starke Weine mit Vision

Studieren wollte er nach der Schule nicht, aber auch nicht zu Hause warten, bis der Vater im Weingut Beck in Dambach-la-Ville das Heft aus der Hand gibt. Also meldete sich Jean-Claude zur Marine. Der Dienst am Vaterland führte ihn weit in die Welt hinaus. Danach lebte er vier Jahre in Tahiti, skipperte in der Südsee herum, nach Polynesien, Australien, Japan, China, schlug sich als Rugbyspieler durch, jobbte in einer T-Shirtfabrik – bis ihn eines Tages der Papa zurückrief, weil er das Gut übergeben wollte. Mit den Kopf. Und nimmt einen Schluck vom schlanken, kraftvollen 92er Riesling Maude. Ein Wein aus hochreifen, aber nicht edelfaulen Trauben aus der Lage Frankstein, die einen unglaublich komplexen, voluminösen Wein mit ausgeprägter Säure ergaben, dessen Frucht jedoch in den Hintergrund tritt. Für diese Cuvée gestaltet Künstlerfreund Raymond Waydelich jedes Jahr ein Etikett, dessen signierten Abzug man zusammen mit der 12 er Holzkiste erwirbt. Wie alles bei Beck mündet auch diese Idee in

Familie Beck am Tisch: Laura, Isabelle, Maude, Jean-Claude und Mutter Martine. Was es zu essen gibt, das schon zu Vaters Kindertagen geliebte Sonntagsmenü: siehe nächste Seiten

derselben Vehemenz, die er für sein unabhängiges Leben in der Fremde gebraucht hatte, warf er sich jetzt auf den Wein. Ein Kurs an der Weinbaufachschule, Praktika bei Winzern in Bordeaux, Burgund und im Elsaß – und schon packt er's an. Die Freundschaft mit einem Weinliebhaber aus Karlsruhe, kurioserweise auch mit Namen Beck, ermöglichte ihm, große Weine in großen Mengen kennenzulernen – das setzte Maßstäbe und wies den Weg.
»Ich mache keine kommerziellen Weine«, erklärt er seine Philosophie. »Mit Paris mache ich deshalb keine großen Geschäfte.« Dort sind nämlich die süßen, runden, weichen Weine Mode. »Ich versteh' das nicht«, schüttelt Beck eine Vision für die Zukunft: 2001 sollen alle zehn Jahrgänge, die bis dahin abgefüllt sind, bei einer grandiosen Probe verkostet werden. Eingeladen sind dann natürlich jene Hundert, die je eine solche Holzkiste gekauft hatten – mehr werden im Jahr nicht produziert. Wer einmal gezeichnet hat, hat im nächsten Jahr Vorkaufsrecht! Genauso begehrt ist aber die Lydia-Jakob-Cuvée. Sie gab es erstmals 1992; die schrille, leuchtendblaue Flasche wird mittlerweile als Kunstobjekt gehandelt, vor allem, wenn Lydia Jakobs Schöpfer Waydelich sie signiert hat. Hinter all diesen Ideen steckt jedoch stets: Streben nach höchster Qualität, Suche nach tiefem Sinn, aber immer mit Humor!

1

BOUILLON AUX QUENELLES À LA MOELLE

FLEISCHBRÜHE MIT MARKKLÖSSCHEN

Für vier Personen:
Klößchen:
2 große Markknochen (ca. 100 g ausgelöstes Mark), 3 Scheiben frisches Weißbrot, 2 Eigelb, Petersilie, Salz, Pfeffer, Muskat
Außerdem:
1 l kräftige Fleischbrühe, Schnittlauch

Das Mark mit den Daumen aus den Knochen drücken, für etwa eine Stunde in eine Schüssel mit kaltem Wasser legen, bis es schön weiß geworden ist. (Die Knochen in der Brühe auskochen.) Das Mark mit warmem Wasser abspülen und durch ein feines Sieb streichen.

Das Brot entrinden, zerkrümeln und mit dem Mark, Eigelb und Petersilie im Mixer oder elektrischen Zerhacker vermischen. Die Masse mit Salz, Pfeffer und Muskat kräftig würzen. Mit einem Teelöffel kleine Portionen abstechen und zwischen den nassen Handflächen zu Klößchen formen. In leise siedendem Salzwasser etwa zehn Minuten sanft garziehen lassen.

Die Klößchen in eine Suppenterrine geben, mit kochend heißer Fleischbrühe aufgießen und reichlich Schnittlauchröllchen darüberstreuen.

Bei Familie Beck gehören, den Kindern zuliebe, unbedingt noch Buchstabennudeln in die Suppe.

1

2

BOUCHÉES À LA REINE FAÇON GRAND-MÈRE

KÖNIGINPASTETCHEN NACH GROSSMUTTER ART

Als Jean-Claude noch ein Bub war, war dies das Sonntagsessen in seiner Familie, vor allem im Winter. Natürlich ist die Familienversion der Königinpastetchen nicht ganz so aufwendig, wie das klassische Rezept (siehe Seite 92). Und es gehören, erstaunlicherweise, unbedingt Nudeln dazu. Diese kauft Madame Beck wie auch die Blätterteighäuschen fix und fertig beim Bäcker. Die Pastetenhäuschen werden dann im Backofen aufgebacken und dem Ragout gefüllt, das sie auf folgende Weise zubereitet:

Für sechs Personen:
1 kleines Brathähnchen (ca. 1200 g), 1 kg Kalbsschulter, 1 großes Bund Suppengrün, 3 Thymianzweige, 2 Lorbeerblätter, 1 TL Pfefferkörner, 1 kleine Chilischote, Salz, 2 EL Butter, 2 Schalotten, 250 g Champignons, 1 EL Mehl, 1 Glas Weißwein, 150 g Crème fraîche, Pfeffer, Muskat, Worcestershire-Sauce, Zitronensaft, gehackte Petersilie

Das Hähnchen und das Kalbfleisch in einem ausreichend großen Topf mit Wasser knapp bedecken. Das geputzte, grob zerkleinerte Suppengrün sowie die Gewürze zufügen. Zunächst ohne Deckel langsam zum Kochen bringen, die Hitze dann sofort herunterschalten und erst, wenn nach einigen Minuten der oben entstandene Schaum wieder verschwunden ist, den Deckel auflegen. Auf kleinem Feuer insgesamt etwa 60 Minuten garen. Das Fleisch in der Brühe abkühlen lassen. Schließlich von den Knochen lösen und in zweizentimetergroße Würfel schneiden.
Für die Sauce die Butter aufschäumen lassen, die fein gehackten Schalotten und die geputzten, in Scheiben geschnittenen Pilze darin andünsten. Das Mehl darüberstäuben und kurz mitdünsten. Wein und Crème fraîche angießen und soviel Brühe, wie man Sauce haben möchte.
Etwa 20 Minuten köcheln, bis die Sauce dicklich und der Mehlgeschmack verschwunden ist. Mit Salz, Pfeffer, Muskat, Worcestershire-Sauce und Zitronensaft abschmecken. Erst jetzt das Fleisch in der Sauce wieder erwärmen und reichlich Petersilie unterrühren.

3

TARTE AUX POMMES

APFELKUCHEN

Französische Obstkuchen werden stets mit viel mutigerer Hitze gebacken, als man das hierzulande kennt. Ihre Oberfläche zeigt auch durchaus dunkle, fast verbrannte Stellen. Das ist Teil des erwünschten Geschmacks, kein Versehen!

Für eine Form von 26 cm Durchmesser:
1 Portion Mürbeteig (Seite 00), Butter für die Form, 1 kg Äpfel, 200 g Sahne, 3 Eier, 100 g Zucker, 1 Tütchen Vanillezucker, abgeriebene Zitronenschale
Außerdem:
Puderzucker zum Bestäuben

Eine eingefettete Springform mit Teig auslegen. Die Äpfel schälen, vierteln, vom Kerngehäuse befreien, längs in Scheiben schneiden. Auf dem Teigboden möglichst akkurat dachziegelartig anordnen. Bei 200 Grad im vorgeheizten Backofen etwa 30 Minuten vorbacken.
Sahne, Eier, Zucker, Vanillezucker und Zitronenschale glattquirlen und über die Oberfläche gießen. Weitere 15 bis 20 Minuten backen, bis die Eiersahne gestockt und gebräunt ist. Den Kuchen vor dem Servieren mit Puderzucker bestäuben.

2

3

Adler, Affen, eine Burgruine. Und Spezialitäten aus dem Holzofen

Direkt unterhalb der Hohkönigsburg, die ja von Wilhelm II. durchaus als eine Art Besucherattraktion gedacht war, hat sich mittlerweile ein ganzer Freizeitpark angesiedelt. Der Prospekt vom Fremdenverkehrsverein sortiert daher auch gleich die diversen Höhepunkte in einen bequemen Tagesplan: Morgens steht das wilhelminische Disneyland auf dem Programm, daran schließt sich der Besuch im Affenwald an, einem 20 Hektar großen Gebiet, in dem leibhaftige Affen, 300 Stück an der Zahl, frei herumlaufen und die Touristen so lange piesacken, bis sie ihnen die mitgebrachten Futtertüten überlassen. Nachmittags wird dann eine Visite im Adlerhorst von Burg Kintzheim anempfohlen, wo es noch allerlei anderes Raubvogelgetier, auch Falken und Geier, zu sehen gibt. Und schließlich kann man dann noch im nahen Hunawihr den Storchenhain besuchen, in dem der Storchennachwuchs für das Elsaß gezüchtet wird; und wer dann immer noch nicht genug hat, dem stehen ein Aquarium sowie ein Fischotterbecken (»Einmalig in Frankreich!« preist der Prospekt) und ein Schmetterlingshaus zur Besichtigung offen.

Man kann aber auch einfach nach einem schönen Spaziergang durch die Weinberge, die einen herrlichen Blick ins weite Land über das Rheintal erlauben, gemütlich einkehren, in der »Auberge St. Martin« in Kintzheim. Übrigens: Das kleine Dorf an der Weinstraße des Unterelsaß nicht verwechseln mit dem ebenfalls hübschen, oberelsässischen Kientzheim bei Kaysersberg!

Das »Gasthaus Zum Sankt Martin« ist eine ganz einfache Weinstube. Auf die karierten Tischdecken werden für jeden Gast das bistrotypische Papier gebreitet, Rieslinggläser – wer trinkt hier schon Bier? – und ein Brotkorb hingestellt. Die Mädchen, die bedienen, sehen niedlich aus in ihren hübschen, gestärkten Flügelschürzen. Sie lachen, angesteckt von der beständigen Fröhlichkeit der Wirtin. Katy Strubel läßt es sich nicht nehmen, jeden Gast herzlich zu begrüßen; und sie sieht mit einem Blick, welche Sprache dann angesagt ist: Elsässisch, Französisch oder Deutsch.

Berühmt ist die Auberge für ihren Baeckeoffe, den deftigen, typisch elsässischen Eintopf mit viel Kartoffeln, Zwiebeln, in Wein mariniertem Fleisch (siehe auch das Rezept auf der nächsten Doppelseite) und für ihren Flammenkuchen, den selbst die Haeberlins preisen: hauchdünn und krachend knusprig ist der Teig, und der Belag aus Crème fraîche, Zwiebelringen sowie dünnen Streifen von Speck ist gerade richtig bemessen, nicht zu viel und nicht zu wenig – das ist nämlich die Kunst.

Die Geschichte des Flammenkuchens ist schnell erzählt: Wenn früher ein Rest vom Brotteig blieb, zu wenig für einen ganzen Laib, hat man diesen zum Fladen ausgerollt. Und um zu prüfen, ob die Schamottesteine schon heiß genug sind, schob man die Glut ein wenig beiseite und stattdessen den Fladen hinein. War er in spätestens zwei Minuten gar, konnte man sicher sein: Jetzt ist die richtige Backtemperatur erreicht. Abgeschöpften Rahm oder Bibbeleskäs' (Quark), Zwiebeln, etwas Speck hatte man ohnehin meist im Haus – und die beiseite geschobenen Scheite schickten Flammen darüber, daher der Name!

»Und unsere Pariser Gäste«, amüsiert sich Katy, »denken immer, es sei eine *flambierte Torte* und sind dann, wenn serviert wird, sehr erstaunt ...«

Im Winter, wenn es geschneit hat zumal, liegt die Burgruine Kintzheim majestätisch und wie verlassen da. Doch es leben dort die Vögel vom Adlerhorst. In der gemütlichen »Auberge St. Martin« herrscht indessen Hochbetrieb. Jetzt, da kaum Fremde in der Gegend sind, genießen es die Einheimischen, unter sich zu sein und ihre eigenen Spezialitäten zu verspeisen – Flammekueche und Baeckeoffe sind nämlich beileibe keine Touristenspeisen, sondern gerade in der kalten Jahreszeit als herzhafte Leckerbissen hoch geschätzt. Aber natürlich müssen sie aus dem Holzofen kommen! Die gewaltigen Holzbeugen im Hof sind deutlicher Beweis für die Beliebtheit dieser Weinstube: Als wir nur vier Wochen später wieder hier vorbeikommen, sind sie verschwunden – man wartete sogar schon händeringend auf Nachschub. Katy Strubel (auf dem Bild mit roter Rose) betreibt dieses Gasthaus zusammen mit ihrer Schwester Babette und deren Mann Frédéric Toussaint. Fabienne, Christel und Jean-Pierre helfen im Saal. Und weil Küchenchef Roger Bonhassoun für unser Photo keine Zeit hatte, »nehmen wir Daniel, unseren Flammaiolo, mit aufs Bild!« lacht Katy, das italienische Wort für Pizzabäcker (›Pizzaiolo‹) abwandelnd

1

BAECKEOFFE

BÄCKEREINTOPF

Im großen Steinbackofen des Bäckers hat man früher diesen Eintopf garen lassen, sobald die Brote fertig waren und die Hitze nunmehr langsam nachließ. Für die Hausfrau überaus praktisch: Wenn sie alle Zutaten in den geräumigen, irdenen Topf gepackt hatte, der die Hitze so besonders gut und gleichmäßig aufnimmt, konnte sie sich anderen Aufgaben, zum Beispiel der Arbeit im Weinberg oder der großen Wäsche, widmen. Und trotzdem stand pünktlich das Essen auf dem Tisch. Für Baeckeoffe, das Nationalgericht des Elsaß, gibt es natürlich kein alleingültiges Rezept, sondern vielmehr so viele verschiedene, wie man Hausfrauen zählt.

Nicht einmal die Grundzutaten stehen fest. Es gehören dreierlei verschiedene Fleischsorten hinein, sagen die einen, nämlich Lamm, Schwein und Rind. Woher aber sollen normale Bauern so etwas Feines wie Lammfleisch haben, und dann auch noch verschiedene Fleischsorten, sagen die anderen, zum Beispiel Frau Trimbach, die Winzersfrau aus Ribeauvillé. Sie ist sich ganz sicher: Nur Schwein allein oder, wenn man zufällig Schafe hatte, vielleicht sogar nur Hammelfleisch gehören in den Baeckeoffe, natürlich niemals zartes Lamm!

Hier also die eher reiche Version von der *Auberge St. Martin*:

Für sechs bis acht Personen:

Marinade:

1 Flasche Riesling, 1 große Zwiebel, 3–4 Knoblauchzehen, 3 Thymianzweige, 2 Lorbeerblätter, 1 TL Pfefferkörner

Außerdem:

ca. 800 g Schweinefleisch (vom Hals), ca. 800 g Lammschulter (ohne Knochen), 3–4 Schweinefüße (vom Metzger quer in dreizentimeterbreite Stücke gesägt), 3–4 Zwiebeln, 2 Lauchstangen, 1–2 Möhren, ca. 2 kg Kartoffeln, Salz, Pfeffer

Für die Marinade Wein, in Ringe gehobelte Zwiebel, durch die Presse gedrückten Knoblauch und Gewürze in einer Schüssel, besser noch in einem stabilen Plastikbeutel mischen. Das Fleisch in dreizentimetergroße Würfel schneiden und mit den Schweinefüßen zufügen. Damit alles gut von Marinade umgeben ist, alle Luft aus dem Beutel drücken und ihn gut verschließen. In der Schüssel sollten die Stücke gut bedeckt sein. Über Nacht marinieren.

Zwiebeln und das Weiße der Lauchstangen in Ringe hobeln, Möhren und Kartoffeln schälen und ebenfalls in dünne Scheiben schneiden.

Zuerst eine Schicht Kartoffeln in einem großen Tontopf ausbreiten, darauf Zwiebel- und Lauchringe verteilen, Fleischwürfel darauf betten, alles salzen und pfeffern. Restliche Zwiebeln, Lauch, Möhren und zuoberst Kartoffeln darauf schichten, wiederum salzen und pfeffern. Die Marinade angießen, auch Kräuter, Zwiebeln und Knoblauch zwischen die Schichten packen.

Den Topf gut verschließen, zuerst mit Alufolie, dann den Deckel aufsetzen. In den auf 180 Grad vorgeheizten Ofen schieben, den Eintopf mindestens drei Stunden garen.

TIP: Damit wirklich alle Aromen im Topf bleiben und kein Dampf entweichen kann, wird im Elsaß der Topfdeckel mit einem Teig aus Mehl und Wasser festgeklebt. Stattdessen kann man ihn auch mit Alufolie verschließen.

1

2

TARTE FLAMBÉE

FLAMMENKUCHEN

Im holzbefeuerten Steinbackofen ist ein solcher hauchdünner Flammenkuchen in zwei Minuten gar. Im Haushaltsbackofen, der im allgemeinen nur bis 250, höchstens 300 Grad heiß wird, muß man sich behelfen. Es sei denn, man verfügt über einen Backofen mit sogenanntem Pizzastein. Das ist eine Schamottplatte, die mit einem Heizstab erhitzt wird und soviel Hitze speichern kann, daß der Effekt einem Steinbackofen sehr ähnlich ist. Im Haushaltsbackofen wird man den Teig auf Backbleche ausbreiten und nacheinander backen. Während man vom ersten Blech speist, bäckt bereits das nächste im Ofen.

Für sechs bis acht Personen:
1/2 Portion Brotteig (Seite 103)
400 g Crème fraîche, 400 g Zwiebeln,
200 g durchwachsener Speck in dünnen Scheiben

Den Teig wie im Rezept beschrieben zubereiten und gehen lassen. In acht Portionen teilen und jeweils sehr dünn ausrollen, dabei nach Belieben rund formen. Die Teigplatten dick mit Crème fraîche bestreichen, die in dünne Ringe gehobelten Zwiebeln darauf verteilen, den in schmale Streifen geschnittenen Speck dazwischen streuen. Im heißen Ofen fünf bis zehn Minuten backen.

2

JMP
JMP

Eaux-de-vie d'Alsace: Jean-Paul Metté oder die Kunst des Destillierens

Ribeauvillé, einer der schönsten und meistbesuchten Orte der Weinstraße, hat es geschafft, vom Tourismus nicht vollkommen vereinnahmt zu werden. Es ist hier nicht alles auf die Fremden abgestellt – man merkt vielmehr sofort, daß hier gelebt und gearbeitet, verkauft und gelernt, gefeiert und gestorben wird: ein Städtchen mit normalem Alltag, dem seine Architektur nicht Kulisse ist, sondern selbstverständliches Erbe.

Mitten in der malerischen unteren Altstadt kann man jeden Abend etwa zwischen 18 und 19 Uhr (wenn er nicht gerade auf Reisen ist) Jean-Paul Metté in seiner *Distillerie* antreffen, mit ihm plaudern (wenn er gerade Lust und Laune dazu hat), seine Brände probieren und kaufen (was ihm immer Freude bereitet). Es gibt bei Metté viel mehr Auswahl, als man es sich hätte träumen lassen: derzeit 69 Destillate und 17 Liköre! Natürlich die Elsässer Klassiker, die verschiedenen Marcs, Kirsch, Quetsch, Mirabelle, Reineclaude, Abricot, Framboise und Fraise. Dann Stechpalme, Elsbeere, Preiselbeere, Quitte, Hagebutte, Brombeere und Mispel. Schließlich die einzigartigen Kreationen von Metté, auf die er vom Staat für 99 Jahre ein Patent bekommen hat, etwa Anis, Waldmeister, Spargel, Basilikum, Kümmel, Kaffee, Zitronengras, Zimt, Rhabarber und die Brände aus Blüten, Akazie, Kamille, Königskerze, Linde und Holunder.

Wohlgemerkt: Es handelt sich um Brände, nicht um Geiste oder Aufgesetzte. Das bedeutet, er braucht sieben Kilogramm Früchte oder Blüten auf einen Liter Alkohol. Dafür kauft er vom Monopol fünf Jahre gelagerten Alkohol. Nähme er weniger als diese Menge, würde er sein Produkt nicht *Eau-de-Vie* (Wasser) nennen dürfen, sondern es hieße *Spiritueux* (Geist). Ein Himbeer*geist* kann also mit 50 g Früchten auf einen Liter Alkohol auskommen …

Im Alkohol, wenn nötig verdünnt mit Wasser, ziehen die Früchte und Blüten ein paar Wochen, dann wird gebrannt. Jean-Paul Metté schwört auf die kleine, traditionelle Brennblase, wie man sie seit Jahrhunderten im Elsaß benützt. Bei dieser Methode muß zwei Mal gebrannt werden. Vom zweiten Brand wird nur das Herzstück genommen, Kopf und Schwanz werden dem nächsten ersten Brand wieder zugesetzt. Wo genau der Kopf aufhört und wann der Schwanz anfängt – das muß man halt wissen, riechen, schmecken! Das macht den guten Brenner aus: Genau im richtigen Moment den Kopf vom Herzstück trennen, denn der Beginn des Brandes ist besonders aromatisch, enthält allerdings auch Fuselalkohole, ebenso wie der Schwanz. »Ein geldgieriger Brenner gibt Teile davon mit in den Schnaps – dann bekommt er mehr Destillat. Und der Kunde Kopfweh!« Metté hat schon als Kind gelernt, wie man da aufpassen muß – seit 1959 brennt er selbst und beherrscht sein Handwerk im Schlaf.

Besonders stolz ist Metté auf sein *Eau-de-vie de Cormier*, Speierling oder Echtelbeere, wie er sie nennt. Das extrem harte Holz des Baumes wurde früher zu Drechslerarbeiten verwendet, im Elsaß stellte man daraus die Druckstöcke für die Stoffdruckereien her; in Hessen setzt man die kleinen, birnenförmigen und gerbstoffhaltigen Früchte dem Apfelwein zu. Der Baum ist selten geworden – Metté konnte vor ein paar Jahren einem alten Mann von Ribeauvillé einen Obstgarten mit den letzten großen Bäumen des Elsaß abkaufen: »Man muß sich seine Rohstoffe sichern!« sagt er, »denn die sind das wichtigste für einen guten Brand. Es kommt ja ohnehin nur auf vier Dinge an: Erstens muß das Obst voll ausgereift und aromatisch sein, aber nicht überreif; wenn man keine eigenen Früchte hat und zukauft – zum Beispiel tiefgekühlte Waldbeeren aus Polen oder Ungarn –, dann darf man nicht sparen, nur das Beste ist gut genug. Zweitens die Gärung: Ganz langsam und bei niedriger Temperatur muß sie verlaufen, sonst gehen die Aromen verloren; sonnenwarme Früchte muß man vorher herunterkühlen! Drittens muß der Brenner was können, und viertens muß man Geduld haben: Nur ein gereifter Brand ist angenehm mild!«

Die Brennerei von Jean-Paul Metté in der Rue des Tanneurs. Links: Das Firmenzeichen von Metté, in Edelstahl gefräst und gebürstet

Zur Probe aufgebaut: nur ein ganz bescheidener Teil seines Angebots. Jede Sorte ist sofort an der unterschiedlichen Farbe der Kapsel zu erkennen

An 240 Tagen im Jahr wird gebrannt – Jean-Paul Metté ist voll beschäftigt. Aber nicht deshalb lächelt er so selten – hinter seiner recht bärbeißigen Krittelei versteckt sich eher eine sensible Seele. So muß auch seine Nase sein: Sie ist sein wichtigstes, absolut unersetzliches »Werkzeug«. Golden nennt man sie!

Als technisches Hilfsmittel dient die Spindel, mit der man den Alkoholgehalt des gerade laufenden Brandes mißt; über ihn bestimmt der Brenner, in Zusammenhang mit dem Duft, wann Vor- und Nachlauf abgetrennt werden. Das häufige Riechen am Brand ist anstrengend, verlangt viel Konzentration

Schon als zehnjähriges Kind zogen die Wohlgerüche und die glänzende Brennblase des Nachbarn Jean-Paul Metté unwiderstehlich an. Jeden Tag war er in dessen Brennküche, schaute fasziniert zu und lernte eine Menge. Mit zwölf putzte und wienerte er dann freiwillig das kupferne und messingene Gerät

Die Brände lagern in Edelstahl, im Schnitt 10 bis 14 Jahre. Die besten reifen aber auch 30 Jahre, was natürlich durch die Kapitalbindung sehr teuer ist. Immer wieder muß Metté das seinen Kunden erklären – die Verzinsung muß ja über den Verkaufspreis wieder hereinkommen: Qualität hat ihren Preis!

Windholtz: Brenner der neuen Generation

»Ein idiotisches Gesetz, das man abschaffen muß!« sagt Michel Windholtz mit Nachdruck, und meint damit die Vorschrift, daß ein *Marc de Gewurztraminer* zweimal gebrannt werden muß: »Das stammt aus den 70er Jahren, als man noch mit der Blase brannte. Wir brennen Kolonne, da wird der Brand optimal und durch einen zweiten Durchgang um keinen Deut besser, das kostet nur Zeit, Energie und Arbeit ... Man muß halt mit der modernen, kontinuierlichen Methode arbeiten, da ist die perfekte Trennung von Kopf, Herzstück und Schwanz wirklich keine schwierige Sache!«
Kein Zweifel, Michel Windholtz versteht sein Handwerk: Seine Brände sind von kristallener Reinheit, wunderbarer Frucht, bestechend weich. »Man muß langsam brennen, darf keine Eile haben«, erklärt er, »und darf nur das Beste zum Brennen nehmen, das es gibt.« Die Marcs vom Gewürztraminer, besonders der *Vendanges Tardives*, duften nach Rosen, wie frische Beeren. Die Trester bekommt er von Trimbach (siehe Seite 170). Kein Wunder, hat er doch Florence geheiratet, die Schwester von Jean Trimbach, der wiederum seine Schwester Nicole zur Frau nahm – eine schöne Doppelhochzeit!
»Die Trester von Trimbach nehme ich besonders gerne, sie werden nur schwach gepreßt, dann ist noch viel Saft drin und Aroma. Außerdem sind es nur ein paar Meter von der Kelter zu mir, der Trester kann keinen Essigstich bekommen – und das wäre das schlimmste!« Die Trester werden nun mit Wasser aufgerührt und unter Luftabschluß vergoren. Wenn sie jetzt gebrannt werden, stellt Michel ab und zu einen Topf mit *Schiffala* (gepökelter Schweineschulter) und Wurzelgemüse hinein, mit *Marc de Muscat* aromatisiert. In der milden Hitze wird es besonders zart: An Ort und Stelle mit Freunden und viel Wein verzehrt – ein Brennerfest. Und zum Schluß gibt es dann mit *Marc de Gewurz* flambierten Münsterkäse ...

Am Ortsrand von Ribeauvillé, mit Blick auf die Rebgärten, Zellenberg und Hunawihr, liegt das neue Haus von Michel Windholtz, die Brennerei direkt dahinter. Sein Vater Marcel, nach dem die Firma heißt, hat 1968 angefangen zu brennen. Da er seine Trauben immer Trimbach lieferte, holte er von dort auch die Trester. Michel, der alle Brennarbeiten alleine macht, ist um die Mittagszeit im Laden, wenn die Kinder aus der Schule kommen. Er deutet auf ein besonders abgearbeitetes Stück Holz: »Wissen Sie, was das ist? Ein Windholz, zum Festdrehen des Seils um die Heuballen – davon haben wir unseren Namen ...«
Die Brennerei hat Michel Anfang 87 übernommen, gelernt hat er bei Miclo in Lapoutroie und deren Zweigbrennerei auf Tahiti, wo exotische Früchte – wie zum Beispiel Ananas, Mango und Ingwer – gebrannt werden

Die Brennanlage wird seit kurzem mit Gas beheizt - früher, als man sie noch mit Holz befeuerte, war es doch eine arge Schinderei

An dem senkrechten Kupferzylinder zeigen die Fenster die einzelnen Brennkreise. Der Ofen stammt übrigens aus Deutschland

Der Brennvorgang neigt sich dem Ende zu: um wieviel die Alkoholausbeute geringer wird, läßt sich an der Alkoholwaage ablesen

Die abgebrannten Trester sind jetzt ausgelaugt und ziemlich trocken; sie riechen nun überhaupt nicht mehr gut. Aber diese Reste können noch als Dünger auf die Felder und in den Weinberg ausgebracht werden

Der Kessel wird mit Wasser ausgespült, dabei müssen alle Tresterreste sorgfältig aufgefangen werden. Die anfallende Flüssigkeit darf nicht in das Abwasser gelangen, sondern wird kostspielig entsorgt

Die Arbeit in der dampfenden Brennküche ist schwer und ziemlich schweißtreibend, obwohl es im Winter draußen klirrend kalt sein kann. Denn gebrannt wird vom Herbst bis weit in den Frühling hinein

Der Lohn: Ein glasklarer, aromatischer, duftender Brand. Seine Obstwässer werden nicht in Holz gelagert. Manche Tresterbrände jedoch legt Windholtz ins Faß: sie erhalten dadurch eine zarte Farbe

Der vergorene Trester kommt per Schaufel in den Brennkessel. Auch Beeren und Steinobst werden niemals gepumpt, weil dann die Kernchen und Steine aufbrechen, ihre Säuren freigeben und den Geschmack verändern. Das Brennen selbst ist einfach, vor allem Trester macht gar keine Arbeit. Bei Mirabellen dagegen muß Michel aufpassen, denn »die zischen nur so durch die Kolonne«. Und bei Quitten: »Nichts mühsamer – die setzen in der Brennblase an und müssen deshalb mit viel Wasser aufgerührt werden. Dann dauert es ewig, bis der Schnaps zu laufen beginnt, ich brauche also sehr viel Energie. Und aus 100 kg Quitten bekomme ich nicht mehr als drei bis vier Liter Alkohol, also zehn Flaschen mit den für mich optimalen 45 % Alkohol!«

Ribeauvillé, ein kleines Hotel und eine Weinstube zum Verlieben

Ein leiser Wintertag, trüb und traurig, die Dächer beschneit, die lauten Farben der Häuser gedämpft, die Straßen menschenleer – da mag Ribeauvillé an eine längst verschwundene Märchenwelt erinnern, wären da nicht die modernen Reklametafeln und Fernsehantennen. Ribeauvillé, deutsch Rappoltsweiler, wurde im 14. Jahrhundert aus drei getrennten Ortsteilen zu einer Stadt vereinigt; deshalb steht auch mitten in der Stadt ein Torturm. Und das einst mächtige Geschlecht der Rappoltsteiner herrschte gleich von drei über der Stadt thronenden Burgen: Girsberg, Ulrichsburg und Hohrappoltstein.

Wenn dann der Abend kommt und die Fenster gelb leuchtend die in den Häusern wohnende Wärme zeigen, kehrt der Besucher in einer Weinstube ein oder freut sich, in der »Hostellerie des Seigneurs de Ribeaupierre« unterzukommen. Ein stattliches altes Haus mit wenigen Zimmern, mit Liebe und Geschmack umgebaut und eingerichtet und von den Schwestern Marie-Madeleine und Marie-Cécile Barth umsichtig geführt. Mit den Damen zu plaudern bringt mehr, als man über das Elsaß aus allen Reiseführern erfahren kann. Hier schläft man – wie selten im Elsaß! – völlig ungestört und köstlich, bis man, wie romantisch, von den volltönenden Kirchenglocken aus seinen Träumen geholt wird ... Anschließend erquickt ein herrliches Frühstück.

Am ersten Sonntag im September ist alles ganz anders: Es ist »Pfifferdaj«, der Tag der Pfeifer und Spielleute. Da hallt die Musik vieler Spielmannszüge, die sich hier zu einem Volksfest zusammengefunden haben, durch die Straßen. Die ganze Stadt ist abgeriegelt, nur gegen Entgelt wird man eingelassen, erlebt Musik, trinkt mit den Einwohnern Wein, der aus dem Brunnen fließt, und freut sich des bunten, lauten, fröhlichen Lebens. Der Tag erinnert an die Zeiten, als die Herren von Rappoltstein die »Könige der Pfeifer« waren, weil ihnen als Lehen die Gerichtsbarkeit über die fahrenden Gaukler und Spielleute, die Pfiffer, übertragen worden war.

Hauptort der Versammlung war einst das »Pfifferhüs«, heute eine der schönsten Weinstuben des Elsaß. Und nirgendwo kann man die elsässische Hausmannskost besser präsentiert bekommen als hier.

Weil das so ist, muß man die begehrten Plätze an den wenigen Tischen unbedingt reservieren. Als wir an einem kal-

Françoise und Laurent Meistermann, das passionierte Wirtspaar

Die kleine, gemütliche Gaststube strahlt Ruhe und Harmonie aus

ten Februartag hier saßen, waren wir die einzigen Fremden – alle anderen Gäste waren Einheimische, die Laurent Meistermanns geradlinige Küche schätzen. Der sensible, stille und überlegte Hausherr konzentriert sich ganz auf die Qualität der Produkte und ihre traditionsgemäße, aber sorgfältige, intelligente, unspektakuläre und deshalb echte Zubereitung. Genau das ist es, was auch die Haeberlins aus dem nahen Illhaeusern so mögen; sie kommen auch gerne mit ihren großen Kochkollegen aus aller Herren Länder hierher, wenn diese bei ihnen zu Besuch sind, um ihnen die prächtige Fülle ihrer heimischen elsässischen Küche zu zeigen. Aber da wird dann nicht nur gegessen und vom vorzüglichen Wein getrunken, sondern es gibt auch stets ein großes Tischewechseln. Denn hier trifft man immer Bekannte und Freunde: Künstler, Winzer, Politiker, Geschäftsleute, Händler, die eigenen Gäste von gestern ...

Das dunkle, mit reichem Fachwerk und Butzenscheiben ausgestattete Haus strahlt angenehme Gediegenheit aus. Die rot karierten Tischdecken, die in gar manchem Restaurant so überflüssig sind wie im Sommer die Geranien in der Milchkanne, gehören hier einfach hin. Auf dem Tisch Brotkorb und Senftopf und die typischen Elsässer Gläser, die mit dem grünen Stiel. Françoise Meistermann liebt die Blumen, immer sorgt ein üppiger Strauß für Farbe. Die stimmungsvollen Bilder der Pfeifer und Spielleute an den Wänden entstanden in den 20er Jahren. Sie stammen von einem Maler aus Ribeauvillé, der gerne trank, aber nie Geld hatte. Damit verdiente er sich seinen Wein unmittelbar, ohne Umwege – eine wunderbare Art von Symbiose.

Das »Pfifferhüs« (die beiden Punkte auf dem u sollen die Franzosen anregen, es nicht als ü auszusprechen!) ist nirgendwo prätentiös, sondern eine Weinstube zum Wohlfühlen. So muß es auch sein, will man *Schiffala* (gepökelte Schweineschulter), *Wädele* (Eisbein) oder die große Sauerkrautplatte genießen – für solche herzhaften Dinge braucht man unbedingt Behaglichkeit!

Und den richtigen Wein! Laurent Meistermann weiß das, und deshalb ist die Weinkarte wohl bestückt und bietet nicht nur die großen Gewächse renommierter Güter, sondern eine gute Auswahl von frischen, säurebetonten Rieslingen, die das gehaltvolle Essen bekömmlich machen und für eine gute Nachtruhe sorgen ...

1

2

1

LA SALADE GANZALIESL

GÄNSELIESEL-SALAT

Für vier Personen:
500 g Sauerkraut, 2 EL Gänseschmalz, 1 Apfel, 1 TL scharfer Senf, 2 EL milder Kräuteressig, 1 EL Sherryessig, 2 EL Sonnenblumenöl, Salz, Pfeffer, 2–3 EL Sahne, Schnittlauch
Außerdem:
Salatblätter zum Anrichten, Scheiben von geräucherter Gänsebrust, in Gänseschmalz gegarter Gänsemagen

Das Sauerkraut in heißem Wasser kurz waschen, dabei auseinanderzupfen. Im heißen Schmalz kurz andünsten. Den Apfel schälen, vom Kerngehäuse befreien und in kleine Würfel schneiden. Mit der Marinade, die aus Senf, Essig, Öl, Salz, Pfeffer und Sahne angerührt wurde und dem Sauerkraut vermischen. Schnittlauch darüberstreuen. Den Sauerkrautsalat mit Salatblätternanrichten. Mit Gänsebrustscheiben und dünnen Scheiben von Gänsemagen dekorieren.
TIP: In Frankreich kann man gegarte, in Schmalz konservierte Gänse- und Entenmägen im Feinkostgeschäft kaufen. Schade, daß man bei uns für solche Innereien wenig Sinn hat. Allerdings kann man frische Gänse- oder Entenmägen durchaus finden. Sie werden zunächst mit Wurzelwerk in Wasser fast weich gekocht, dann in Gänseschmalz fertiggegart. Unter der Schmalzschicht halten sich die Mägen im Kühlschrank lange frisch. Man kann sie einzeln entnehmen, muß darauf achten, daß die restlichen Mägen wieder luftdicht von Schmalz bedeckt werden.

2

SALADE DE PISSENLITS AUX LARDONS

LÖWENZAHNSALAT MIT SPECKSTREIFEN

Sobald die ersten wärmeren Sonnenstrahlen vom nahen Ende des Winters künden und die ersten Löwenzähne dazu bringen, ihre Blätter aus der Erde zu treiben, sollte man, mit einem spitzen Messer bewaffnet, zum Löwenzahnstechen gehen – denn die blutreinigende Bitterkeit des Löwenzahns ist genau das, was der Körper jetzt braucht! Natürlich sollte man nicht gerade neben einer vielbefahrenen Straße suchen und auch nicht unbedingt dort, wo Hunde bevorzugt spazierengeführt werden ...

Für vier Personen:
4 gute Handvoll Löwenzahnblätter, 200 g durchwachsener, geräucherter Speck in 3 mm starken Scheiben, 3 EL Sonnenblumenöl, 6 EL Essig, Pfeffer, 2 Tomaten, 4 Eier, Salz

Die Löwenzahnblätter gründlich waschen und gut trocken schleudern. In eine Schüssel geben. Das Wurzelende knapp abschneiden, die winzigen Knospen kann man jedoch mitessen!
Den Speck in schmale Streifen schneiden. In einem Eßlöffel Öl in einer Pfanne kroß ausbraten. Mit einer Schaumkelle herausheben und über die Löwenzahnblätter streuen. Das Fett aus der Pfanne weggießen, den Bratensatz jedoch mit drei Löffeln Essig ablöschen und sofort über den Löwenzahn gießen. Das restliche Öl hinzufügen, aus der Mühle pfeffern und alles gründlich mischen.
Den Salat auf Tellern hübsch anrichten, mit Tomatenachteln garnieren – nach Belieben die Tomaten zuvor häuten –, pochierte Eier obenauf setzen und jetzt unverzüglich servieren: nicht mehr stehen lassen, weil sonst die empfindlichen Blätter sehr schnell zusammenfallen.
Für die pochierten Eier in einem breiten Topf dreifingerhoch Wasser aufkochen, kräftig salzen, drei Eßlöffel Essig zufügen. Die Eier einzeln in eine Tasse oder Suppenkelle aufschlagen und von dort aus ins leise siedende Wasser gleiten lassen. Etwa fünf bis sechs Minuten sanft pochieren, nicht heftig kochen lassen; dann mit der Schaumkelle herausheben, kurz unter kaltem Wasser abschrecken und auf dem Salat anrichten.

2

1

LE BOUDIN AUX POMMES EN FEUILLETÉ

BLUTWURST AUF ÄPFELN IM BLÄTTERTEIGMANTEL

Für vier Personen:
4 Platten tiefgekühlter Blätterteig,
Mehl für die Arbeitsfläche,
2 große Äpfel, Salz, Pfeffer, Majoran,
2 frische Blutwürste (möglichst ohne Grieben), 1 Eigelb, 2 EL Milch

Die Teigplatten nebeneinanderlegen und etwas antauen lassen. Auf der bemehlten Arbeitsfläche jeweils eine Platte dünn ausrollen. In die Mitte ein Bett aus Apfelscheiben legen, salzen, pfeffern und mit etwas Majoran würzen. Die Blutwürste jeweils längs halbieren und auf das Apfelbett setzen. Mit Apfelscheiben bedecken, die wiederum gewürzt werden.

Den Teig darüber zusammenschlagen und rundum fest zukniffen. Die länglichen Pakete auf ein mit Backpapier belegtes Blech setzen. Eigelb mit Milch verquirlen und die Oberfläche damit einpinseln.

Bei 220 Grad etwa 25 bis 30 Minuten backen, bis die Päckchen aufgegangen goldgelb geworden sind.

Dazu schmecken verschiedene Salate und Bratkartoffeln und selbstverständlich ein kerniger Riesling.

1

Die Bilder an den Wänden stammen aus den 20er Jahren

2

LA CHOUCROUTE GARNIE À L'ALSACIENNE

SAUERKRAUTPLATTE AUF ELSÄSSER ART

Sein Sauerkraut bereitet Laurent Meistermann auch nicht viel anders zu als Kollege Schadt aus Blaesheim (siehe Seite 164). Deshalb werden hier Zutaten und Zubereitungsschritte nicht mehr aufgeführt. Die »Garnitur« jedoch sieht im *Pfifferhus* ganz klassisch folgendermaßen aus:

Für sechs bis acht Personen:
je ca. 800–1000 g gepökelter Schweinebauch und Speck sowie gepökeltes, geräuchertes Kaßler (ohne Knochen),
6 Straßburger Würstchen (Knack),
6 Saucissons de Montbéliard

Schweinebauch und Speck müssen ungefähr eine Stunde in Wasser auf kleinem Feuer gegart werden, bevor man sie zusammen mit dem Kaßler im Sauerkraut vergräbt und alles miteinander etwa eine halbe bis ganze Stunde mitköcheln läßt. Für die letzten fünfzehn Minuten dürfen auch die Würste in den Sauerkrauttopf. Fleisch und Würste geben dem Kraut ein herzhaftes Aroma.

Zum Servieren braucht man eine gewaltige, große Platte, auf der ein Bett von Kraut ausgebreitet wird. Schweinebauch, Speck und Kaßler werden in zentimeterstarke Scheiben aufgeschnitten und darauf angerichtet. Die Würste werden darum herum drapiert.

Dazu gibt es Salzkartoffeln, Baguette und, natürlich, jede Menge scharfen Senf.

Ökologie für gute Produkte

Die Landwirtschaft im Weißtal um Lapoutroie, – weil es dort immer grün ist, *Canton vert* genannt –, schien dem Untergang geweiht. Zu beschwerlich die Arbeit im steilen Gelände, zu karg der Lohn für die Mühe. Nur ein paar Alte, die wie eh und je ihre Kühe hielten und die Milch an die Molkereien ablieferten, rackerten sich ab. Ein paar Aussteiger kamen nach 1968 dazu und produzierten mit naturnahen, alternativen Methoden – aber alles ohne Zukunft.
Da faßten 1988 der Kräutersammler Serge Wurtz und ein paar Gleichgesinnte den Entschluß, sich in einer Erzeugergemeinschaft zu organisieren – *Le Cellier des Montagnes* wurde ins Leben gerufen, genau übersetzt »Vorratskeller«, dem Sinn nach aber »der eßbare Schatz unserer Berge«. Mit Bedacht gründete man keine Cooperative, denn dann hätte man seine Produkte nicht bis zum Endverbraucher begleiten können. Am Bahnhof von Hachimette, einem Ortsteil von Lapoutroie, richteten sie einen Laden ein, den sie professionell betreiben – bei den Touristen und Wochenendausflüglern hatten sie damit sofort Erfolg, bei den Einheimischen dauerte es ein wenig, aber es ist geschafft. Die Landwirtschaft hat eine neue Zukunft!

Im *Cellier des Montagnes* sind derzeit zehn individuelle Produzenten und eine Fleischgenossenschaft organisiert. Es gibt Münsterkäse (gereift und als frischen *Siaßkäs*, der mit Zucker bestreut und mit Obstbrand beträufelt köstlich schmeckt!), Ziegen- und Bergkäse, Butter, Sahne, Joghurt, Marmelade, Honig, Säfte, Blumen, Forellen, Hühner, Rind- und Schweinefleisch, Schinken, Würste. Weiterhin Kaninchen, Sirups, Essige und Kräuter, wofür Serge Wurtz zuständig ist, auch für die Brände, die er mit seinem Vater brennt. Er kreuzt außerdem die kleinen, wohlschmeckenden *Fauves de Bourgogne* mit den riesigen *Géants de Flandres*, um gute, krank-

Die Ferme du Kalblin von Serge Wurtz, 700 m hoch in den Bergen

Serge Wurtz mit Burgunder-Kaninchen

heitsresistente Kaninchen für den Markt zu bekommen. Sie werden mit eigenem Heu, Kräutern oder Futter aus biologischem Anbau gemästet und schmecken köstlich. Er braucht keine Antibiotika – die seltenen Krankheiten werden mit Naturmitteln geheilt. Die sind Serges Spezialität: Heil- und Würzkräuter – alleine 80 Wildkräuter von den Hängen der Umgebung, dazu selbst im Garten gezogene und von seiner provenzalischen Frau alljährlich aus dem Süden mitgebrachte bietet er an. Er schwört auf die Bio-Dynamik von Rudolf Steiner: Nach dessen Vorstellungen gezogene, geerntete und getrocknete Kräuter sind wirkungsvoller und schmecken besser. Man kann sich leicht davon überzeugen – der höhere Preis lohnt sich allemal!

Über den Bergen geht die Sonne wieder auf: Das Zeichen der Vereinigung ist Symbol für einen neuen, zukunftsträchtigen Anfang mit biologisch-dynamisch erzeugten Produkten. Allerdings kann an Ort und Stelle noch nicht genügend abgesetzt werden, um davon zu leben. Serge Wurtz fährt deshalb jeden Samstag nach Straßburg, wo er auf dem Bio-Markt am Palais Rohan seine Produkte verkauft: Die Kräuter für Tee verkaufen sich im Winter besser, die zum Würzen im Sommer

Münsterkäse vom Bauernhof

Die Familie Pierrevelcin hat immer schon Münsterkäse gemacht. Vor 1949 allerdings nicht hier, sondern weiter oberhalb, in der Ferme Bouton d' Or (siehe Seite 224/225). Damals war der Hof dort oben, in 750 m Höhe, wirklich das Ende der Welt: Es führte keine befahrbare Straße hinauf, lediglich ein steiler Weg, der nur zu Fuß oder mit einem Eselskarren zu bezwingen war. Während des Tauwetters im Frühjahr oder im Winter bei hohem Schnee blieb man einfach stecken. Weil die Bewirtschaftung gar zu beschwerlich war und um es den Kindern leichter zu machen, die bald in die Schule gehen mußten, kaufte Vater Pierrevelcin schließlich diesen besser erreichbaren Hof, den heute die beiden Brüder Hubert und Gérard miteinander bewirtschaften.

Seit sie sich dem *Cellier des Montagnes* (vorhergehende Seiten) angeschlossen haben und nicht mehr an die Käse-Affineure bei Lapoutroie verkaufen, sondern ihre Produkte selbst vermarkten, haben sie eine Arbeit, die sie befriedigt und Freude macht, *und* ein Auskommen. Trotzdem geben sie einen Teil ihrer Milch an die Molkerei, alles können sie nicht verarbeiten. Nur im Sommer, wenn Wandersleute hier oben unterwegs sind, läuft der Verkauf auch ab Hof. Gegen elf Uhr sollten wir kommen, hatte Hubert am Telephon gesagt, dann könnten wir sehen, wie der geronnene Käsebruch in die Formen geschöpft wird. Wir wundern uns: Diese Arbeit geschieht in Bayern, in Baden oder in der Schweiz immer in aller Herrgottsfrühe. »Wieso«, wundert sich Hubert, als wir ihm das erzählen, »niemand schreibt mir vor, die Kühe so früh zu melken. Wenn ich um neun Uhr melke, ist es um elf so weit ... Unsere Kühe sind, glaube ich, keine Frühaufsteher.« Die Milch vom Abend zuvor wird mit der Milch vom Morgen vermischt, dann wird Lab zugesetzt, alles behutsam erwärmt.

Und noch eins erstaunt uns: Sein Käse ist hell, cremig-weiß, hat nicht den gelben, oft sogar orangefarbenen Ton, den man sonst bei Münsterkäse sieht. »Gelb wird der Käse durch Farbstoff, Karotin«, lacht Hubert, »und das ist bei gesundem, natürlich gereiftem Münsterkäse aus Rohmilch absolut nicht nötig.«

Und wie bewahre ich einen solchen Käse zu Hause am besten auf? Ideal ist ein feuchter, kühler Keller. Aber wer hat den schon? Das beste ist: auf ein Holzbrett betten, mit feuchtem Pergamentpapier umhüllen und ins Gemüsefach des Kühlschranks stellen.

Gérard ist für die Landwirtschaft und das Vieh verantwortlich

Huberts Frau Marie-Françoise ist Lehrerin; sie haben zwei Kinder

Hubert Pierrevelcin kümmert sich um die Milch und um die Käserei: Er produziert nicht nur Münsterkäse, sondern auch Quark und Frischkäse. Im Winter sogar Schnittkäse

Der sogenannte Bruch: bereit zum Abfüllen

Das schöne, alte Arbeitsgerät aus Messing stammt noch vom Vater: das ovale Schöpfsieb und die Kelle mit dem praktischen, gebogenen Haken zum Aufhängen am Bottich

Absolute Sauberkeit ist natürlich Pflicht, wenn man aus Rohmilch Käse machen will. Die gelochten Plastikformen werden gründlich gewaschen und lange gewässert

Selbst der hölzerne Arbeitstisch, auf dem die gefüllten Käseformen abtropfen, stammt noch aus Vaters Zeiten. Früher waren die Formen aus Holz, heute müssen sie aus Plastik sein

Wie praktisch dieses Schöpfsieb geformt ist: es paßt genau in die Öffnung der Käseform – so gleitet alles hinein, nichts fällt daneben. Jetzt muß die Masse zwei Tage abtropfen

Eine Käseform faßt etwa zwei Liter Käsebruch

Im Reifekeller lagern die Käse, jeder ca. 500 g schwer, erst auf luftigen Gittern, dann auf Holzbrettern. Die Kruste, die sich auf dem Holz absetzt, ist wichtig für den Geschmack

Die Käse werden alle zwei Tage mit Salzlake abgewaschen und gedreht. Bei 13 Grad und 90 % Luftfeuchtigkeit müssen sie mindestens drei, besser aber sogar fünf Wochen reifen

Einkehren im »Bouton d'Or«

Von den Trollblumen, die im Frühjahr mit ihren leuchtendgelben Köpfen hier die Wiesen sprenkeln und wie abermillionen goldene Knöpfe blinken, hat dieses Gasthaus seinen Namen.

Aufgewachsen ist Patron François Pierrevelcin zwar in der weiter unten liegenden Ferme, die heute seine beiden Brüder Gérard und Hubert betreiben (vorige Seiten). Er ist aber gerne wieder in das alte Haus der Familie heraufgezogen, als Ende der sechziger Jahre die Straße gebaut und der Hof somit bequem erreichbar wurde. In der traumhaften Lage hier oben ist das Haus geradezu ideal für einen kleinen Gastbetrieb. Der Blick reicht weit über das Weißtal; im Sommer sitzt man auf der schirmbeschatteten Terrasse, man kann spazierengehen, wandern, im Winter Ski laufen und rodeln. Allerdings: In den letzten sieben Jahren hat man keine Schneeketten mehr gebraucht, da reichte es, daß der Schneepflug räumte.

Bei Ehefrau Josiane genießt man eine herzhafte, geradlinige, einfache Familienküche. Falls man außerhalb der Essenszeiten kommt, hat sie immer gute Charcuterie im Haus und natürlich den fabelhaften Münsterküse ihres Schwagers – der beste, den wir im ganzen Land gefunden haben! Perfekt gereift, von geradezu schmelzender Sanftheit, cremig, sahnig und von ausgeprägtem Geschmack. Er wird, wie es sich gehört, mit etwas Kümmel serviert, der so gut zum Münsterkäse paßt (auch aus diätetischen Gründen übrigens: Der Kümmel schließt das Milchfett besser auf und hilft verdauen!).

Dazu gibt es ein Glas Gewürztraminer – die ideale Ergänzung! Vermutlich ist der Gewürztraminer die einzige Rebsorte, die mit dem eigenwilligen Käse eine rundum harmonische Ehe eingehen kann. Es darf ruhig ein einfacher, trocken ausgebauter sein; zum großen Vergnügen wird die Verbindung dann mit einer mächtigen, natursüßen Spät- oder Auslese! Manche Tokay oder Pinot gris könnten, wenn sie besonders kraftvoll sind und wenig Säure haben, auch noch passen. Aber Riesling bringt der Münsterkäse um!

Merkwürdigerweise wird im Elsaß häufig zum Münsterkäse statt Kümmel Kreuzkümmel serviert, der indes mit seinem exotischen Parfum nicht glücklich dazu paßt. Was wir zunächst für eine mutige westöstliche Kreation hielten, erwies sich schließlich als ein Mißverständnis: Kümmel, *carvi*, ist in Frankreich ein ungewohntes Gewürz, *cumin* hingegen durch die Araber immer mehr vertraut. Und im zweisprachigen Elsaß kann man Kümmel mit Cumin schon mal verwechseln, zumal sie beide sich ziemlich ähnlich sehen …

Gemütlich und bescheiden: blaues Papier auf den Tischen, ein Kaminfeuer verbreitet Wärme

LA POTÉE DE VOLAILLE

GEFLÜGELTOPF

Für sechs Personen:
je 3 große Möhren, weiße Rüben, Lauchstangen und Zwiebeln, 1 kg Kartoffeln, 500 g Champignons, 250 g durchwachsener Speck in halbzentimeterdicken Scheiben, Salz, Pfeffer, 2–3 Thymianzweige, 2 Lorbeerblätter, 1 schöne Poularde (ca. 1500 g), mindestens 3/4 l Brühe

Das Gemüse putzen und in Scheiben schneiden. Kartoffeln schälen und vierteln. Champignons je nach Größe halbieren oder vierteln. Den Speck in fingerstarke Streifen schneiden.
Alle Zutaten in einem irdenen Schmortopf verteilen, mit Salz und Pfeffer würzen. Thymianzweige und Lorbeerblätter dazwischenstecken.
Die Poularde in Portionsstücke schneiden und im Gemüsebett verstecken. Mit Brühe auffüllen. Die Zutaten sollten gerade eben davon bedeckt werden. Den Topf sorgfältig verschließen und für mindestens zwei Stunden in den 200 Grad heißen Ofen schieben.
Anmerkung: Madame Pierrevelcin serviert diesen Eintopf spektakulär mit einer goldenen Haube aus Blätterteig. Das geht allerdings nur, weil sie meist alle Zutaten bereits vorgegart bereithält, die dann in der Form nur noch erwärmt werden müssen. Dafür genügt dann eine Stunde im Backofen. Statt mit einem Deckel verschließt sie den Topf mit Blätterteig, der mit Eigelb bestrichen im Ofen knusprig braun wird und als eine willkommene Beilage dient. Die gesamte Garzeit, falls man mit rohen Zutaten arbeitet, verträgt dieser Teigdeckel nicht. Wer mag, kann natürlich nach der halben Zeit den Topfdeckel mit einem Teigdeckel vertauschen. Übrigens ist besonders wichtig, beim Zuschneiden der Teigplatte, daß sie rundum mindestens vier Zentimeter an den Seiten herunterreicht. Beim Backen hebt sie sich nämlich und fällt in den Topf hinein. Festgeklebt wird mit Eiweiß!

Josiane und François Pierrevelcin mit ihrem stolzen Collie. Obwohl der wahrhaft atemberaubende Blick von hier oben für sie alltäglich ist, freuen sie sich immer wieder daran. Das Bild wechselt dauernd mit den Lichtverhältnissen und den Wolken

Erholung für Leib und Seele: »Les Alisiers«

Die Lage ist phantastisch, auf 700 Metern Höhe, mit weitem Blick über die Wiesen und Bauernhöfe, hinunter ins Weißtal: Das Hotel-Restaurant, benannt nach der fürs Brennen begehrten Elsbeere, die hier überall gedeiht, ist aus einem alten Bauernhaus erwachsen. 1976 hatten Ella und Jacques Deguy den aufgegebenen Hof billig gekauft und für teuer Geld saniert. Er, aus der Picardie stammend, hatte bei Geigy in Basel gearbeitet, sie, Elsässerin, als Buchhändlerin. Doch sie wollten ihr Leben verändern, raus aus der Chemie und der schwülen Ebene, sich selbständig machen, in die Freiheit auf den Bergen – und haben also ein kleines Ausflugsziel aufgemacht.
Die Idee war gut, das Haus entwickelte sich stetig. 1986 kam ein moderner Anbau dazu, ein Restaurant mit 60 Plätzen und Panoramafenstern. Es gibt zehn einfache Zimmer im alten Haus. Im Sommer kommen Wandersleute, im Winter Skifahrer – viele Holländer und Belgier – allerdings fehlte in den letzten Jahren der Schnee, der früher regelmäßig bis zu den Fenstern reichte.
Zum Abendessen aber strömen im Sommer die Leute aus den Städten, die in der Hitze brüten, hier herauf, um die frische Luft, ein schönes Ambiente, die Freundlichkeit der Wirtsleute und ein gutes Essen zu genießen. Die ersten acht Jahre hat Ella allein in der Küche gestanden – Jacques kümmerte sich von Anfang an um den Saal und den Wein –, ihre ganz persönliche Hausfrauenküche gekocht, sich mit Rezeptbüchern weitergebildet. Dann bekam sie ihren Sohn und brauchte Hilfe. In Marcel Lanthermann aus dem nahen Fréland hat sie die ideale Ergänzung gefunden – einen Koch, der ihre normale, nicht männlich verkomplizierte Küche lernte und seine Kenntnisse jedes Jahr mit Arbeitsaufenthalten in guten Häusern ergänzt. Er ist jetzt Küchenchef, die neuen Gerichte besprechen sie gemeinsam. So gibt es hier niemals beliebige, sondern stets individuell geprägte Gerichte. Die Gäste lieben genau das: eine Küche mit Herz und Seele!

LE JARRET DE PORC TIÈDE AU CHOU VERT

LAUWARME SCHWEINSHAXE AUF WIRSING

Vorspeise für sechs, Hauptgericht für drei Personen:
2 Vorderhaxen vom Schwein, 2–3 EL Öl, 100 g durchwachsener Speck, 1 Bund Suppengrün, 1 Zwiebel, Salz, Pfeffer, 2 Lorbeerblätter, 6 Wacholderbeeren, $^1/_4$ l Weißwein, ca. $^1/_4$ l Kalbsfond, 800 g Wirsing
Himbeer-Vinaigrette:
je 2 EL Himbeer- und Sherryessig, 1 TL Zucker, 1 TL Senf, 4 EL Öl

Die Schweinshaxen im heißen Öl rundum anbraten, dabei den in Würfel geschnittenen Speck dazu geben und ihn auslassen. Das gewürfelte Wurzelwerk und die gehackte Zwiebel sowie die Gewürze dazwischen streuen und mitbraten. Mit Wein und Kalbsfond ablöschen und zugedeckt auf kleinstem Feuer etwa zwei bis drei Stunden sanft gar schmoren. Den Wirsing in Streifen schneiden, in Salzwasser blanchieren und mit der Vinaigrette anmachen. Dafür beide Essigsorten mit dem Zucker kochen, bis er karamelisiert, den Senf unterrühren und schließlich das Öl untermischen. Mit Salz und Pfeffer abschmecken. (Diese Vinaigrette stellt Küchenchef Lanthermann immer gleich in einer größeren Menge her und bewahrt sie in einer Flasche im Kühlschrank auf. Den Wirsing auf Tellern anrichten und Scheiben von lauwarmer Schweinshaxe daraufbetten.

Eingang zum Panorama-Restaurant

Ella und Jacques Deguy mit Küchenchef Marcel Lanthermann vor dem alten Haus

2

1

POMMES DE TERRE COIFFÉES DE MUNSTER

KARTOFFELPFANNE MIT MÜNSTERKÄSE

Wenn der Münsterkäse, den Sie gekauft haben, nicht den richtigen Reifegrad hat, eignet er sich gut für dieses Rezept:

Pro Person:
3–4 gekochte Kartoffeln vom Vortag, 1 Zwiebel, 2 EL Sonnenblumenöl, Pfeffer, ca. 200 g nicht zu reifer Münsterkäse

Die Kartoffeln und Zwiebel in dünne Scheiben raffeln und in einer beschichteten Pfanne im heißen Öl wie Rösti braten; dabei pfeffern, nicht salzen (der Käse ist salzig genug!). Sobald der Kartoffelfladen an der Unterseite schön braun und kroß geworden ist, den entrindeten und in Scheiben geschnittenen Münsterkäse darauf verteilen. Die Pfanne zudecken und den Käse schmelzen lassen. Schließlich den Kartoffelfladen zusammenklappen und auf einem Teller anrichten.
Hier serviert man dazu in dünne Scheiben geschnittenen Speck und Schinken.

1

3

2

LA TRUITE AU BLEU AU PINOT NOIR

FORELLE BLAU IN ROTWEINSAUCE

Blau wird eine Forelle durch den Kontakt mit dem kochend heißen Sud, solange die natürliche Schleimschicht auf ihrer Haut nicht verletzt ist. Essig ist dafür nicht vonnöten, wird höchstens dann gebraucht, wenn die Forelle nicht mehr absolut taufrisch ist ...

Die Rotweinsauce ist vielleicht ungewöhnlich, aber paßt glänzend dazu. Natürlich wird man in diesem Fall auch einen zarten Elsässer Rotwein als Getränk servieren.

Für vier Personen:
4 mittelgroße Portionsforellen
(à 350 g), 1 Bund Suppengrün,
1 Zwiebel, Salz, 1 TL Pfefferkörner
Rotweinsauce:
2 Schalotten, 100 g Butter,
¼ l (Elsässer) Rotwein (Pinot noir),
3 EL Crème fraîche,
Salz, Pfeffer

Die Fische gründlich auswaschen und in einen leise wallenden Sud legen. Dafür zerkleinertes Suppengrün, gehackte Zwiebel, Salz und Pfeffer etwa 20 Minuten in Wasser auskochen. Die Fische darin acht bis zehn Minuten gar ziehen lassen.
Für die Sauce die Schalotten fein hacken und in zwei Eßlöffeln heißer Butter andünsten. Zunächst die Hälfte des Rotweins angießen und völlig verkochen lassen, dann erneut Wein angießen und nur noch einige Minuten köcheln. Crème fraîche zufügen, mit Salz und Pfeffer abschmecken und mit dem Schneebesen die restliche Butter unterschlagen.

3

FLEISCHSCHNACKA

FLEISCHSCHNECKEN

Wieder eines jener herrlichen Hausfrauenrezepte, die nur entstanden sind, weil Reste elegant untergebracht werden mußten. Und weil man heute kaum mehr Reste in der Küche hat, kommen auch die Fleischschnecken leider nur zu selten auf den Tisch.

Für sechs Personen:
Nudelteig:
500 g Mehl, 4 Eier, Salz, 2 EL Essig
Füllung:
1 kg gekochtes Rindfleisch (Suppenfleisch), 500 g Schweineschulter
oder -hals, 2 EL Butter,
1 große Zwiebel, 2 Knoblauchzehen,
1 Bund Petersilie, Salz, Pfeffer,
2–3 gehäufte EL Semmelbrösel
Außerdem:
Mehl zum Wenden, Butter zum Braten,
Brühe zum Garziehen, Schnittlauch

Aus den angegebenen Zutaten in der Küchenmaschine oder mit der Hand einen Nudelteig kneten. Ein Schuß Essig macht ihn übrigens geschmeidig – »ein Trick von meiner Großmutter«, lächelt Küchenchef Lanthermann stolz. Den Teig eine halbe Stunde ruhen lassen.
Für die Füllung gekochtes und rohes Fleisch durch den Wolf drehen. Mit fein gehackter, in Butter gedünsteter Zwiebel, Knoblauch und Petersilie mischen. Die Farce mit Salz und Pfeffer würzen, mit Semmelbröseln binden.
Den Teig dünn ausrollen, zentimeterdick die Füllung darauf verteilen. Von der Schmalseite her aufrollen, die Naht mit Wasser zukleben. Scheiben von knapp zwei Zentimetern abschneiden, in Mehl wenden und auf beiden Seiten sanft in Butter anbraten. Vorsicht, denn die Schnecken verbrennen schnell. Schließlich mit Brühe knapp bedecken und etwa fünf Minuten garziehen lassen.
Die Fleischschnecken mit etwas Brühe beträufelt, mit Schnittlauchröllchen bestreut und mit einem grünen Salat servieren.

4

4

KUGLHUPF FAÇON PAIN PERDU

GUGLHUPF NACH ART VERLORENER RITTER

Pro Person:
1 Ei, 3 EL Sahne, 1 EL Zucker,
2 Scheiben Guglhupf (Rezept Seite 126),
Butter zum Braten
Vanille-Eis:
¼ l Sahne, ¼ l Milch, 1 Vanilleschote,
5 Eigelb, 3–4 EL Zucker

Ei, Sahne und Zucker verquirlen, die Guglhupfscheiben damit tränken. Etwas abtropfen und in heißer Butter von beiden Seiten goldbraun braten.

Mit Karamelsauce (Rezept Seite 161) und Vanilleeis servieren. Dafür zunächst Sahne und Milch aufkochen, die Vanilleschote darin einige Minuten einweichen, aufschlitzen, das Mark herauskratzen und in die Milch rühren. Eigelb mit dem Zucker zur dicken Creme rühren, die Sahnemilch kochend heiß zufügen, auf dem Herd unter ständigem Rühren so lange erhitzen, bis die Masse aufzuwallen beginnt. Sofort vom Herd ziehen, abkühlen lassen, dabei immer wieder rühren. Die Masse nunmehr in der Eismaschine gefrieren lassen. Wer keine Eismaschine hat, muß die Masse immer wieder mit dem Schneebesen glattschlagen, damit sich keine Eiskristalle bilden.
Tip: Die Guglhupfscheiben müssen heiß sein, also direkt aus der Pfanne kommen, die Karamelsauce jedoch kalt.

Klöster und Kirchen

Die im 7. und 8. Jahrhundert von irischen Mönchen gegründeten Klöster spielten bei der Entwicklung des Elsaß eine wichtige Rolle. Sie waren ja die Zentren der Wissenschaft und des Wissens ihrer Zeit. Ihre Güter waren die Lehrstätten für Acker- und Weinbau. Und als im Hochmittelalter die Bevölkerung geradezu explodierte und die Nutzflächen nicht mehr ausreichten, um die Menschen zu ernähren, ersannen sie die Dreifelderwirtschaft, legten Sümpfe trocken und erschlossen die Hochweiden in den Vogesen.

Südlich vom blütenreichen *Florival* zwischen Markstein und Guebwiller, liegt in einem kleinen Seitental das Kloster Murbach. Man spürt sofort die Kraft, die einst von hier ausging. Es stehen nur noch der Chor und das Querschiff mit den Türmen – das Haupthaus der Basilika wurde im 18. Jahrhundert als Steinbruch genutzt. Doch die trutzigen, durch die verschiedenen Rosa- und Rottöne des Buntsandsteins lebendigen Wände, mit schlichten Elementen gegliedert, atmen auch heute noch die Macht dieser festen Burg Gottes: Das Benediktinerkloster Murbach war jahrhundertelang das geistige Zentrum des Oberelsaß. Nur Angehörige des hohen Reichsadels hatten Zutritt, der Abt war Reichsfürst, 200 Dörfer und Städte von Worms bis Luzern waren der Abtei eigen. Die am Ausgang des Tals zur Ebene gelegene befestigte Stadt Gebweiler war weltliches Zentrum dieses Besitzes und erlebte mit dem Höhepunkt klösterlichen Glanzes im 14. Jahrhundert auch seine Blüte. 1544 bekam Murbach schließlich sogar das Münzrecht!

Aber dann ging's bergab – Murbach wurde im 18. Jahrhundert Opfer des lockeren vorrevolutionären Zeitgeists. Die adligen Mönche wollten es ihren weltlichen Verwandten nachtun, hatten keine Lust mehr, so abgeschieden zu leben – sie bemängelten die »schlechte Luft« im waldigen Vogesental, zogen samt Kloster nach Gebweiler, ließen die majestätische Kirche Notre-Dame bauen, genossen den weitgerühmten Wein von den steilen Terrassen und waren den Schänken und Mädelchen, weiß die Chronik zu erzählen, nicht abhold …

Großes Bild: Die festen Türme des Klosters Murbach, durch den eleganten Bogen der barocken Einfahrt gesehen. Oben: Die von Algen gefärbte Stifterfigur und die kompakten romanischen Türme von Murbach, still im Wald zu Füßen des Hartmannsweilerkopfes. Unten: Portal der filigran gearbeiteten, geradezu eleganten, reich verzierten gotischen Kirche von Thann

Ganz oben: Die spätromanische Kirche St.-Leger in Guebwiller mit ihren Türmen, die mit massiven Sandsteinplatten gedeckt sind. Mitte: In den Antiquitätengeschäften von Guebwiller kann man zu recht stolzen Preisen seltene Stücke des genialen Keramikers Théodore Tjeck aus dem letzten Jahrhundert kaufen. Billiger sind sie im Florival-Museum zu besichtigen. Unten: Die bunten Fenster in St.-Leger

Gastlichkeit, wie man sie sich wünscht!

Im Süden von Mulhouse, gar nicht weit vom Stadtkern entfernt, aber schon in der Abgeschiedenheit ländlicher Ruhe, liegt der »Moulin du Kaegy«. An einem kleinen Bach, von Weiden umstanden und von Wiesen umsäumt: Ein Restaurant, wie man es sich angenehmer gar nicht vorstellen kann! Woher der seltsame Name rührt, weiß man nicht. Kaegi ist in der Basler Gegend ein gebräuchlicher Name, möglicherweise hat die Mühle einmal einem Kaegi gehört, vielleicht leitet er sich ab von »haegi« für Sumpf. Fest steht, daß diese Mühle vor gut 30 Jahren liebevoll renoviert wurde, als Gästehaus einer Firma für ihre Kunden, weil es damals weit und breit kein anspruchsvolles Gasthaus gab. Von Beginn an hat Begat das Restaurant geführt, der der Liebe wegen ins Elsaß gekommen war. Ursprünglich stammt er aus einer Gastronomenfamilie in Fontainebleau. Weil die Geschwister den väterlichen Betrieb übernommen hatten, mußte er sich nach etwas anderem umsehen. Mit etwas Glück konnte er zuerst Anteile und schließlich die ganze Mühle erwerben.

Man sitzt gemütlich in dem weiß gekalkten Raum, der durch die mächtigen, dunklen Balken an der niedrigen Decke und die kleinen Fenster besonders heimelig wirkt. Weiß gedeckte Tische, schöne Wäsche, anständige Gläser, schweres Besteck, Blumen, schöne Bilder. Und fabelhaftes Essen! Es ist eine so ehrliche, natürliche Küche, wie man sie leider nur selten findet. Da werden keine unnötigen Pfauenräder geschlagen, sondern einfach nur die allerbesten Produkte ausgesucht und, wie es ihnen gebührt, mit aller Ehrfurcht und Sorgfalt zubereitet. Eine Küche, die rundum Spaß macht! Wie man sieht, auch der Familie am Nebentisch, Großeltern, Eltern und das sechsjährige Kind, das hier wie nebenbei auch in die Kunst des Essens eingewiesen wird. Als der Käsewagen anrollt, drei Etagen Käse in perfekter Qualität, darf der kleine Junge aussuchen. »Ich weiß doch nicht, was ich nehmen soll«, geniert er sich. »Steh auf«, sagt die Mama, »schau sie dir an, such dir aus, welchen du probieren willst, dann erklär' ich dir, was das für einer ist.« Ist es ein Wunder, daß es in Frankreich mehr Feinschmecker gibt?

Der Dessertwagen schließlich überwältigt alle (siehe das vorletzte Bild im Buch). Schüsseln, Platten, Teller voller Süßigkeiten. Wo anfangen und warum eigentlich aufhören? Der Herr am Nebentisch, dem es schon die ganze Zeit wunderbar geschmeckt hat, läßt sich gleich einen ganzen Kranz von Tellern um sich herum aufbauen – Süßes *à discrétion*: So ist es gemeint!

Zur großartigen Gänseleber gehört natürlich auch der ebenbürtige Wein: Die umfangreiche Weinkarte von Bernard Begat, geradezu ein Buch, stellt den Gast vor die süße Qual der phantastischen Auswahl. Nicht nur aus den klassischen Anbaugebieten Frankreichs, sondern vor allem aus dem Elsaß gibt es alles, was Rang und Namen hat. Erfreulicherweise vieles auch in halben Flaschen. Dieser 91er Riesling, zum Beispiel, ist eine ideale Begleitung: Aus dem Clos Saint Urbain vom Rangen de Thann, dem südlichsten der großen Weinberge des Elsaß und zugleich eine der berühmtesten Grand-Cru-Lagen, ausgebaut von der Domaine Zind-Humbrecht in Turckheim, die für ihre gehaltvollen, voluminösen und erlesenen Weine gerühmt wird

Der Küchenchef und Patron des idyllisch gelegenen »Moulin du Kaegy«, Bernard Begat, ist ein Genießer, das spürt man als Gast sofort an der behaglichen Atmosphäre, die in seinem Restaurant herrscht. Es ist kein ehrfurchtgebietender, vornehmer Feinschmeckertempel, sondern ein Haus der herzlichen Gastfreundschaft, zum Wohlfühlen!

1

LE FOIE D'OIE CONFIT À L' OMBRE

IM DUNKELN EINGEMACHTE GÄNSESTOPFLEBER

Unter dieser mystischen Bezeichnung verbirgt sich eine rohe, völlig unbehandelte Gänsestopfleber erster Güte, in Scheiben geschnitten und mit geröstetem Landbrot serviert. Der Zitronenschnitz verblüfft, erweist sich aber als ideale Würze, die der gewichtigen Leber Leichtigkeit verleiht! Der Name des Gerichts, so Begat, leitet sich aus der Alchimie ab, wo die Sonne der Leber Feind ist, die Nacht (= Schatten) aber ihr Freund.

2

LA MORUE FRAÎCHE AU JUS DE CÉLERI

KABELJAUFILET IM SELLERIESAFT

So gerät sogar ein »gewöhnlicher« Kabeljau zur Delikatesse: Ein dickes Stück aus dem Rückenfilet eines mehr als vier Kilogramm schweren, frischen Kabeljaus wird über Selleriedampf gegart und in einer leichten, wunderbar säuerlich abgeschmeckten Sahnesauce serviert, die mit einem würzigen Selleriesud zubereitet wurde. Bunte Perlen aus Wurzelgemüse sorgen für Farbe, Biß und Geschmacksnuancen in der cremehellen Sauce.

3

LA TIMBALE DE PÂTES FRAÎCHES GOURMANDE

HAUSGEMACHTE FEINSCHMECKER-NUDELN

Wahrlich Nudeln für Feinschmecker, mit jeder Menge edler Produkte: Hummer, schwarze Trüffel und eine mächtige, cremig-sanfte Sauce, in der mit Gänseleber nicht gespart wurde. Und dann – als wäre dies nicht genug! – sind obenauf noch Scheiben roher Gänseleber gebreitet, die ganz sanft auf den heißen Nudeln schmelzen. Ein großes kulinarisches Gedicht, zu dem ein mächtiger, großer Wein (Riesling oder Pinot Gris) gehört.

4

LE ROGNON DE VEAU AU VERJUS

KALBSNIERE IN VERJUS

Der Saft unreif geernteter, also saurer Trauben, genannt Verjus, ist hier die Basis einer erfrischend säuerlichen Sauce, die schnell und leicht gemacht ist: Sobald die Scheiben der gesäuberten Kalbsniere im rauchend heißen Öl angebraten sind, löscht man den Bratensatz mit Verjus ab, kocht ihn mit etwas Kalbsfond ein und schlägt diese Saucenbasis mit einigen eiskalten Butterstückchen cremig auf. Köstlich schmecken dazu kroß gebratene Kartoffelwürfel.

1

2

3

4

Gänseleber: Krönung der Tafelfreuden

Im Herbst des Jahres 1780 bat der Maréchal de Contades seinen Küchenchef Jean-Pierre Clause, für seine illustren Gäste etwas überaus Gutes, gleichzeitig aber auch Verblüffendes zuzubereiten. Da nahm Clause die Lebern von besonders fett gemästeten Gänsen, würzte sie fein, schlug sie in Pastetenteig, buk sie vorsichtig und servierte sie kalt mit einem Gelee – die berühmte Gänseleber auf Straßburger Art hatte das Licht der Welt erblickt.

Heute gehört Gänsestopfleber zum selbstverständlichen Produkt des Elsaß. Die Farm von Jean-Paul Schmitt in Bischoffsheim ist bekannt für ihre gute Qualität. Schmitt liebt seine Gänse. »Gänse sind sensible Tiere, die muß

man gut behandeln, will man gute Lebern haben.« Ärger mit Tierschützern, die hinter dem Stopfen unmäßige Quälerei vermuten? Davon habe er gehört, daß man auf der anderen Seite des Rheins da merkwürdige Vorstellungen habe. »Aber schauen Sie doch meine Tiere an – sehen die aus, als ob sie gequält werden, Angst oder Streß haben?« Tatsächlich nicht – glücklicher werden Weihnachtsgänse auch nicht sein. Und an Hühner und Schweine wollen wir gar nicht denken ... Ist es vielleicht die Delikatesse, der Luxus der Stopfleber, welcher die Protestler so stört? Macht es weniger aus, wenn es um billige Lebensmittel geht? In Deutschland scheint es so, in Frankreich sieht man das anders: Verfeinerung gehört zur Kultur. Das Elsaß ist hier ganz Frankreich.
Wie man sieht, sind es die grauen Gänse, die für Stopflebern gemästet werden. Die weißen sind reine Fleischgänse. Allerdings gibt es auch bei einer Stopfgans Fleisch – die Schenkel werden zu Confit verarbeitet, die Brüste geräuchert.
Was hat es nun mit dem Stopfen auf sich? »Die Gans gehört zu den Wanderschwimmvögeln, und die mästen sich sozusagen im Herbst selbst, damit sie die Energie haben, mehrere Tage am Stück in ihr Winterquartier zu fliegen. Schon die alten Ägypter haben das entdeckt, und seither hilft man nach – eine Gans, die zwei Monate lang ohne Zwang fast drei Kilogramm Rüben, Möhren, Mais und Äpfel gefressen hat, ist dann erst bereit, drei Wochen lang gestopft zu werden: viermal am Tag mit 800 Gramm stärkereichem Mais pro

Jean-Paul Schmitt mit seinen Konserven

Sein Stand auf dem Markt in Straßburg

Tag; Enten übrigens nur zwei Wochen und nur zweimal am Tag, machen also weniger Arbeit.« Und davon bekommen die Tiere eine Fettleber? »Nix Fettleber!« ruft Schmitt empört: »Fettleber kommt vom Alkohol, das ist eine Krankheit. Die Gänse lagern in ihrer Leber Fett ein, das wieder abgebaut wird, wenn man aufhört zu mästen. Wir forcieren nur einen natürlichen Vorgang. Eine gute Stopfleber ist eine vollkommen gesunde Leber!«

Was das runde Dutzend Vollerwerbsmäster und die unzähligen Bäuerinnen auf ihren Höfen an Stopflebern erzeugen, genügt natürlich nicht für den immensen Bedarf der Elsässer, es werden daher für die großen Marken Lebern aus Ungarn importiert. Zwischen 1900 und 1950 gab es im Elsaß 63 Betriebe, die Gänseleber für den Markt herstellten, heute sind es nur noch zwei. Der renommierteste ist die Firma *F. Feyel – E. Artzner.* Ihre jahrhundertelange Erfahrung garantiert erstklassige Produkte, so daß sich alle großen Küchenchefs des Elsaß hier versorgen. Denn man bietet keineswegs nur Konserven, sondern vor allem auch frische Stopflebern an. Die beste ist *foie gras entier* – je nach Größe des Behälters eine oder mehrere ganze Lebern; *foie gras* sind Stücke von Stopflebern, die dicht an dicht aneinanderliegen; *bloc de foie gras avec morceaux* – halb Stücke, halb pürierte Stopfleber; *bloc de foie gras* – 100 % pürierte Stopfleber; *parfait* – drei Viertel pürierte Leber mit Geflügelleberanteil; *purée* oder *mousse de foie* – zur Hälfte pürierte Leber, der Rest beliebige Farce. Was so fein klingt, ist es also gar nicht, sondern wird aus beim Putzen anfallenden Abschnitten hergestellt.

Man sollte Gänseleber also nicht aus dem Urlaub mitbringen, sondern sie sich lieber im guten Restaurant mit einem schön runden, vollmundigen Tokay d'Alsace servieren lassen!

Materne Koestel, seit 18 Jahren im Haus Feyel, weiß alles über Gänsestopflebern. Hier legt er eine ganze Leber in ihre Terrine. Die aroma-spendenden, schwarzen Perigord-Trüffeln sind ein Vermögen wert! Es gibt vielerlei Schmucktöpfchen und Terrinen für die Straßburger Leber. Die Entenlebern sind rosa, die Gänsestopflebern heller. Gute Qualität gibt auf Druck leicht nach. Vor dem Einlegen müssen die Lebern von Sehnen und Adern befreit werden – das macht viel Arbeit. Dann werden sie gewürzt (mit einer Geheimmischung) und müssen gekühlt 24 Stunden ruhen, ehe sie verarbeitet werden. Das Reklameschild aus den 20er Jahren zeigt die Wertschätzung, die das Produkt genoß

FOIES GRAS
FEYEL
TERRINE DE FOIE GRAS
F. FEYEL
STRASBOURG
STRASBOURG

Drei-Sterne-Küche – beschwingt und leicht

Ein Essen im Restaurant »Buerehiesel« in Straßburg ist ein Fest für alle Sinne. Im filigranen, transparenten Glasanbau zu sitzen, der viele Straßburger zunächst empört, den Denkmalschutz indes offenbar überzeugt hat, ist immer ein Vergnügen: Tags fühlt man sich beschützt und im Freien zugleich, inmitten der Bäume, die sich über die gläserne Kuppel beugen, und nachts funkeln die geschliffenen Glas-Mobiles wie ein bizarrer Sternenhimmel. Ein verblüffender Kontrast: außen das perfekte Bild eines Elsässer Anwesens mit heimeliger Fachwerkfassade; die getäfelten Stuben im Hauptgebäude mit ihren Kassettendecken sind denn auch ganz traditionell möbliert. Und daneben der lichte Glasdom mit Chrom-Sesseln und als einzigem Dekor verschwenderisch verteilte Blumen. Ein Rahmen, der zu der natür-

lich klaren, unverkünstelten, aber zugleich luxuriösen Küche des Antoine Westermann großartig paßt.

Dieselbe Schwerelosigkeit und Transparenz zeigt sich auch auf dem Teller. Mediterrane Leichtigkeit beflügelt Bodenständiges; Sahnesaucen verlieren ihr Gewicht durch zarte Gemüsepürees; der Nudelteig für ein typisches Familienrezept ist so schmelzend dünn wie selbst bei *Maman* vermutlich nicht. Westermann glückt, was leider nur selten so gelingt: die harmonische Verbindung von strenger Akkuratesse, Präzision und Perfektion, wie man sie in einem Luxusrestaurant erwartet, mit der Liebenswürdigkeit und dem Charme einer Küche, die aus dem Herzen kommt. Man fühlt sich beschwingt und fröhlich, weil man richtig gut gegessen hat.

Vor 25 Jahren hat die Stadt Straßburg dem jungen Koch Antoine Westermann das »Buerehiesel« anvertraut. Das prächtige Fachwerkgebäude von 1607 steht erst seit hundert Jahren im südlichen Teil des Parks der Orangerie, den man übrigens Kaiserin Josephine zu Ehren Anfang des Jahrhunderts eingerichtet hatte. Es wurde Stein für Stein, Balken für Balken in Molsheim abgetragen, um es anläßlich der großen Industrieausstellung 1895 hier wieder aufzubauen. Es handelte sich durchaus nicht um ein Bauernhaus, wie der Name heute nahelegt, vielmehr war es das herrschaftliche Geschäftshaus eines reichen Mannes. Aber es machte sich gut und war ein Schmuckstück des Ausstellungsparks. Danach mußte das hübsche Gebäude den Besuchern als eine Art Schnellimbiß dienen. Heute liegen übrigens jenseits der Orangerie die Verwaltungs- und Versammlungsgebäude des Europaparlaments.

Westermann war erst 26 Jahre alt, als er sein Restaurant »Buerehiesel« eröffnete, und hatte trotzdem bereits zwölf Berufsjahre hinter sich; man hätte ihm diese exponierte Adresse wohl kaum überlassen, wäre nicht damals schon die Hoffnung berechtigt gewesen, daß er einer der Großen würde. Gelernt und gearbeitet hat Westermann unter anderem auch bei Feyel und Artzner, den beiden berühmtesten Gänseleberproduzenten, die damals noch zwei getrennte Betriebe waren (siehe Seite 238). Sein perfekter Umgang mit diesem edlen Produkt beweist seine besondere Erfahrung, die nach fünf Jahren schon mit einem ersten Michelinstern belohnt wurde. Auf den dritten mußte er fast zwanzig Jahre warten. Niemand weiß warum, denn die Perfektion, Kreativität und Klasse seiner Küche hat seine Gäste schon seit Jahren überzeugt.

1

2

1

LA DAUBE DE LÉGUMES, SALADE DE HARICOTS BLANCS

GESCHMORTES GEMÜSE MIT SALAT VON WEISSEN BOHNEN

Ein überraschend leichtes Gericht voll intensiver, geradezu mediterraner Würze. Das Gemüse dafür (Scheiben von Auberginen, Lauch, Tomaten, Zwiebeln, Möhren und Zucchini sowie ganze Knoblauchzehen) wird zunächst in Olivenöl angebraten, dann ganz langsam im eigenen Saft geschmort. Es wird dann in Portions-Soufflé-Förmchen geschichtet und in Form gepreßt. Zum Servieren schließlich im Dampf erwärmt, auf Teller gestürzt und mit weißen Bohnenkernen in einer zarten Vinaigrette umlegt.

2

CROUSTILLANT DE MAQUEREAU À LA PURÉE DE LÉGUMES

KNUSPRIGE TEIGBLÄTTER MIT MAKRELENFILETS IN GEMÜSEPÜREE

Hauchdünne, knusprig gebackene Blätter aus Brickteig – dem Teig, den die Araber so gern verwenden und der längst in der großen Küche Einzug gehalten hat. Dazwischen geschichtet saftige Stücke von pochierten Makrelenfilets, die in einer säuerlichen Marinade gebadet haben und kalt gegessen werden. Die zarte Sauce besteht aus püriertem Gemüse, das mit Olivenöl aufgeschlagen wurde. Stücke von schwarzen Oliven, rotem Paprika und feine Frühlingszwiebelringe setzen darin unterschiedliche Farbtupfer.

3

SCHNIEDERSPAETLE ET CUISSES DE GRENOUILLES

TEIGFLECKEN MIT FROSCHSCHENKELN

Mit Schniederspaetle bezeichnet man im Elsaß Stoffreste, die beim Zuschneiden in der Schneiderwerkstatt anfallen. Genauso unregelmäßig sind eigentlich auch die Teigflecken geformt, wenn eine Hausfrau sie aus übriggebliebenem Nudelteig zuschneidet. Traditionellerweise werden sie mit in Butter gedünsteten Zwiebeln vermischt und sind ein ebenso einfaches wie köstliches Hauptgericht. Im Drei-Sterne-Restaurant werden zarte Ravioli daraus, gefüllt mit gedünsteten weißen Zwiebeln. Dazu werden Froschschenkel serviert, einfach angebraten und in einem würzigen Fond kurz geschmort.

3

1

2

1

ANGUILLE À LA CORIANDRE FRAÎCHE ET FONDANT DE POIREAUX

AAL MIT KORIANDER UND GESCHMOLZENEM LAUCH

Kaum zu glauben, wie gut der exotische Duft des Koriandergrüns zum gebratenen Aal paßt! Die Aalstücke werden ganz langsam, dabei jedoch durchaus energisch gebraten; so hält ihr Fett das Fleisch zwar saftig, kann aber mit dem Bratfett weggekippt werden. Ebenso langsam wird der Lauch geschmort; nach dem Anbraten wird er mit ein wenig Kalbsfond benetzt. In Scheiben geschnittene, gekochte Kartoffeln helfen, daß auch der allerletzte Tropfen des köstlichen Schmorsaftes aufgenommen werden kann: Wenn man sie mit der Gabel zerdrückt, ist das vielleicht nicht fein, aber köstlich!

2

SUPRÊME DE PIGEON EN CHOU VERT

GEFÜLLTES TAUBENBRÜSTCHEN IM WIRSINGMANTEL

Die ausgelöste Brust ist mit einer Farce aus Champignons und dem Fleisch der Keulen bestrichen und in ein Wirsingblatt gehüllt. Das Päckchen wird scharf angebraten und sanft gar geschmort. Dazu gibt es Pilze der Saison. Und ein bildschönes Törtchen aus Kartoffel- und roten Betescheiben, abwechselnd auf einem Bett von den gehackten Innereien des Täubchens zum Kreisrund in ein Portionsförmchen geschichtet und ganz langsam im Ofen gebacken.
Als begleitende Sauce genügt hier vollkommen der Bratjus.

3

BRIOCHE ET GLACE À LA BIÈRE

BIERBRIOCHE UND BIEREIS

Klingt verrückt und ist es auch: Einem Freund zuliebe, Michel Haag, dem Chef der Bierbrauerei Météor in Hochfelden, hatte sich Antoine Westermann in den Kopf gesetzt, ein Bier-Dessert zu entwickeln. »Das wird niemals ein Erfolg!« drohte der Freund und unterschätzte Westermanns kreative Phantasie gewaltig. Das Dessert ist seit einem Jahr der Renner! Tatsächlich schmecken die Scheiben von der duftigen Brioche, deren Teig mit Bier angesetzt wurde, in Butter gebraten großartig. Dazu gibt es ein schmelzend zartes Eis, bei dem die Hälfte der Sahne durch Bier ersetzt wurde. Lediglich bei den gebratenen Williamsbirnen spielt Bier keine Rolle.

3

Rezeptregister

VORSPEISEN

Bärlauchsalat 64
Blutwurst auf Äpfeln in Blätterteig 217
Carpaccio von der Rotbarbe 79
Couscous-Salat 102
Flammenkuchen 203
Gänselieslsalat 215
Gänseleberterrine 33
Gänsestopfleber im Briochemantel 167
Gänsestopfleber mit grobem Salz 57
Geflügelleber-Butter 167
Gemüse in Apfelessig-Vinaigrette 80
Hausmacherpastete 20
Hummersalat mit Kartoffeln 103
Linsensalat 130
Löwenzahnsalat mit Speck 215
Nudelsalat Elsässer Art 79
Ochsenmaulsalat 21
Omelett mit Schinken 180
Rohkost-Teller 92
Salat Burjerstuewel 116
Salat aus jungem Münsterkäse 132
Schneckenpfännchen mit Sauerampfer 44
Schweinskopfsülze 19
Tomatensorbet 79
Vorspeisenteller nach Art des Hauses (Rote-Bete-Salat) 97
Zwiebelkuchen 110

SUPPEN

Fleischbrühe mit Markklößchen 198
Milchsuppe 24
Schneckensuppe 160
Tapiokasuppe 142

GEMÜSE

Geschmortes Gemüse mit Salat von weißen Bohnen 243
Kartoffel-Möhren-Püree 177
Kartoffelpfanne mit Münsterkäse 228
Kartoffelpuffer 97
Rotkohl, geschmort 143
Spargel mit drei Saucen 68
Steinpilze im Kastanienblattmantel 183
Steinpilze mit Knoblauch 183

FISCH

Aal im Heu 34
Aal mit Koriandergrün 245
Aale, gebacken 63
Feinschmeckerpreßkopf mit Hummer 160
Fischpastete 193
Flußfischragout 63
Flußkrebse im Sud 84
Forelle blau in Rotweinsauce 229
Froschschenkel nach Art von Jean Meyer 110
Froschschenkelragout mit Morcheln 33
Froschschenkelragout mit Speck 80
Kabeljau im Selleriesaft 234
Karpfen, gebacken 92
Makrelenfilets in knusprigen Teigblättern 243
Saiblingsfilet auf geschmortem Salat 104
Schnecken auf Elsässer Art 92
Schneckenravioli 103
Stör auf Sauerkraut 33
Teigflecken mit Froschschenkeln 243
Tournedos von Jakobsmuscheln 57
Zander mit Sahnesauce 168

GEFLÜGEL

Entenkeulen auf Sauerkraut 20
Entenleberschnitzel auf Sauerkraut 161
Fasan auf Sauerkraut 168
Geflügeltopf 225
Kartoffelauflauf mit Hühnerfleisch 80

FLEISCH

Bäckereintopf 202
Bouletten 27
Burgunderfleisch auf Elsässer Art 176
Fleischschnecken 229
Elsässer Leberknödel 19
Kalbsniere im eigenen Fett 33
Kalbsniere in Rotwein 132
Kalbsniere in Verjus 233
Kaninchen nach Hausfrauenart 181
Kaninchenkeule, eingemacht 44
Kaßler, gebraten 97
Königinpastetchen 92
Königinpastetchen, Großmutterart 199
Lammfilet im Tonmantel 104
Lammkeulen vom Grill 98
Lammragout 98
Sauerkrautplatte 181
Sauerkrautplatte Elsässer Art 217
Saumagen, gefüllt 116
Schweinebäckchen nach Jägerart 45
Schweinshaxe auf Wirsing 227
Schweinefilet im Blätterteig 33
Schweinezunge 131
Spanferkel mit seinem Fuß im Brickteig 57

DESSERTS

Apfelkuchen 99 und 199
Aprikosenkuchen 110
Aprikosentörtchen 105
Bierbrioche und Biereis 245
Eis-Baiser-Torte 33
Eis-Guglhupf 127
Feigen mit Zitronensorbet 169
Gebrannte Creme 187
Guglhupf 128
Guglhupf nach Art verlorener Ritter 229
Himbeeren, überbacken 133
Himbeerkuchen 92
Honigeis 63
Käsekuchen 181
Kirschkrapfen 24
Kirschparfait 81
Rhabarberkuchen (Blätterteig) 70
Rhabarberkuchen (Mürbeteig) 21
Zwetschgenkuchen 161

GRUNDREZEPTE:

Briocheteig 167
Kartoffelpüree 80
Mayonnaise 68
Mürbeteig 110
Nudelteig 103
Nußöl-Vinaigrette 103
Pastetenteig 20
Remoulade 131
Sauce Mousseline 68
Stangenweißbrot und Brötchen 103
Tomatensauce 102
Vinaigrette I 68
Vinaigrette II 79
Vinaigrette III 80

Recettes

HORS D'ŒUVRE

Assiette de crudités 92
Assiette de la ferme 97
Beurre de foie de volaille 167
Boudin aux pommes en feuilleté 217
Carpaccio de rouget79
Cassolette d'escargots à l'oseille 44
Foie gras en brioche 167
Foie gras au gros sel avec petite salade 57
Omelette au jambon 180
Petits légumes à la vinaigrette de cidre 80
Pâté en croûte maison 20
Presskopf 19
Salade Burjerstuewel 116
Salade d'ail d'ours 64
Salade de fusillis à l'alsacienne 79
Salade ganzaliesl 215
Salade de homard aux pommes de terre 103
Salade de lentilles 130
Salade de munster frais 132
Salade de museau de bœuf 21
Salade de pissenlits aux lardons 215
Sorbet à la tomate 79
Taboulé 102
Tarte flambée 203
Tarte à l'oignon 110
Terrine de foie gras 33

SOUPES

Bouillon aux quenelles de moelle 198
Pot au feu d'escargots 160
Soupe au lait 24
Soupe de tapioca 142

LÉGUMES

Asperges aux trois sauces 68
Cèpes à l'ail 183
Cèpes en robe des bois 183
Chou-rouge braisé 143
Daube de légumes, salade de haricots blancs 243
Galettes de pommes de terre 97
Pommes de terre coiffées de munster 228
Purée de carottes et pommes de terre 177

POISSONS

Anguille à la coriandre fraîche 243
Anguille au foin 34
Carpe frite 93
Cuisses de grenouilles façon Jean Meyer 110
Croustillant de maquerau 243

VOLAILLE

Cuisses de canard sur choucroute 20
Escalope de foie de canard sur choucroute 161
Faisan à la choucroute 168
Parmentier de volaille 80
Potée de volaille 225

VIANDES

Baeckeoffe 202
Bœuf bourguignonne à l'alsacienne 176
Bouchées à la reine 92
Bouchées à la reine façon grand-mère 199
Choucroute garnie à l'alsacienne 217
Civet de joues de porcelet en chevreuil 45
Choucroute garnie 181
Cochon de lait avec son pied en pâte à brick 57
Épaule de lapin confite 44
Estomac de porc farci 116
Filet d'agneau rôti dans l'argile 104
Filet de port en croûte 53
Flaischkiächlä 27
Gigots d'agneau rôtis 98
Fleischschnacka 229
Écrevisses à la nage 84
Escargots à l'alsacienne 92
Esturgeon à la choucroute 33
Filet d'omble chevalier 104
Fricassée de grenouilles 80
Friture d'anguilles 63
Matelote 63
Morue fraîche au jus de céleri 234
Presskopf gourmet de homard 160
Ragout de grenouilles aux morilles 33
Ravioles d'escargots 103
Sandre à la crème 168
Schniederspaetle et cuisses de grenouilles 243
Tournedos de coquilles St. Jacques 57
Tourte de poisson 193
Truite au bleu au pinot noir 229
Jarret de porc au chou vert 227
Lapin bonne femme 181
Quenelles de foie à l'alsacienne 19
Ragout d'agneau 98
Rognon de veau au verjus 233
Rognon de veau dans sa graisse 53
Rognons de veau sautés 132
Rôti de porc salé 97
Saumawe 116
Schwinazingala 131

DESSERTS

Beignets de cerises 24
Brioche et glace à la bière 243
Crème brûlée 187
Délices aux abricots 103
Figues au citron 169
Galette de quetsch à la Tatin 161
Glace au miel 63
Gratin de framboises 133
Kuglhupf 128
Kuglhupf façon pain perdu 229
Kuglhupf glacé 127
Parfait de cerises 81
Tarte aux abricots 110
Tarte aux framboises 92
Tarte au fromage blanc 181
Tarte aux pommes 99 und 199
Tarte à la rhubarbe (pâte feuilleté) 70
Tarte à la rhubarbe (pâte brisée) 21
Vacherin glacé 53

RESTAURANTS, HOTELS & GASTHÄUSER

Hotel Restaurant
LES ALISIERS
5, rue Faudé
F-68650 Lapoutroie
Tel. 89 47 52 82, Fax 89 47 22 38
Ruhetag: Montagabend, Dienstag
(am Wochenende reservieren)

Restaurant
AUBERGE DE L'ILL
Rue de Collonges au Mont d'Or
F-68159 Illhaeusern
Tel. 89 71 83 23, Fax 89 71 82 83
Ruhetag: Montag (im Sommer mittags geöffnet), Dienstag (reservieren)

Hostellerie des
BAS-RUPTS et Chalet Fleuri
Les Bas-Rupts
F-88400 Gérardmer
Tel. 29 63 09 25, Fax 29 63 00 40
Kein Ruhetag (Samstag und Sonntag reservieren)

Restaurant
BOUTON D'OR
F-68650 Lapoutroie
Tel. 89 47 50 95
Ruhetag: Mittwoch

Restaurant
BUEREHIESEL
4, Parc de l'Orangerie
F-67000 Strasbourg
Tel. 88 61 62 24, Fax 88 61 32 00
Ruhetag: Dienstag (außer mittags von Mai bis Oktober), Mittwoch (reservieren)

Winstub
CAVEAU MORAKOPF
F-68230 Niedermorschwihr
Tel. 89 27 05 10, Fax 89 27 08 63
Ruhetag: Donnerstag

Restaurant à la
CHARRUE
30, rue de la République
F-67720 Hoerdt
Tel. 88 51 31 11
Ruhetag: Donnerstag, Freitag u. Samstagmittag, in der Spargelzeit keine Ruhezeiten (reservieren)

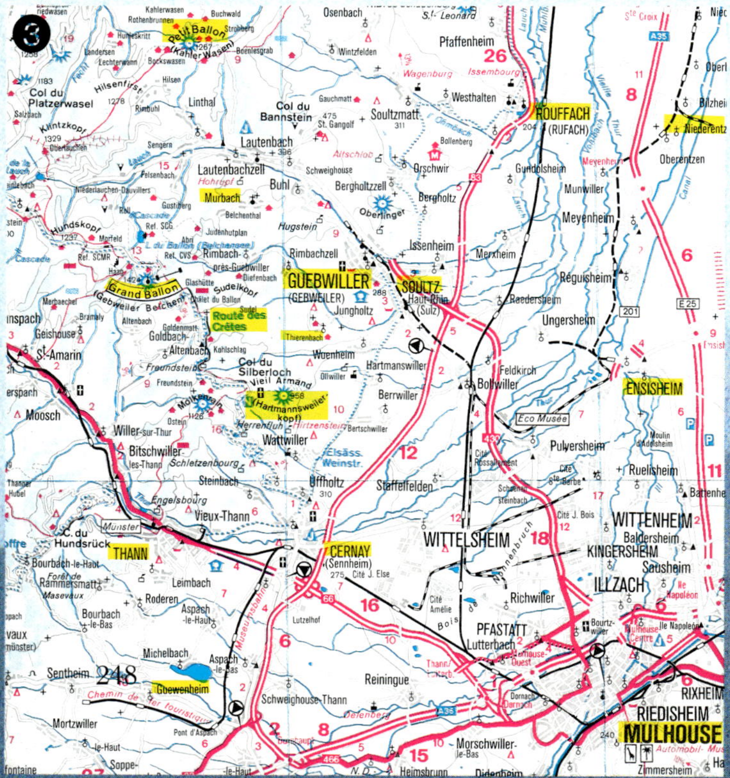

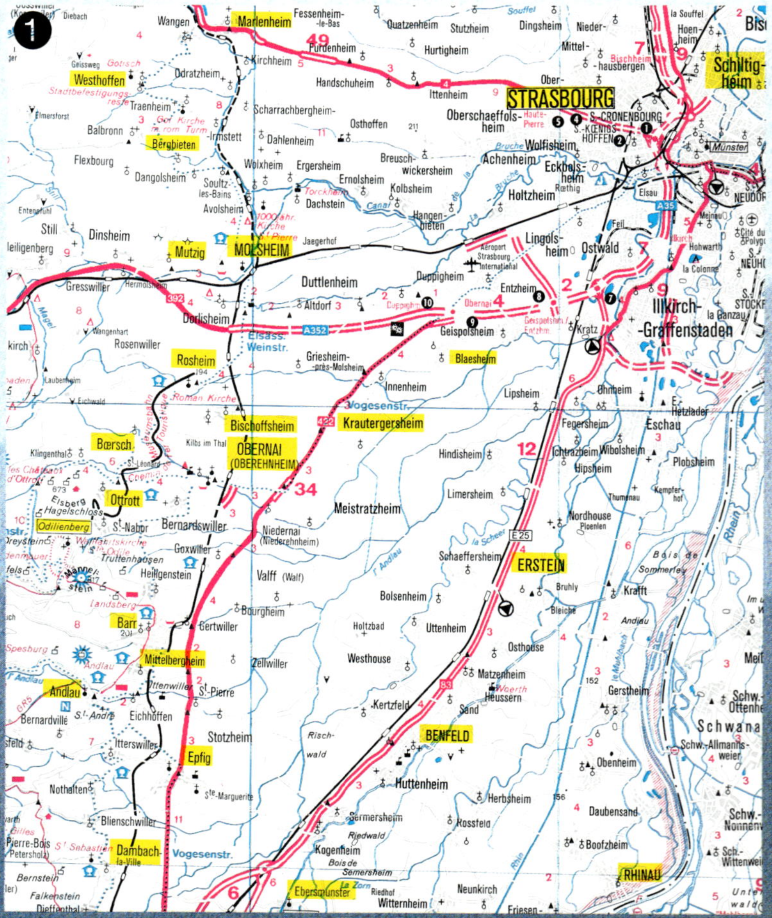

Auberge du
CHEVAL BLANC
4, rue de Wissembourg
F-67510 Lembach
Tel. 88 94 41 86, Fax 88 94 20 74
Ruhetag: Montag, Dienstag

Restaurant
CHEZ PHILIPPE
F-67113 Blaesheim
Tel. 88 68 86 00, Fax 88 68 89 83
Ruhetag: Donnerstag, Sonntag abend (reservieren)

Winstub s'Burjerstuewel
CHEZ YVONNE
10, rue du Sanglier
F-67000 Strasbourg
Tel. 88 32 84 15
Ruhetag: Sonntag, Montagmittag (abends reservieren)

Restaurant aux
DEUX CLEFS
F-67600 Ebersmunster
Tel. 88 85 71 55
Ruhetag: Donnerstag

Restaurant
FER ROUGE
52, Grand-rue
F-68000 Colmar
Tel. 89 41 37 24, Fax 89 23 82 24
Ruhetag: Sonntagabend, Montag

Winstub St. Sépulcre
HAILICH GRAAB
15, rue des Orfèvres
F-67000 Strasbourg
Tel. 88 32 39 97
Ruhetag: Sonntag, Montag

Restaurant
MOULIN DE KAEGY
Steinbrunn-le-Bas
F-68440 Habsheim
Tel. 89 81 30 34
Ruhetag: Sonntagabend, Montag (reservieren)

Restaurant la
PETITE PALETTE
16, rue de Bâle
F-68600 Neuf-Brisach
Tel. 89 72 73 50
Ruhetag: Montag, Dienstagabend

Winstub
ZÜM PFIFFERHÜS
14, Grand'rue
F-68150 Ribeauvillé
Tel. 89 73 62 28
Ruhetag: Mittwoch, Donnerstag (außer feiertags, reservieren)

Restaurant
PHILIPPE BOHRER
1, Rue Poincaré
F-68250 Rouffach
Tel. 89 49 62 49, Fax 89 49 76 67
Ruhetag: Montag (reservieren)

Hostellerie des
SEIGNEURS DE RIBEAUPIERRE
11, rue du Château
F-68150 Ribeauvillé
Tel. 89 73 70 31; Fax 89 73 71 21
Ohne Restaurant

Restaurant au
SOLEIL
F-68580 Ueberstrass
Tel. 89 25 60 13
Ruhetag: Dienstagabend, Mittwoch

Wistub du
SOMMELIER
51, Grand'rue
F-68750 Bergheim
Tel. 89 73 69 99, Fax 89 73 36 58
Ruhetag: Sonntag, Montag (außer feiertags)

Restaurant
ST. ALEXIS
F-68340 Riquewihr
Tel. 89 73 90 88
Ruhetag: Freitag

Auberge
ST. MARTIN
80, rue de la Liberté
F-67600 Kintzheim
Tel. 88 82 04 78
Ruhetag: Mittwoch, Donnerstagmittag (im Sommer reservieren!)

Restaurant au
VALET DE CŒUR
24, route de Villé
F-67730 Val de Villé
Tel. 88 85 67 51, Fax 88 85 67 84
Ruhetag: Sonntagabend, Montag (reservieren)

WEINGÜTER, PRODUZENTEN & GESCHÄFTE

Bäckerei
A. DANGEL
1, rue de la Chapelle
F-68480 Ferrette
Tel. 89 40 40 75
Mittwoch und samstags auf dem Markt in Mulhouse (Canal Couvert)

Distillateur-Artisan
JEAN-PAUL METTÉ
9, rue des Tanneurs
F-68150 Ribeauvillé
Tel. 89 73 65 88, Fax 89 73 30 11
Geöffnet täglich ab 18.30

Distillerie artisanale
MARCEL WINDHOLTZ
31, avenue du Général de Gaulle
F-68150 Ribeauvillé
Tel. 89 73 66 64, Fax 89 73 37 82

Fischerei
VONARB
8, rue Mittelhardt
F-68740 Balgau
Tel. 89 48 62 71

Käseladen und Keller
KÄSSTUBÀ
17, rue de la Montagne
F-68480 Vieux-Ferrette
Tel. 89 40 42 22, Fax 89 40 31 03

Kräuter, Tee, Sirup, Essig
LA FERME DU KALBLIN
F-68240 Fréland
Tel. 89 73 91 69
Der Vater brennt ausgezeichnete Schnäpse: Martin Wurtz

Marmeladen, Bäckerei, Konditorei, Traiteur
MAISON FERBER
18, rue des Trois Epis
F-68230 Niedermorschwihr
Tel. 89 27 05 69, Fax 89 27 48 03

Munsterkäse
PIERREVELCIN
21, La Goutte
F-68650 Lapoutroie
Tel. 89 47 50 89

Sauerkraut
DIETRICH
17, rue Général de Gaulle
F-68320 Wickerschwihr
Tel. 89 47 40 42

Weingut
BECK
16, rue Irma Hersiot
F-67650 Dambach-la-Ville
Tel. 88 92 47 29, Fax 88 92 61 18

Weingut
HUGEL
3, rue de la 1ère Armée
F-68340 Riquewihr
Tel. 89 47 92 15, Fax 89 49 00 10

Weingut
JEAN HALBEISEN ET FILS
43, Grand'Rue
F-68750 Bergheim
Tel. 89 73 65 05

Weingut
JOSMEYER
76, rue Clemenceau
F-68000 Wintzenheim
Tel. 89 27 01 57, Fax 89 27 03 98

Weingut Domaine
TRIMBACH
F-68150 Ribeauvillé
Tel. 89 73 60 30, Fax 89 73 89 04

Weingut Domaine Armand
HURST
8, rue de la Chapelle
F-68230 Turckheim
Tel. 89 27 40 22, Fax 89 27 47 67

Weingut Domaine Weinbach
FALLER
F-68240 Kaysersberg
Tel. 89 47 13 21, Fax 89 47 38 18

Weingut René Klein et Fils
KLEIN AUX VIEUX REMPARTS
Route du Haut-Koenigsbourg
F-68590 St.-Hippolyte
Tel. 89 73 00 41, Fax 89 73 04 94

Ziegenkäserei
FERNEX
56, rue Principale
F-68480 Biederthal
Tel. 89 07 31 28
Samstags auf dem Markt in Basel

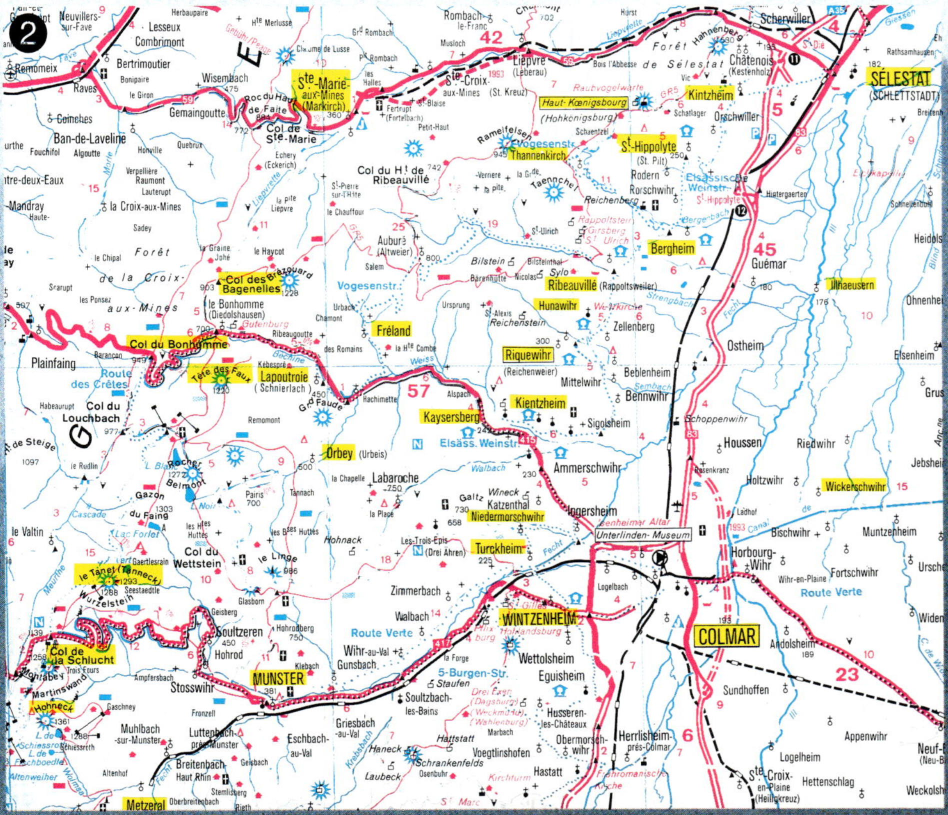

Stichwortverzeichnis

A
Affineur 88
Altkirch 86
Ammerschwihr 140
Androuet 88
Antony, Bernard 88, 149
Appellation d'Origine Contrôlée 47

B
Baeckeoffe 202
Barbarossa 36 f.
Bärlauch 65
Barrique 50
Barth, Marie-Madeleine und Marie-Cécile 212
Bartholdi, Frédéric-Auguste 55
Baur, Angèle und Hélène 62
Beck, Jean-Claude 165 f., 96 f.
Begat, Bernard 232 f.
Bendorf 150
Benfeld 134
Bergheim 23, 46
Biederthal 154
Bohrer, Philippe 15
Botrytis cinerea 142, 175
Bouxwiller 134
Brand 82, 108
Brennblase 205, 207
Brunnenkresse 65
Buerehiesel 241
Bütten 139

C
Cabichon 155
Caterine 50 f.
Chaptalisieren 50
Chasselas 11, 139
Clause, Jean-Pierre 236
Clos St. Hune 172 f.
Clos St. Urbain 233
Confrérie de la Choucroute 166
Confrérie du Sabre d'Or 101
Corso fleuri 40

D
Dangel, Antoine, Betty und Sébastien 149 f.
Deguy, Ella und Jacques 226
Dietrich, Hubert 162
Dreißigjähriger Krieg 37, 46

E
Eau-de-vie 205
Ebersmünster 60
Edelzwicker 11
Egert, Jean-Pierre 100
Ehntal 162
Eichberg 82
Elsässer Spargel 66
Estaminet 134
Eticho 37, 60
Europaparlament 7, 115, 241

F
Faller, Colette, Catherine und Laurence 141 f., 149
Fasan 187
Ferber, Christine 122
Ferber, Maurice 121
Fermes Auberges 95
Fernex, Etienne 154
Feyel & Artzner 238, 241
Flammenkuchen 200
Friedrich v. Hohenstaufen 36, 50, 140
Fulgraf, Patrick 56, 59

G
Gagneux, Henri 76, 79
Gänseleber 236, 238
Gebweiler 230
Geisberg 170
Gewürztraminer 139
Goethe 8, 112
Grand Cru 47, 82, 108
Grauburgunder 139
Grünewald, Matthias 54
Grünspargel 66
Guglhupf 128 f.
Guidat, Anne und Jean-Michel 130
Gutenberg 7
Gîtes rurales 95

H
Haeberlin, Jean-Pierre, Marc, Marie, Martine, Paul 13, 28, 189
Haegel, Materne und Fabienne 69, 71
Halbeisen, André und Michèle 23
Haller, Yvonne 117
»Hansi« 55
Hecht 189 f.
Heimburg 82
Hengst 108
Herrenweg 108
Hertle, Brigitte 178
Herzog v. Württemberg 49
Herzstück 205
Heyler 66
Hl. Odilia 13, 37, 60
Hoerdt 66
Hohenburg 37
Hohkönigsburg 36, 200
»Hortus deliciarum« 37
Hugel, Jean 50 ff.
Hurst, Armand 82

I
Ill 28, 62, 112
Isenheimer Altar 54

K
Kathedrale Unserer Lieben Frau 112
Kaysersberg 140
Kientzheim 140
Kintzheim 200
Klein, Jean-Marie und Françoise 76 f.
Kleinvenedig 54
Koestel, Materne 238
Kolonne 208
Kümmel 224

L
Lanthermann, Marcel 226 f.
Lapoutroie 209, 218
Lauch 54
Lauck, Robert 118
Le Cellier des Montagnes 218 f.
Lese 138, 175
Löwenzahn 65
Ludwig XIV. 8, 78
Lydia Jacob 166, 196

M
Maginot-Linie 7, 172
Mandelberg 62
Marché Canal Couvert 145
Meistermann, Françoise und Laurent 213 f.
Metté, Jean-Paul 205 f.
Metté 9
Meyer, Jean, Odile, Céline und Isabelle 106 ff.
Meyer, Joseph 106
Miclo 209
Milchsäuregärung 162

Mischler, Fernand und Anne-Marie 184 f.
Muhl, Roger 9, 30
Münsterkäse 195, 221 f., 224
Munster Géromé 40
Murbach 230

N
Nadeau, Dominique 101
Narzissen 40
Narzissenfest 40
Neuf Brisach 78
Niedermorschwihr 122, 126

O
Obernai 37
Osterberg 170
Oltingen 86
Ottrott 37

P
»Pfifferdaj« 212
Pierrevelcin, François und Josiane 224 f.
Pierrevelcin, Gérard und Hubert 221 f.

Q
Quintal d'Alsace 162

R
Rangen de Thann 233
Rhein 188 f.
Ribeauvillé 205, 212
Riesling 139
Ringberg 23
Riquewihr 13, 46 f.
Rohan 114, 219
Rohmilchkäse 88, 221 f.
Route de Crêtes 95
Routes de la carpe frite 90
Rouffach 158

S
Sauerampfer 65
Schadt, Philippe 165
Schloßberg 141
Schmitt, Jean-Paul 236, 238
Schoenenbourg 49
Schongauer, Martin 54
Seigneurs de Ribeaupierre 170
Sélection de grains nobles 47
Siaßkäs 218
Sommelier 16
Spätburgunder 139
Speierling 205
Spindel 206
Spiritueux 205
Sporen 49
St. Leger 231
Ste. Marie aux Mines 133
Stopfgans 237
Straßburg 8, 112 ff.
Straßburger Eide 7
Strubel, Katy 200 f.
Sundgau 86, 90
Sundgovienne 134
Sylvaner 139

T
Tabagie 134
Tapioka 142
Textilindustrie 96
Thannenkirch 14
Tierschützer 237
Tokay d'Alsace 139
Toussaint, Frédéric und Babette 201
Trester 208, 210 f.
Trimbach, Bernard, Hubert, Jean und Pierre 170 f., 208

U
Ueberstrass 90
Ungerer, Tomi 9, 30, 165

V
Vallée de la Bruche 23
Vauban 8, 78, 112
Vendanges tardives 47
Vetter, Denis 166
Vogesen 40, 42, 94, 178, 195
Voltaire 49
Vonarb, Adrien und Béatrice 189, 191, 193

W
Wadel, François 91
Waydelich, Raymond 9, 165 f., 196
Weckmann, André 7
Weinbaukommission 74
Weinstube 16, 117
Weißburgunder 139
Weißkohl 162
Weißtal 218
Westermann, Antoine 241
Wickerschwihr 162
Wilhelm II. 36, 200
Windholtz, Marcel und Michel 208 f.
Wurtz, Serge 218

Z
Zander 189 f.
Ziegenkäse 154 f.
Zolgen 121

Bibliographie

ABEL, Wolfgang und SALAMANDER, Jacky: Der RegioEinkaufsführer. Oase Verlag, Badenweiler 1993

ANHÄUSER, Uwe: »Richtig reisen« Elsaß. DuMont Verlag, 5. Aufl., Köln 1992

BECKMANN, Dagmar und STRAUCH, Ulrike: Elsaß – rororo anders reisen. Reinbek bei Hamburg 1989

HAEBERLIN, Paul und Jean-Pierre: Die Auberge de l'Ill. Meisterküche im Elsaß. Econ Verlag, Düsseldorf 1981

PUDLOWSKI, Gilles: Leben wie Gott im Elsaß. Bueb & Reumaux, Straßburg 1985

ROECKEL, Maurice: Elsässer Restaurants – die hundert besten. Melninger, 3. Auf., Neustadt a. d. Weinstr. 1990

SALAMANDER, Jacky und ABEL, Wolfgang: Süd-Elsaß & Sundgau. Oase Verlag, 2. Aufl., Badenweiler 1993

STURM, Michele: Bauern und Berggasthöfe in den Vogesen.

DNA-Taschenführer, Straßburg 1989

STYLE, Sue: Typisch Elsaß. Müller Rüschlikon, Cham Stuttgart Wien 1992

UNGERER, Tomi: Die Gedanken sind frei. Meine Kindheit im Elsaß. Diogenes Verlag, Zürich 1993

WECKMANN, André: Wie die Würfel fallen. Morstadt Verlag, Kehl 1981
–: Die Fahrt nach Wyhl. Morstadt Verlag, Kehl 1987

ELSASS – dtv Merian reiseführer. 4. Auflage, München 1991

Guide des FERMES AUBERGES. Colmar 1992

Guide MICHELIN France. Clermont-Ferrand 1993/94